Sigrid Ebert u.a. (Hg.)
Kinderstandort Deutschland

Diese Dokumentation wurde mit Mitteln des Bundesministeriums
für Familie, Senioren, Frauen und Jugend erstellt

Sigrid Ebert u.a. (Hg.)

Kinderstandort Deutschland

Dialog zwischen
Praxis – Wissenschaft – Wirtschaft

Profil

Im Auftrag der Veranstalter der Bundesfachtagung „KINDERSTANDORT DEUTSCHLAND", des Bundesministeriums für Familie, Senioren, Frauen und Jugend, des Bundesministeriums für Bildung, Wissenschaft, Forschung und Technologie, der Obersten Landesjugendbehörden, der BAG der Landesjugendämter, der Bundesvereinigung der Kommunalen Spitzenverbände, der BAG der Freien Wohlfahrtspflege und des Pestalozzi-Fröbel-Verbandes (Federführung) veröffentlicht.
Herausgegeben von: S. Ebert, D. Engelhard, Ch. Lost, H. Michel, A. Müller, J. Müller, G. Wildt, H. Wilhelmi, Th. Wunderlich.

Die Deutsche Bibliothek - CIP-Einheitsaufnahme

Kinderstandort Deutschland : Dialog zwischen Praxis - Wissenschaft - Wirtschaft / [im Auftr. der Veranst. der Bundesfachtagung „Kinderstandort Deutschland", des Bundeministeriums für Familie, Senioren, Frauen und Jugend ... veröff]. Sigrid Ebert u.a. (Hg.) - München : Profil, 1997
ISBN 3-89019-423-0

Satz: Compotext, München
Druck und Bindung: Libri-Druck, Regensburg
Printed in Germany
ISBN 3-89019-423-0

Inhalt

Vorwort

Die Fachtagung „KINDERSTANDORT DEUTSCHLAND", Dialog zwischen Praxis, Wissenschaft und Wirtschaft fand vom 27. bis 29. März 1996 in Wolfsburg statt.
Zum dritten Mal – nach den Fachtagungen „Kindheit '9O" in Münster/ Westfalen und „Mit Kindern leben im gesellschaftlichen Umbruch" 1991, in Bogensee/Brandenburg – haben sich die Bundesministerien für Familie, Senioren, Frauen und Jugend sowie für Bildung, Wissenschaft, Forschung und Technologie, die Obersten Landesjugendbehörden, die Kommunalen Spitzenverbände, die Spitzenverbände der Freien Wohlfahrtspflege, die Bundesarbeitsgemeinschaft der Landesjugendämter und der Pestalozzi-Fröbel-Verband zusammengeschlossen, um mit Blick auf die Situation der Kinder in Deutschland gemeinsam Ziele, Inhalte und Struktur einer Fachtagung mit dem Titel „KINDERSTANDORT DEUTSCHLAND" durchzuführen.

Trägervielfalt und staatliche Zuständigkeit bzw. Eigenständigkeit sind Bestimmungsmerkmale der Arbeit von Tageseinrichtungen für Kinder in Deutschland. Auch wenn die Innovationsfähigkeit eines pluralen Trägersystems, wie wir es in Deutschland haben, für die Weiterentwicklung der Kindertagesstätten unbestritten ist, besteht doch auch – gerade wegen der unterschiedlichen Problemlagen in den einzelnen Bundesländern – die Gefahr, so z.B. in Hinblick auf die Umsetzung des Rechtsanspruchs auf einen Kindergartenplatz oder bezogen auf den Fachlichkeitsanspruch an die Erzieherinnen und Erzieher, daß diese Autonomie der Länder und Träger zu einem Partikularismus führen könnte bezüglich Strukturen, Inhalten und pädagogischer Standards von Betreuungsangeboten.
Ein Partikularismus, der verhindert, daß träger- und länderübergreifende Konsensbildung über Qualitätskriterien und Maßnahmen der Qualitätsentwicklung von Tageseinrichtungen für Kinder stattfindet.

Deshalb wurde die Anregung der Arbeitsgemeinschaft der Obersten Landesjugendbehörden, eine Tagung zu dieser Thematik durchzuführen, von den mitveranstaltenden Gruppierungen spontan aufgegriffen. Der Pestalozzi-Fröbel-Verband hat sich als sozialpädagogischer Fachverband

gern bereit erklärt, wiederum die Federführung einer solchen gemeinsam zu verantwortenden Tagung zu übernehmen.
Eine Vorbereitungsgruppe, bestehend aus Vertreterinnen und Vertretern der o.g. Institutionen und Verbände der Kinder-und Jugendhilfe war für Vorbereitung, Durchführung und Dokumentation dieser Fachtagung zuständig. Die Leitung dieser Planungsgruppe hatte Sigrid Ebert, Vorsitzende des Pestalozzi-Fröbel-Verbandes. Für alle Arbeiten, die mit der Organisation und der Dokumentation der Fachtagung verbunden waren, waren als wissenschaftliche Mitarbeiterin Katrin Nordhausen und die Geschäftsstelle des Pestalozzi-Fröbel-Verbandes in Berlin tätig.

Der bewußt provokante Tagungstitel für einen pädagogischen Fachkongreß im Frühjahr 1996, also in dem Jahr, das im Zeichen der Umsetzung des Rechtsanspruchs auf einen Kindergartenplatz steht, sollte dazu auffordern, in einer ressortübergreifenden, kritischen Auseinandersetzung mit der gesellschaftlichen Realität darüber nachzudenken, wie es um die entwicklungsnotwendigen Qualitäten der Lebensräume für Kinder steht, wie es also um den „KINDERSTANDORT DEUTSCHLAND" bestellt ist. Mit der Tagung und auch durch die Wahl des Tagungsortes wollte der Veranstalterkreis deutliche Signale setzen, daß die Modernitätsproblematik unserer Gesellschaft für das Aufwachsen von Kindern nicht nur eine pädagogische Dimension hat, sondern auch soziale, ökonomische und ökologische Aspekte berührt. Bildung, Erziehung und Betreuung sind deshalb schon längst nicht mehr ausschließlich sozial-pädagogischen Professionen zu überantworten. Die Veranstalter wollten mit der Tagung einen Dialog zwischen Praxis, Wissenschaft und Wirtschaft initiieren, um den komplexen Problemen von Kindsein und Kindheit in Deutschalnd Rechnung zu tragen.

Im Mittelpunkt der Tagung standen die Ergebnisse folgender, von den mitveranstaltenden Bundesministerien in Auftrag gegebener Forschungsprojekte:

- Orte für Kinder (Deutsches Jugendinstitut, München)
- Evaluation des Erprobungsprogramms (Prof. Dr. Jürgen Zimmer, Freie Universität Berlin)
- Neue Konzepte für Kindertageseinrichtungen (Prof. Dr. W.E. Fthenakis, Staatsinstitut für Frühpädagogik, München)

Ziel war es, in einem intensiven Diskurs die Forschungsergebnisse hinsichtlich des Spannungsverhältnisses von kindlichen Bedürfnissen einerseits und familiären Bedarfsanalysen andererseits zu reflektieren; pädagogische Konzeptionen von Tageseinrichtungen für Kinder bezogen auf ihre Lebensweltorientierung und den Bildungsanspruch zu erörtern und Aspekte der Qualitätssicherung in Hinblick auf das Fachpersonal zu diskutieren.
Zum Abschluß der Tagung sollte unter qualitativen Gesichtspunkten gefragt werden, ob die Investitionen, die für die Schaffung von Lebensräumen für Kinder bereitgestellt werden, ausreichen. Denn nicht selten wird den kindlichen Entwicklungsbedürfnissen deshalb nicht ausreichend Rechnung getragen, weil Kinder mit ihren „Eigenheiten" quer zu den Strukturen einer erwachsenen Erwerbsgesellschaft liegen.

Die vorliegende Publikation dokumentiert die Begrüßung bzw. Einführung in die Tagungsthematik, das Eröffnungsgespräch, die Referate, die Kurzdarstellungen der drei beteiligten Forschungsprojekte und mit einem jeweiligen Kommentar zu den drei Fachgesprächen, eine Zusammenfassung der Podiumsdiskussion am dritten Tag und das Schlußwort der Tagung.

Mit der Vorlage dieser Dokumentation hat die Vorbereitungsgruppe ihre Arbeit beendet. Sie dankt allen Beteiligten, die mit großem Einsatz und unter erheblichem Zeitdruck sich für diese Tagung engagiert haben.
Gedankt sei Frau Bundesministerin Nolte für ihre Bereitschaft, die Schirmherrschaft für diese Tagung übernommen zu haben und ihrem Ministerium, daß es die finanziellen Mittel für die Durchführung und die Dokumentation dieser Tagung zur Verfügung gestellt hat.
Zu danken ist an dieser Stelle aber auch dem Volkswagenwerk und der Stadt Wolfsburg für die finanzielle und personelle Unterstützung bei der Organisation der Tagung.
Der Veranstalterkreis hofft, daß auch von dieser, gemeinsam verantworteten Fachtagung „KINDERSTANDORT DEUTSCHLAND" Signale einer Politik für Kinder in Deutschland ausgehen mögen.

Sigrid Ebert

Sigrid Ebert

Einleitung

Aufgrund seiner Rahmenkompetenz im Bereich der Kinder- und Jugendhilfe hat der Bund durch das Kinder- und Jugendhilfegesetz den gesamten Bereich der Tagesbetreuung von Kindern gesetzlich neu geregelt. Der Gesetzgeber hat damit auf veränderte gesellschaftliche Rahmenbedingungen des Aufwachsens von Kindern in Deutschland geantwortet.

Es sind dies in erster Linie Veränderungen der unmittelbaren familialen Lebenswelt, der Familienstrukturen und des Familienalltags. Verantwortlich dafür ist u.a. der Rollenwandel, konkreter gesagt, die zunehmende Erwerbsorientierung der Frauen bzw. das Schwinden der ausschließlichen Familienorientierung bei Müttern.
Von den Sachverständigen des Neunten Jugendberichtes wie auch von denen des Fünften Familienberichtes wurde deshalb nicht ohne Grund die Frage der außerfamilialen Betreuungseinrichtungen für Kinder, und zwar für alle Altersstufen, in die politische Diskussion hineingetragen.

Wobei es nicht nur – vordergründig gesehen – um die Notwendigkeit eines quantitativen Ausbaus der Betreuungsplätze geht, sondern in einem viel substantielleren Sinn muß gefragt werden, wie unsere Gesellschaft insgesamt auf diesen familialen Wandel reagiert.
Wäre z.B. die Erwerbsneigung von Frauen heute die gleiche wie in den sechziger und siebziger Jahren (in der alten Bundesrepublik), wäre die Zahl der Erwerbspersonen in den alten Bundesländern heute rund 3 Millionen geringer und damit die Arbeitslosigkeit weit weniger brisant.
Niemand wird öffentlich so argumentieren wollen, aber zu fragen ist schon, wie offensiv denn eine Gleichberechtigungspolitik diese so tiefgreifende soziokulturelle Verhaltensänderung der weiblichen Bevölkerung aufgreift bzw. inwieweit die anhaltende Beschäftigungsproblematik in unserem Land nicht auch Teil des unbewältigten Konfliktes über die Rollen der Geschlechter ist, und welche Bedeutung dies für das Aufwachsen von Kindern hat, für das Männer und Frauen in unserem Land Verantwortung tragen.

„Familienleben als Tatsache" – so stellt der Familienbericht fest – spielt in den übrigen Gesellschaftsbereichen keine Rolle. So wird z.B. kaum danach gefragt, welche Auswirkungen die Bedingungen bzw. die Probleme des Arbeitsmarktes auf das Familienleben und die Erziehungsleistung der Familie haben, z.B. Arbeitslosigkeit, dauerhafte Überstunden und damit eingeschränktes Zeitbudget für Kinder, Mobilitätsforderungen hinsichtlich des Arbeitsplatzes u.a.m.
Eltern werden allein gelassen, wenn sie für das Zusammenleben mit Kindern nach neuen Arrangements suchen, ohne diese mit gesellschaftlichen Benachteiligungen erkaufen zu müssen. Kindererziehung ist in Deutschland mit einem erheblichen Verarmungsrisiko verbunden. Jedes 8.Kind in den alten Bundesländern wächst in einem sog. „einkommensschwachen" Haushalt auf. Hinzu kommt eine ständig steigende Zahl alleinerziehender Eltern, wobei es sich überwiegend um alleinerziehende Mütter handelt. Ein großer Teil dieser Frauen ist erwerbslos und bezieht Sozialhilfe. Fehlende Betreuungseinrichtungen, auch für Kinder unter drei Jahren, sind ein wesentlicher Grund für die Erwerbslosigkeit der Frauen. Es ist zu befürchten, daß Kinder zu Verlierern dieses Modernisierungsprozesses werden. Denn insbesondere der „Wandel des innerfamilialen Zusammenlebens" hat unmittelbare Konsequenzen für die familialen Erziehungsleistungen und berührt das Recht des Kindes, und zwar sowohl das Recht des noch nicht dreijährigen Kindes wie auch das Recht des älter als sechs Jahre alten Kindes auf Förderung der Entwicklung und auf Erziehung zu einer eigenverantwortlichen und gemeinschaftsfähigen Persönlichkeit.

Das Betreuungsproblem ist also mit der Einführung des Rechtsanspruchs auf einen Kindergartenplatz keineswegs gelöst. Ohnehin hat diese gesetzliche Zielvorgabe zum quantitativen Ausbau der Kindergartenplätze in Deutschland-West bei gleichzeitiger angespannter Finanzlage in den Kommunen und Ländern zeitweilig den Eindruck aufkommen lassen, daß die Pädagogik oder sollte ich besser sagen das Recht des Kindes auf Erziehung und Bildung angesichts der Umsetzungsprobleme auf der Strecke blieben. Insofern ist die Initiative des Deutschen Städtetages, bundesweit Kriterien einer qualitativen Bedarfsbestimmung zu erstellen, ausdrücklich zu begrüßen.Wenn auf dieser Tagung der „KINDERSTANDORT DEUTSCHLAND" ausgeleuchtet werden soll, geht es uns weniger um eine Perfektionierung des Betreuungsmilieus, sondern vielmehr darum, den Bildungsanspruch, der damit verbunden ist, zu prononcieren.

Die Frage nach dem KINDERSTANDORT DEUTSCHLAND ist die Frage, welche Form von Kindheit unsere Gesellschaft für ihre Kinder bereithält. Kindheit ist ja kein naturwüchsiger, sondern ein sozial zugeschriebener Zustand.

Auch bei uns ist die Familie der Ort, wo Kinder aufwachsen, wo sie erzogen werden, aber schon längst ist die Familie auf Unterstützung durch öffentliche Erziehung angewiesen. Das heißt aber auch, daß nicht erst in der Schule, sondern schon mit den Betreuungsformen öffentlicher Erziehung, also mit den Tageseinrichtungen für Kinder, Weichen für Bildungschancen gestellt werden.

Mit dieser Tagung wollen die Veranstalter deutlich machen, daß Erziehung und Bildung eine Querschnittaufgabe ist. Die oben beschriebene Modernitätsproblematik unserer Gesellschaft hat für das Aufwachsen von Kindern nicht nur eine pädagogische Dimension, sondern berührt auch soziale, ökonomische und ökologische Aspekte. Deshalb brauchen wir eine gesamt-gesellschaftlich verantwortete Politik für Kinder.

Nicht ohne Grund stellt auch die Kinderkommission des Deutschen Bundestages in ihrem Abschlußbericht fest, daß ein „neues Grundbewußtsein zugunsten von Kindern“ notwendig sei, weil den Belangen von Kindern in Deutschland ein zu geringer Stellenwert eingeräumt wird. Zwar weiß man, daß Kinder „irgendwie“ für die Zukunft der Gesellschaft – und sei es als Rentenbeschaffer – von Bedeutung sind, aber bei dieser Leerformel bleibt es in der Regel.

Deshalb darf es – so die Intentionen der Veranstalter – auf dieser Tagung nicht nur um die Tageseinrichtungen für Kinder gehen, also um die sog. „Institutionalisierte Kindheit“, sondern es soll grundsätzlich gefragt werden, wie es um die Qualität der Lebensräume, die Kinder für ein gedeihliches Aufwachsen brauchen, bei uns in Deutschland bestellt ist. Dieser kindliche Lebensraum erscheint in mehrfacher Hinsicht eingeengt. Eine merkwürdige Ambivalenz kennzeichnet ihn. Einerseits ist er ausgefüllt mit einer Vielzahl erzieherischer Maßnahmen und einer zunehmenden Tendenz, den Umgang und Kontakt mit Kindern fast ausschließlich professionellen Helfern zu überlassen, andererseits werden Kinder immer stärker aus der Lebenswelt der Erwachsenen ausgegrenzt; Kinder kommen im öffentlichen Leben nicht vor, Kinderleben findet nur an dafür bestimmten Orten statt.

Und um diese Orte soll es auch gehen, sie bilden gewissermaßen das Herzstück dieser Tagung. Tageseinrichtungen für Kinder haben – nicht zuletzt aufgrund des Kinder- und Jugendhilfegesetzes – an gesellschaftlicher Bedeutung gewonnen. Als Veranstalter dieser Tagung sind wir zugleich auch auf verschiedenen Ebenen Verantwortungsträger dieser „Orte für Kinder".
Aus dieser Verantwortung heraus entstand der Wunsch, die Ergebnisse dreier Forschungsprojekte, die aus unterschiedlichen Blickwinkeln untersucht haben, was – an den Entwicklungsbedürfnissen von Kindern orientiert – die qualitativen Kriterien eines bedarfsgerechten Betreuungsangebotes sein sollten, und mit welcher Perspektive weiter gedacht und geforscht werden soll, im Rahmen eines Fachkongresses vorzustellen und zu erörtern.

Entlang dreier – schlichter – Fragen, nämlich:

Wo befinden sich Kinder?
Was geschieht mit Kindern? und
Wer befaßt sich mit Kindern?

soll hinterfragt werden, wie es um die pädagogischen Standards der Einrichtungen bestellt ist.
Inwieweit Tageseinrichtungen für Kinder Lebensräume darstellen, die Kontinuität und Stabilität im Kinderleben bieten; inwieweit Kinder dort in ihrer Identitätsentwicklung Unterstützung und Ermutigung erfahren; ob es Orte sind, die Kindern Bildungschancen vermitteln bzw. was sich, in die Zukunft gesehen, ändern muß, damit dem Recht des Kindes auf Betreuung, Bildung und Erziehung genüge getan werden kann.
Der Veranstalterkreis hofft, daß von dieser Tagung „KINDERSTANDORT DEUTSCHLAND" auf alle Politikbereiche, wo Zukunft gestaltet wird, eine Signalwirkung ausgeht, die hilft, die „strukturellen Rücksichtslosigkeiten" der gesellschaftlichen Verhältnisse gegenüber Kindern und ihren Familien abzubauen.
Die Zukunft unserer Gesellschaft ist abhängig von Bildung und Solidarität. Kinder sind unsere Zukunft, gewähren wir ihnen beides.

Mittwoch, 27. März 1996

Kinderstandort Deutschland?

Hans-H. Wilhelmi

Kinder, Wirtschaft, Zukunft *Gedanken zur Standort-Debatte*

Seit Jahren ist vom Wirtschaftsstandort Deutschland die Rede. Politiker, Unternehmer, Verbandssprecher, Wissenschaftler, Landräte, Bürgermeister und etliche andere sorgen sich um ihn. Manche sehen ihn in Gefahr, weil vermehrt im Ausland investiert wird, weil die Last der Steuern kaum zu tragen ist, weil das Lohnniveau so hoch ist, weil Urlaubszeiten so lang sind, weil das Netz der sozialen Sicherung so eng geknüpft ist und so fort.

Gemessen etwa an der steigenden Zahl der Arbeitslosen, der Zahl der Konkurse oder der geringen Rendite von Umsätzen in einigen Branchen könnten Zweifel berechtigt erscheinen, ob Deutschland weiterhin ein guter Platz ist, um Güter herzustellen und Dienstleistungen zu erbringen. Oder ist das ein zu pauschaler Blick angesichts von annähernd 500.000 Kapitalgesellschaften (AG, GmbH) im produzierenden Gewerbe, im Handel und bei Dienstleistungen sowie von weit über 500.000 Handwerksunternehmen und ungezählten Kleinbetrieben in zahlreichen Wirtschaftszweigen?

Ob Unternehmer oder Arbeitnehmer – beide leben die meiste Zeit außerhalb der Betriebe. Sie sind Glieder in Familien (absolute Singles mal ausgeklammert) und spielen mancherlei Rollen im gesellschaftlichen Leben (Vereine aller Art, Sport, Kultur, Freizeitgestaltung).

Über 20 Mio. Bürger sind Eltern von Kindern und verantworten deren Aufwachsen. Registriert und zum Teil beklagt wird, daß Ehepaare keine Kinder oder nur ein Kind wollen, weil ihnen die Zukunft zu bedrohlich oder die baren Kosten zu hoch erscheinen, daß die Kriminalitätsrate bei Kindern steigt, daß sich erschreckend oft ihre Bereitschaft zur Gewalt manifestiert oder daß die Quote chronisch kranker und physisch belasteter Kinder bemerkenswert gestiegen ist. Es fehlt am Platz zum Spielen im Freien, während Fernsehen- und Videokonsum viel Zeit gewidmet wird. So drängt sich die Frage auf: Ist Deutschland kein guter Kinderstandort?

Der Begriff des Standorts hat etwas Statisches an sich. Einmal Fuß gefaßt, für immer da stehend. Das paßt in der Natur mit Merkmalen wie Klima, Boden, Dichte, Artenhäufigkeit u.a. für Pflanzen, nur begrenzt für Tiere. Es paßt ganz und gar nicht für traditionelle wie aktuelle Formen menschlichen Soziallebens, ob Sippe, Stamm, Gesellschaft oder ähnliches. Aber vielleicht sollte man gar nicht so streng mit dem Begriff umgehen, sondern frei Gedanken assoziieren. Suchen wir also nach gemeinsamen Merkmalen des Standorts Deutschland zum Wirtschaften und zum Aufwachsen und beurteilen danach seine Qualität.

Struktur
In der Ökonomie meint man damit das Mischungsverhältnis zwischen Groß-, Mittel- und Kleinbetrieben, aber auch zwischen produzierendem Gewerbe, Handel und Dienstleistungen. In der Pädagogik könnte man an das Mischungsverhältnis von Familie, institutionellen Angeboten, Peers/Freunde und freier Wildbahn (Straße/Natur) denken. Im großen und ganzen erscheinen beide Bereiche bei uns einigermaßen ausgewogen. Es gibt keine auffallenden Defizite mit entsprechend nachteiligen Folgen.

Ausbildungsniveau
Wir sind eine höchst differenzierte Arbeits- und Leistungsgesellschaft. Man unterscheidet in der Volkswirtschaft an die 25.000 Tätigkeiten (nicht unbedingt Berufe), von denen der Einzelne nur eine kleine Anzahl beherrscht. Insgesamt aber haben alle Erwerbspersonen zusammen einen – international verglichen – bemerkenswert hohen Stand der Qualifikation (Schul-, Berufsbildungs- oder Hochschulabschluß). Mit Kindern gehen in erster Linie die Eltern um; sie haben heute ein vielfach höheres „Erziehungswissen" als alle Generationen vorher. Völlig professionalisiert ist das Geschehen in den Einrichtungen der Kinderbetreuung, selbst wenn man sich nicht selten ein höheres Niveau der Aus- und Fortbildung wünscht. Auch dieser Punkt ist also, ob Kinder oder Wirtschaft, weitgehend positiv.

Infrastruktur
Ohne Straße, Strom und Telefon geht in der Wirtschaft gar nichts. Dabei ist es weitgehend die öffentliche Hand, die auf verschiedene Weise sicherstellt, daß es an Energie, Kommunikationsmöglichkeiten und Verkehrswegen nicht fehlt. Wer dafür die Kosten trägt (ob Nutzer und/oder Steuerzahler), ist eine andere Frage. Zum ganz oder teilweisen Aufwachsen außerhalb der Familie gibt es Krippen, Heime, Kindertagesstätten, Schulen, Jugendfreizeiteinrichtungen und anderes mehr. Und da ihnen praktisch

niemand entgehen kann, gehören wohl auch die Medien dazu. Bei den Kosten ist die Sache gemischt: neben Nutzer und Steuerzahler tragen staatliche Körperschaften und Verbände einen gehörigen Anteil. Ernsthafte Lücken der Infrastruktur bestehen – ausgenommen und zeitlich nurmehr begrenzt bei Kindergartenplätzen – heute weder da noch dort.

Rechtssicherheit

Das Recht der Wirtschaft ist weit gespannt. Keine Sparte ist ausgenommen von Verfassungs-, Gesetzes- oder Verordnungsregelungen, gehe es um Bilanzpflicht, Lärmschutz, Lebensmittelbestrahlung, Patente, Preisauszeichnungen oder anderes. Der „eingerichtete und ausgeübte Gewerbebetrieb" steht unter vielfachem Schutz des Rechtsstaates, manchem Gewerbetreibenden vielleicht schon zu viel. Kindern und Jugendlichen geht es insofern anders, als Deutschland zwar das von den Vereinten Nationen 1989 beschlossene „Übereinkommen über die Rechte des Kindes" ratifiziert hat, ein modernes Kinder- und Jugendhilfegesetz sowie eine Fülle von Vorschriften in Zivilrecht und zum Schutz der Jugend besitzt, aber der Status des Kindes als eigenes Rechtssubjekt vielfach übersehen wird. In beiden Beziehungen, könnte man feststellen, gibt es gleichermaßen zu viel an Bevormundung, mal durch den Staat, mal durch Erziehungsberechtigte, -beauftragte oder gar angemaßte Vertreter des Kindes.

Geldwertstabilität

Wechselkurse und Inflationsraten spielen für unternehmerische Entscheidungen eine besonders wichtige Rolle, denn wirtschaftliches Handeln soll „sich rechnen", also unter dem Strich einen Gewinn bringen. Zugleich aber beeinflussen die höchst unterschiedlichen Entscheidungen der wirtschaftenden Subjekte die Dynamik einer marktorientierten, also nicht zentral gesteuerten Volkswirtschaft. Und das schlägt sich wieder in den Wechselkursen und Inflationsraten nieder. Es herrscht das freie Spiel der Kräfte mit einem Auf und Ab der Stabilitätsindikatoren. Die meiste Zeit seit 1945, die fast ungebrochen auf Wachstum ausgerichtet war, ist Deutschland dabei gut gefahren. Dies haben auf der anderen Seite erwerbstätige Eltern und Erzieher gespürt: Ihre Einkommen sind brutto und netto durchweg gestiegen. Die gestiegene Kaufkraft hat großenteils zu einem auskömmlichen Lebensstandard geführt. Ob und wie das Kindern zugute gekommen ist (z.B. mehr Kinderzimmer, mehr Spielzeug, mehr Taschengeld, mehr Reisen), muß hier offen bleiben. Zweifel an der doppelten Standortqualität erscheinen insoweit allerdings kaum berechtigt.

Sozialer Friede

Das Grundgesetz bestimmt u.a., Deutschland ist ein „sozialer Bundesstaat" (Artikel 20, Abs. 1). Davon sind Rechtsordnung und Lebenswirklichkeit geprägt. Jede dritte Mark der staatlichen Ausgaben geht in die soziale Sicherung. Auch wenn es weiterhin Armut und Not gibt, so wird davon das friedliche Zusammenleben in der Gesellschaft nicht ernsthaft in Frage gestellt. Und auch Arbeitskämpfe (um Lohn, um die Erhaltung von Werken u.ä.) sind eher selten. Gut für den Wirtschaftsstandort. Ein Pendant für das Aufwachsen ist kaum auszumachen. Kinder sind, wie es so schön heißt, viel zu spät geboren, um ihre Eltern noch erziehen zu können. Interessengegensätze mögen also bestehen. Ihre Positionen zu artikulieren und zu manifestieren, haben Kinder kaum schon die Fähigkeit und die Gelegenheit. Freilich können manche Ausbrüche verbaler und handfester Gewalt gerade Ausdruck dieser Situation sein. Im ganzen also keine Vorbehalte gegenüber diesem Merkmal von Standortqualität.

Man könnte das Spiel fortführen und weitere denkbare Kennzeichen für einen Standort erwähnen etwa: ausdifferenziertes Forschungssystem, ausgebautes Gesundheitswesen, Vielfalt kultureller Angebote. Doch auch dann kommt eines nicht heraus, nämlich, daß der Standort Deutschland, gehe es ums Wirtschaften oder ums Aufwachsen, grundlegende Mängel aufweist.

Worauf beruhen dann die eingangs aufgeführten Klagen? Mir scheint: Die Debatte um den Wirtschaftsstandort zielt in letzter Konsequenz darauf, den Maximen der Wirtschaft alle anderen Lebensbereiche unterzuordnen. Zwar läßt sich über den Lohnaufwand als Kostenfaktor mit guten Gründen, nicht zuletzt anhand internationaler Vergleiche, streiten. Aber, wenn viele sonstige Merkmale ganz oder überwiegend positiv zu beurteilen sind, dann ist die Standortfrage nicht wirklich auf diesen einen Punkt zu reduzieren. Eine Ökonomie aber, die ihren Sinn und ihre Rechtfertigung nur in sich selbst sieht, verleugnet ihre Einbettung in die Gesellschaft und ist nicht zukunftsfähig.

Eine vergleichbare Debatte um den Kinderstandort Deutschland hat noch gar nicht begonnen. Die Tagung in Wolfsburg war ein Anfang. Wenn es stimmt, daß die etwas gewagt übertragenen Merkmale ebenfalls ganz oder überwiegend positiv zu beurteilen sind, dann kann der Kinderstandort – bei allen aktuellen Problemen – offensiv vertreten werden. Er ist zukunftsfähig. Freilich bleiben zwei Phänomene erklärungsbedürftig: Die sinkende

Zahl von Kindern je Eltern (im Fachjargon die sogenannte Reproduktionsrate) und die wachsende Zahl chronisch kranker und physisch belasteter Kinder. Ich vermute, daß beides mit dem Lebensstil unserer Industrie-, Konsum-, Freizeit-, Erlebnisgesellschaft etc. zu tun hat. Das aber sind keine Standortfragen mehr – wenngleich ein wichtiges anderes Thema der Debatte um eine lebenswerte Zukunft.

Helga Herrmann

Kinderstandort – Industriestandort – Was tut die Wirtschaft –

Kinder und Familien haben in den bisher geführten Diskussionen um die Qualität des Industriestandortes Deutschland meines Wissens kaum eine Rolle gespielt: Unternehmer beurteilen die Qualität eines Standortes primär nach Wirtschaftlichkeitskriterien. Wirtschaftliche Einheiten, deren originäre Aufgabe es ist, Güter oder Dienstleistungen bereitzustellen, handeln nach betriebswirtschaftlichen Maximen.

Die Arbeitnehmer wünschen in Standortdebatten günstige Lebensbedingungen für sich und ihre Kinder, doch werden diese eher im Umfeld des Wohnortes erwartet, kommunale Strukturpolitik und staatliche Sozialpolitik sind die Adressaten. Nun, ist Kinder- und Familienförderung überhaupt Aufgabe der Wirtschaft? Was haben Betriebe mit der Privatsache Familie und Kinder überhaupt zu tun? Ich glaube grundsätzlich brauchen diese Fragen nicht mehr gestellt werden. Verantwortung für Kinder und Familien übernehmen, ist keine originäre Aufgabe der Wirtschaft, aber eine Beteiligung an dieser Verantwortung ist willkommen und erwünscht. Ich glaube, es besteht Übereinstimmung darin, daß die Wirtschaft in unserer Gesellschaft eine ethische Verantwortung wahrnehmen soll und auch wahrnimmt. Die Gestaltung der Arbeitswelt entscheidet wesentlich darüber, wie die Gesellschaft der Zukunft aussehen wird. Unternehmerische Tätigkeiten und ihre Auswirkungen dürfen nicht mehr nur unter wirtschaftlichen und sozialen, sondern müssen auch unter gesellschaftspolitischen und sozialethischen Gesichtspunkten bewertet werden.

Betriebliche Programme der Familienförderung zielen darauf, die Arbeit so zu organisieren, daß die Wahrnehmung familialer Aufgaben für Männer und Frauen erleichtert wird; dazu gehören auch Hilfen zur Rückkehr in den Beruf nach familienbedingter Unterbrechung der Erwerbstätigkeit. Denn noch immer ist die Arbeitswelt überwiegend auf jenen Typus von Erwerbsperson zugeschnitten, der von jeder Haus- und Familienarbeit befreit und über die reguläre volle Arbeitszeit hinaus auch noch möglichst für Überstunden verfügbar ist.

Wenn es aber nicht gelingt, die Bedingungen der Arbeitswelt so zu ändern, daß für Mütter und Väter gleichzeitig Familie und Beruf lebbar werden, werden sich Frauen und Männer entweder stärker der Arbeitswelt zuwenden und auf Kinder verzichten, oder sie werden als Arbeitnehmer und in der Familie unzufrieden.

Seit Ende der 70er Jahre steigt die Zahl derjenigen Unternehmen, die sich auch familienpolitisch engagieren, und sie stieg sprunghaft.

Wie kam es zu dieser Entwicklung? Sie wurde von einer Vielzahl von Faktoren angestoßen, die ich kurz skizzieren möchte:

1. Ein gewandeltes Verhältnis zu Beruf und Erwerbstätigkeit, wobei der Beruf nicht mehr als dominierender Lebensmittelpunkt gilt,

2. ein verändertes Selbstverständnis der Frauen, die sich nicht mehr lebenslang über die Hausfrauenrolle definieren,

3. ein generell höheres Qualifikationsniveau in der Arbeitswelt, was immer längere Ausbildungszeiten und ein permanentes Weiterlernen erfordert,

4. damit verbunden die gestiegene Bedeutung qualifizierter Mitarbeiter für die wirtschaftliche Leistungsfähigkeit eines Unternehmens, und schließlich

5. Defizite in staatlicher Sozial- und Familienpolitik, die Arbeitnehmer und Arbeitgeber zu eigenen Initiativen veranlassen, teilweise sogar zwingen.
   Ich erwähne hier nur beispielhaft den Bereich der außerfamiliären Kinderbetreuung.

Meine Damen und Herren, unser Verhältnis zu Beruf und Erwerbstätigkeit hat eine neue qualitiative Dimension erhalten. Der instrumentelle Charakter von Erwerbsarbeit als bloßes Mittel zum Geldverdienen verliert an Bedeutung. Menschen wollen sich in ihren Beruf auch einbringen, sich darin selbst verwirklichen und sich wohlfühlen. Der Beruf wird als Vermittler von persönlichem Selbstbewußtsein und gesellschaftlichem Ansehen hoch bewertet – doch alleiniger Sinn des Lebens ist er nicht. Neben Beruf und Karriere soll Platz für ein erfülltes Privatleben sein.

Es gibt – durch empirische Untersuchungen belegte – Anzeichen dafür, daß jüngere Männer nicht mehr in dem Maße wie ihre Väter bereit sind, ihre Lebenspriorität in Beruf und Karriere zu sehen und daß ihre Familie durchaus ein Orientierungsprodukt für sie ist. Den Wunsch, Beruf und Familie miteinander zu verbinden, haben vor allem die Frauen. In den Lebensentwürfen von Frauen heute spielen Erwerbswunsch und Familienwunsch eine nahezu gleichrangige Rolle. Immer weniger junge Frauen streben die lebenslange Hausfrauenrolle an. Frauen heute sehen ihre Aufgabe in Beruf und Familie zugleich. Doch treffen die Berufs- und Familienwünsche Erwerbstätiger auf eine Organisation der Arbeitswelt, die die Trennung von Familie und Beruf voraussetzt und die durch eine Konkurrenz zwischen beiden Bereichen gekennzeichnet ist.

Folglich werden in den Familien Strategien entwickelt, um diese Konfliktsituationen abzuschwächen. Dabei werden auch Entgegenkommen und Hilfen der Betriebe erwartet. Die Erwartung an die Unternehmen, hier einen Beitrag zu leisten, steigt mit dem Qualifikationsniveau und der betrieblichen Stellung der Beschäftigten.

Umgekehrt zeigt sich aber auch, daß Betriebe dann bereit sind, neue Wege zu gehen, wenn es sich um qualifiziertes Personal handelt. Qualifizierte Mitarbeiter sind für ein Unternehmen wertvolles Kapital; sie sind wesentliche Voraussetzung, um sich am Markt und in der internationalen Konkurrenz zu behaupten. Die Wirtschaft muß alle verfügbaren Instrumente der Personalgewinnnung und -erhaltung nutzen, um wettbewerbsfähig bleiben zu können. Qualifizierte Mitarbeiter sind jedoch nur dann zu haben und zu halten, wenn in der betrieblichen Personal- und Sozialpolitik auch Hilfen geboten werden, das Konfliktverhältnis von Erwerbsarbeit und Familienzuwendung zu entspannen. Dies entspricht der Erwartungshaltung der Mitarbeiter. Das heißt, die Attraktivität eines Unternehmens hängt auch davon ab, ob es Arbeitsplätze anbietet, die es Männern und Frauen ermöglichen, Beruf und Familie miteinander zu verbinden. Damit liegt eine familienfreundliche Gestaltung der Arbeitswelt auch im personalwirtschaftlichen Eigeninteresse der Betriebe. Andererseits – je besser Mütter und Väter ihre familiären Verpflichtungen mit ihren beruflichen Aufgaben in Einklang bringen können, desto größer ist ihre berufliche Motivation und desto besser ist ihre erbrachte Arbeitsleistung. Unternehmen handeln also durchaus im ökonomischen Eigeninteresse, wenn sie ihre Arbeitnehmerinnen und Arbeitnehmer auch in ihrer Rolle als Mutter oder Vater wahrnehmen und Hilfen bei der Lösung auftretender

Konflikte anbieten. Diese Erkenntnis ist nicht grundlegend neu, und ihre Umsetzung in konkrete Maßnahmen erfolgt nicht erst in unseren Tagen. Die deutsche Sozialgeschichte kennt viele Beispiele fortschrittlicher Unternehmer, die sich auch um das Wohlergehen der Mitarbeiter im privaten Bereich kümmerten. Ich erinnere hier beispielsweise an die Bereitstellung von Werkswohnungen.

Ein Bereich, in dem Unternehmer sich schon sehr früh engagierten, ist die außerfamiliale Kinderbetreuung. Erste Betreuungseinrichtungen für Kinder der Mitarbeiter gab es bereits im 16. Jahrhundert in der Fuggerei des Jakob Fugger. Im Zuge der fortschreitenden Industrialisierung ab Mitte des 19. Jahrhunderts wurden in wachsender Zahl betriebliche Einrichtungen der Kinderbetreuung bereitgestellt.

Die Gründe, die die Unternehmer hierzu veranlaßten, unterscheiden sich dabei nur wenig von denen, die die gegenwärtige Diskussion um betriebliche Kinderbetreuung prägen. Es waren

- das Fehlen ausreichender anderer Betreuungskapazitäten
- erhöhte Leistungsfähigkeit von Mitarbeiterinnen und Mitarbeitern, wenn sie von der Sorge um nicht beaufsichtigte Kinder entlastet waren
- Bindung der Belegschaft an das Unternehmen
- Pflege des eigenen Ansehens als sozialverantwortlicher Unternehmer.

Betriebliche Hilfen zur Vereinbarkeit von Beruf und Familie werden häufig unter dem Etikett „Frauenförderung" verpackt. Denn die Zuständigkeit für das Wohlergehen der Familie wird in unserer Gesellschaft nach wie vor den Frauen zugeschrieben – auch wenn sie erwerbstätig sind. Der Spagat zwischen Beruf und Familie ist das Problem der Frauen. Ist der Konflikt nicht lösbar, stellen Frauen den Berufswunsch zurück. Daß Väter beruflich zurückstecken, wenn ein Kind kommt, ist immer noch die Ausnahme. In dem Bemühen, Beruf und Familie miteinander zu verbinden, schlagen tradierte Muster der Rollenverteilung zwischen Mann und Frau voll durch. Frauen stecken, um den Kinderwunsch realisieren zu können, in ihren beruflichen Plänen zurück. Sie wählen das Drei-Phasen-Modell und gehen bei Dauer und Lage der Arbeitszeit Kompromisse ein. Das Vereinbarkeitsproblem ist nicht nur ein Problem der Frauen, sondern es sind auch die Frauen, die sich für die Lösung des Dilemmas verantwortlich fühlen. Väter steigen nicht aus der männlichen Berufsrolle aus; in der männlichen Erwerbsbiographie ist eine familienbedingte Unterbrechung kein Thema.

Vereinbarkeitserleichternde Maßnahmen der Betriebe richten sich in ihrer schriftlichen Fixierung zwar an Männer und Frauen; die Niederschriften, zum Beispiel Betriebsvereinbarungen, sind geschlechtsneutral gefaßt. Faktisch jedoch sind die Adressaten der weibliche Teil der Belegschaft, und – realistisch betrachtet – wird das wohl auch so bleiben. Das soll nicht negativ gewertet werden. Denn noch nie drängten so viele gut ausgebildete Frauen mit hoher Berufsmotivation ins Erwerbsleben.

Die Palette familienfreundlicher Maßnahmen, die Wirtschaftsbetriebe bereits anbieten, ist breit.

Insgesamt am häufigsten vorgefunden werden:

- Möglichkeiten flexibler Arbeitszeitgestaltung (in über der Hälfte der Betriebe)
- Familienpausenregelungen mit über die gesetzliche Dauer hinausgehendem Erziehungsurlaub
- Wiedereinstiegszusagen mit Hilfen zum Qualifikationserhalt bzw. zur Requalifizierung

Die stärksten vereinbarkeitserleichternden Wirkungen gehen im Bereich der Arbeitszeitgestaltung von der Dauer und der Lage der Arbeitszeit aus. Sie erleichtern den Arbeitnehmerinnen die regelmäßige Kombination von Erwerbsarbeit und Familienaufgaben, dabei besonders die Organisation der Kinderbetreuung.

Bei der Arbeitszeitgestaltung wird das gesamte Spektrum an Möglichkeiten angeboten, von der klassischen Halbtagstätigkeit über job-sharing bis hin zu individuellen Absprachen. Teilzeitarbeit wird geleistet als:

- verkürzte Tages-, Wochen-, Monats- oder Jahresarbeitszeit
- gleichmäßig oder ungleichmäßig, regelmäßig oder unregelmäßig verteilte Arbeitszeit.

Teilzeitarbeit wird fast ausschließlich von Frauen ausgeübt. Teilzeitarbeitende Männer haben diesen Status meist unfreiwillig, z.B. infolge beeinträchtigter Leistungsfähigkeit, aber nur selten aus familiären Gründen. Das heißt, Männer planen für sich andere Strategien – aus nachvollziehbaren Gründen. Männer, die den Wunsch nach Teilzeitarbeit durchsetzen möchten, treffen im Betrieb bei Geschäftsleitung, Vorgesetzten und Kollegen eher auf ablehnende Haltung. Die Widerstände sind stark emotionaler Natur und weniger ökonomisch motiviert.

Frauen, die nach einer familienbedingten Berufsunterbrechung wieder ins Erwerbsleben zurückkehren möchten, stehen vor einem Bündel von Schwierigkeiten: Arbeitsplatzfindung und während der Familienpause eingetretener – vermuteter oder tatsächlich eingetretener – Verlust an fachlicher Qualifikation, der Zwang, den häuslichen Arbeitsablauf neu zu organisieren und meist unzureichende Kinderbetreuungsmöglichkeiten erweisen sich als häufigste Problembereiche. Konkrete Wiedereinstiegsvereinbarungen mit dem Arbeitgeber in Verbindung mit Maßnahmen zum beruflichen Qualifikationserhalt bieten sich hier an. Solche Vereinbarungen finden sich in der Praxis auf einzelbetrieblicher Ebene, aber auch in tarifvertraglichen Regelungen. Als Maßnahmen zum beruflichen Qualifikationserhalt sind „betriebliche Kontaktpflegemaßnahmen“, wie

- Aushilfs- oder Vertretungstätigkeiten
- Teilzeitbeschäftigungen geringen zeitlichen Umfangs
- Werkverträge
- Heimarbeit

vorgesehen. Sie verhindern, daß Frauen während der Familienphase den Bezug zur Arbeitswelt gänzlich verlieren und reduzieren so einen Teil der Rückkehrprobleme.

Der Bereich der Arbeitszeitgestaltung ist auch hier ein häufig gehandhabtes Instrument: Teilzeitangebote und Angebote individueller, den Wünschen des Mitarbeiters angepaßten Arbeitszeiten sollen die gänzliche Entfremdung vom Arbeitsplatz und Unternehmen verhindern, das Interesse an der Erwerbsarbeit erhalten und fachliche Dequalifikation während des Elternurlaubs vermeiden. Betriebliche Weiterbildung gegen Ende des Elternurlaubs wird angeboten, um den Anschluß an die technische Entwicklung zu halten.

Berufsrückkehrerinnen werden von den Arbeitgebern geschätzt.

- Sie bringen beim Wiedereintritt in das Unternehmen Betriebskenntnis und Berufserfahrung mit.
- Da sie dem Unternehmen bereits bekannt sind, ist die Wahrscheinlichkeit, bei der Einstellung eine Fehlentscheidung zu treffen, bei diesen Frauen geringer.

- Die Berufsmotivation der Rückkehrerinnen wird als sehr hoch eingestuft. Es wird angenommen, daß sie im Beruf eine Befreiung von häuslicher Monotonie suchen und daher besonders ehrgeizig sind.

Wiedereinstiegsgarantien verschaffen dem Unternehmen einen Vorsprung im Wettbewerb um die knapper werdenden Fachkräfte.

Rückkehrzusagen und Konzepte einer Verbindung zur Berufswelt während der Familienphase waren zuerst in Großunternehmen anzutreffen.

Doch das Angebot einer längeren als mit dem gesetzlichen Erziehungsurlaub möglichen Familienphase und Weiterbildung während und nach der Familienphase sind für Klein- und Mittelbetriebe oft nur schwer umsetzbar.

So dürfte es in kleineren Unternehmen auf Grund der Personalstruktur und der geringen finanziellen Ressourcen gelegentlich unmöglich sein, dem aus dem Elternurlaub zurückkehrenden Mitarbeiter einen gleichwertigen Arbeitsplatz anzubieten. Hier muß dann eine auf den Einzelfall bezogene Lösung gefunden werden, und sie sollte beide Seiten zufriedenstellen. Eine solche Lösung kann in der Umschulung auf einen höherwertigen Arbeitsplatz, dem zeitweisen Einsatz auf einem unterwertigen Arbeitsplatz oder auch in einem geeigneten flexiblen Arbeitseinsatz bestehen. Als weitere Variante käme der Einsatz in einem Verbundunternehmen in Betracht, sofern das Unternehmen einem überbetrieblichen Verbund zur Wiedereingliederung angeschlossen ist.

Anders ist es bei flexibler Arbeitszeitgestaltung. Hier werden die vorhandenen Möglichkeiten gerade in Klein- und Mittelbetrieben intensiv genutzt, wobei auch sehr individuelle, auf die persönlichen Bedürfnisse der Mitarbeiterinnen zugeschnittene Lösungen gefunden werden. Betriebe engagieren sich dabei vor allem im Angebot gleitender Arbeitszeit und von Teilzeitarbeit. Denn Arbeitnehmer, die Familie und Beruf verbinden möchten, wünschen vor allem mehr Zeitsouveränität und individuelle kürzere Arbeitszeiten.

Doch maßgeschneiderte Arbeitszeitregelungen und Wiedereinstiegsangebote können nur dann die Familien wirklich entlasten, wenn ausreichend qualifizierte Möglichkeiten der Kinderbetreuung zur Verfügung stehen. Hier aber haben wir in Deutschland gewaltige Defizite. Experten sprechen von mehr als einer halben Million fehlender Kindergartenplätze. Vor allem in Ballungsgebieten mit hoher Erwerbstätigkeit bleiben die Kommunen mit ihrem Angebot an öffentlicher Kinderbetreuung weit hinter der Nachfrage zurück. Der Rechtsanspruch auf einen Kindergartenplatz in öffentlichen Einrichtungen ist zwar ein begrüßenswertes familienpolitisches Signal des Gesetzgebers, allerdings unterliegt auch dies den Kriterien der Finanzierbarkeit. Angesichts dieser Notsituation engagieren sich wieder mehr Unternehmen im Bereich Kinderbetreuung.

Die Frage, ob Kinderbetreuung eine unternehmerische Aufgabe ist, wird kontrovers diskutiert. Berufstätige Frauen und Mütter bejahen dies; aus Gewerkschaftskreisen lautet die Antwort eher „nein" wegen der vermuteten Gefahr zu starker Betriebsbindung, und es wird auf den Ausbau der öffentlichen Einrichtungen gedrängt. Doch der läßt auf sich warten. Jedoch kommt dieses nein heute nicht mehr so kategorisch und unisono wie noch in den siebziger Jahren. Langsam denken die Gewerkschaften um; die Gewerkschaft HBV erhob 1991 Kindergartenplätze sogar zur tarifpolitischen Forderung – allerdings ohne Erfolg.

Unternehmerseitig wird betont, Kinderbetreuung sei Aufgabe staatlicher und kommunaler Sozialpolitik. Unternehmen, die sich hier engagieren, tun dies zum einen unter Hinweis auf die Freiwilligkeit ihres Tuns, zum anderen beabsichtigen sie nicht, den Staat damit aus der Verantwortung zu entlassen oder als Konkurrenten zu staatlichen Einrichtungen zu gelten. Sie wollen ihre Bemühungen als additionelle Maßnahmen verstanden wissen, die in erster Linie den eigenen Mitarbeitern zugute kommen sollen. Die älteste und traditionsreichste Form betrieblicher Kinderbetreuung ist der betriebseigene Kindergarten. In größeren Unternehmen hat der Betriebskindergarten eine über hundertjährige Tradition. In NRW wurde einer der ersten 1848 in der Bergbauindistrie gegründet. Im Ruhrgebiet wurden zwischen 1875 und 1975 etwa ein drittel aller Kleinkinder-Erziehungsanstalten von Unternehmen gefördert. Die in den Fabriken bestehenden Betreuungseinrichtungen hatten ursprünglich hauptsächlich eine bewahrende Funktion. Hier wurden die Kinder von einer Familienangehörigen der Firmeninhaber beaufsichtigt und beschäftigt; Kinder wurden ab dem Säuglingsalter aufgenommen. Mit größerer Verbreitung der „Fabrikkindergärten" wurde dann Fachpersonal beschäftigt, aus den Bewahranstalten wurden dann – parallel zu der Entwicklung bei der öffentlichen Kinderbetreuung – Kindergärten mit betreuenden und zunehmend pädagogischen Aufgaben.

Heute vorzufindende Betriebskindergärten sind überwiegend Einrichtungen von Großunternehmen. Betriebskindergärten sind eine kostenaufwendige Sozialleistung. Zu den Investitionskosten kommen die Kosten für den laufenden Unterhalt und das Personal, das bei Betriebskindergärten nach Firmentarif entlohnt werden muß und nicht wie bei öffentlichen Einrichtungen nach Bundesangestelltentarif. Die Betriebe müssen pro Platz und Jahr mit einem Aufwand zwischen 15 000 und 20 000 Mark rechnen, ein Aufwand, den sich am ehesten Großbetriebe leisten können. Aber auch hier ist bei Neugründungen Zurückhaltung zu beobachten, und es werden andere Wege beschritten. Drei Prozent der Großbetriebe verfügen über einen Kindergarten, darunter Bayer AG, die Deutsche Bank AG, Schering, die Henkel AG, um nur einige zu nennen, und einige Großkliniken. Bei Neugründungen werden die kostengünstigen Mischformen aus betrieblicher und öffentlicher Trägerschaft bevorzugt.

Kleinere Unternehmen schließen sich zu Pools zusammen und finanzieren gemeinsam eine Kinderbetreuungseinrichtung.

Das derzeit am meisten präferierte Modell ist die betriebsnahe Einrichtung auf Stadtteilebene in Kooperation mit der Kommune oder einem freien Träger, wobei auch Kinder aus dem Wohnumfeld Aufnahme finden.

Unternehmen erwerben auch Belegrecht in bestehenden Einrichtungen und fördern Privatinitiativen von Eltern. Insgesamt ist das betriebliche Förderspektrum breit und vielseitig; es entstehen immer neue Modelle. Daß hier noch nicht alle Phantasie erschöpft ist, zeigt die noch junge Idee des sogenannten Familienservice oder Kinderbüro. Dabei handelt es sich um Vermittlungsagenturen, die im Auftrag der ihnen angeschlossenen Unternehmen für Kinder der Mitarbeiter Betreuungsplätze oder auch Tagesmütter vermitteln. Die Vermittlung finanziert das jeweilige Unternehmen, die Betreuungskosten tragen die Eltern. Geschätzt wird an diesem Service vor allem die Flexibilität des Angebots – für jedes Betreuungsproblem kann eine maßgeschneiderte Lösung gefunden werden. Vermittelt werden Krippen-, Kindergarten- und Hortplätze, aber auch Tagesmütter und Kinderfrauen nach intensiver Eignungsprüfung. Kunden der Kinderbüros in München sind beispielsweise BMW, Lufthansa, die Unternehmensberatung MC Kinsey und verschiedene Banken.

Diese Auflistung zeigt, daß es heute nicht mehr um das „Ob" einer familienpolitischen Mitverantwortung der Wirtschaft geht, sondern um das „Wie" und das „Wie weit".

Allerdings, die Unternehmen allein können Kinder- und Familienfreundlichkeit eines Standortes nicht herstellen. Das ist eine Querschnittaufgabe, an der viele Akteure mitzuwirken haben.

Wenn weitere Fortschritte in der Verbesserung der Vereinbarkeit von Familie und Beruf erzielt werden sollen, werden vor allem von Vätern Signale erwartet, die eine größere Bereitschaft zur Übernahme von Familienaufgaben erkennen lassen. Die Angebote der Wirtschaft in dieser Richtung sollten sie dazu ermutigen.

Hans Bertram

Familienwandel und Generationsbeziehungen

1. Einleitung

„Modernität ist für sie[1] im Kern ein Bruch mit den Ligaturen früherer Zeiten. Dahin ist die idyllische Vergangenheit mit ihren heiligen Schauern. Der Ausgang des Menschen aus seiner selbstverschuldeten Unmündigkeit ist zugleich ein Ausgang aus der Nestwärme stabiler menschlicher Beziehungen in festen ständischen Strukturen. 'Alle festen eingerosteten Verhältnisse werden aufgelöst.' Und was tritt an deren Stelle? Nicht viel ... Am Ende dieser Welt ohne Ligaturen sind dann die falschen Götter nicht weit. Sie haben viele in die Irre geführt und manche sind ihnen bis nach Jonestown gefolgt."[2]

Nach DAHRENDORF, GIDDENS und BECK[3] haben sich in der Moderne die Wahlmöglichkeiten und Chancen des einzelnen deutlich erhöht, einen befriedigenden Lebensstil zu finden, sich selbst zu verwirklichen und unabhängig von Tradition und Herkunft seine eigene Lebensperspektive zu leben. Das gilt besonders im modernen Wohlfahrtsstaat, der den Einzelnen in hohem Maße gegen Lebensrisiken absichert. Diese Freiheiten, so die Ausgangsthese vieler Autoren, müssen im Bereich der privaten Lebensführung mit einem hohen Preis bezahlt werden, nämlich dem Verlust von Sicherheit und Stabilität privater Beziehungen.

Darüber hinaus behaupten sie, daß die Lebensverläufe nicht mehr traditionell vorgegeben, sondern variabel, offen und instabil geworden sind. Lebensverläufe verlaufen folglich nicht mehr gleichförmig, vielmehr ähneln sie dem Muster eines Flickenteppichs. Die Individuen müssen als subjektive Leistung verschiedene Komponenten ihres Lebensentwurfes miteinander kombinieren, die nicht von vornherein sinnvoll aufeinander bezogen werden können. Das moderne Individuum, als Sinnbastler mit einer Bastelbiographie[4] versehen und in einer Patchworkfamilie lebend, muß jedoch nicht unbedingt unter diesen Existenzbedingungen leiden. Auf jeden Fall aber stellt sich das Problem, für sich selbst Formen privater Sicherheit und handhabbare Deutungsmuster zu entwickeln.

Ein Blick in die amtliche Statistik scheint diese Interpretation des zunehmenden Risikos des Scheiterns privater Beziehungen zu bestätigen.

Sowohl in der Bundesrepublik wie auch in den Vereinigten Staaten steigen die Scheidungsraten seit den letzten 15 bis 20 Jahren unaufhörlich. Die Zahl der alleinerziehenden Mütter hat ein hohes Niveau erreicht. Zeitungen berichten immer häufiger von alten Menschen, die unentdeckt, einsam und ohne die stabile Unterstützung der eigenen Familie und Verwandtschaft, Siechtum und Tod ertragen müssen.

Manche Autoren[5] gehen sogar soweit zu behaupten, daß diese Unsicherheiten der privaten Beziehungen, das Durchschneiden traditioneller Bindungen an die Herkunftsgruppe und die damit verbundene Befreiung des Individuums aus der Herrschaft der Herkunftsgruppe unabdingbare Voraussetzung für individualisierte Gesellschaften sind. Nur so könne die notwendige Mobilität der Individuen sichergestellt und den Anforderungen postindustrieller Gesellschaften entsprochen werden.

Diese Interpretation der Moderne kann trotz aller Evidenz zunächst nur als ungeprüfte Hypothese über den Wandel und die Entwicklung privater Lebensformen und individueller Lebensverläufe gelten. Denn jede noch so evidente Deutung der Moderne bedarf der empirischen Überprüfung. Bei dieser empirischen Überprüfung muß der Zeitraum benannt werden, in dem sich der vermutete Wandel vollzogen haben soll. Veränderungen der letzten 10 oder 15 Jahre können den Prozeß der Modernisierung, der die Familienforscher schon seit mehr als hundert Jahren beschäftigt, ja nicht allein dokumentieren.

Daraus folgt, daß Wandlungsprozesse in Lebensformen und Lebensverläufen nur durch eine historisch weitergreifende empirische Analyse, die zumindest mehrere Generationen einschließt, zu überprüfen sind. Allein die Untersuchung des Wandels der Lebensformen von drei Generationen erfordert es, einen Zeitraum von ca. 80 Jahren zu untersuchen. Inwiefern sich die private Lebensführung tatsächlich verändert hat, läßt sich auch nur überprüfen, wenn man Lebensformen genau definiert. Wir sprechen so leichthin von Familie, ohne zu reflektieren, daß wir eigentlich die neolokale Gattenfamilie mit kleinen Kindern meinen, die schon von Parsons als dominante Familie der 50er Jahre bezeichnet wird und insbesondere durch das Ehegattensubsystem und die in einem gemeinsamen Haushalt zu sozialisierenden Kinder charakterisiert ist. Hat sich nur das Ehegattensystem, etwa durch häufigere Scheidungen, geändert bei konstantem Aufwachsen der Kinder im elterlichen Haushalt, weil Scheidungen erst dann stattfinden, wenn die Kinder die frühkindliche Sozialisation durchlaufen haben oder sind die Kinder vor allem in der frühkindlichen Phase von der Scheidung betroffen?

Außerdem vollzieht sich der Wandel der Lebensformen, der die Moderne

auszeichnen soll, keineswegs gleichmäßig in allen Regionen einer modernen Gesellschaft. München, Hamburg, Berlin oder Düsseldorf haben andere Lebensstile und Lebensformen entwickelt als Passau, Neuss oder Oldenburg. Niederbayern, das Ruhrgebiet oder Mecklenburg-Vorpommern folgen nicht unbedingt den regionalen Entwicklungen von Berlin oder Hamburg.
Letztlich läßt sich der Wandel und die Ausdifferenzierung von Lebensverläufen und Lebensentwürfen in der Moderne nicht allein aus den vorhanden Datenquellen ablesen. Die meisten Daten, die in diesem Jahrhundert gesammelt wurden – dies gilt sowohl für die Amtsstatistik wie die empirische Sozialforschung – sind Querschnittsdaten, bei denen die Handlungen von Personen erfaßt werden, ohne die zeitliche Sequenz zu berücksichtigen, die diesen Handlungen zu Grunde liegt. Ohne eine Untersuchung der zeitlichen Abfolge von Lebensereignissen sind Aussagen zum Wandel von Lebensverläufen nur schwer möglich. Denn Lebensverläufe konstituieren sich aus Bündelungen von Ereignissen, aus spezifischen Ereigniskonstellationen oder Abfolgen von Lebensereignissen. Eine Bastelbiographie läßt sich also empirisch von klar strukturierten Lebensverläufen schon durch den Vergleich dieser sequentiellen Strukturen unterscheiden.
Unsichere Lebensformen der Gegenwart, moderne Bastelbiographien und Patchworkfamilien sind als Deutungen Bestandteil einer evidenten Gegenwartsdiagnose, die allerdings empirisch nur dann Gültigkeit beanspruchen kann, wenn mehrere Generationen in einer, zumindest unser Jahrhundert umfassenden, Zeitperspektive hinsichtlich ihrer Lebensverläufe verglichen werden, die unterschiedlichen Aspekte der Lebensformen voneinander unterschieden werden, die verschiedenen regionalen Entwicklungen reflektiert werden und die gesellschaftlich geprägte Struktur der Zeitlichkeit von Lebensereignissen untersucht wird.

2. Der Wandel von Lebensformen: Singles – Männer im mittleren Lebensalter

Die im Zeitraum von 1908 bis 1918 Geborenen, besonders die heute zwischen 77 und 87 Jahre alten alleinstehenden Frauen, haben aufgrund der historischen Ereignisse, mit denen sie im Laufe ihres Lebens konfrontiert wurden, höchst unterschiedliche Bindungen und Beziehungen entwickelt. Ein Teil von ihnen, immerhin etwa 10%, war schon seit dem 30. bis 40. Lebensjahr verwitwet: Als Folge des 2. Weltkrieges waren 1950 (vgl. Abbildung 1) von den damals 30jährigen Frauen bereits 8% und von den 40jährigen Frauen 10% verwitwet. Sie können auch ihr ganzes Leben

lang ledig gewesen sein oder erst nach dem 60. Lebensjahr mit dem zunehmend häufigeren Sterben ihrer Männer verwitwet sein. Die Wahrscheinlichkeit, daß sie geschieden wurden, ist aber verhältnismäßig gering. Vergleicht man die heute (Erhebungsjahr 1991) 30jährigen Frauen mit den etwa 30jährigen Frauen von 1925 bzw. 1950, so hat sich bei den 30jährigen Frauen für die drei Erhebungsjahre ein deutlicher Wandel bei den Ledigen vollzogen. 1991 waren immerhin 27% der 30jährigen Frauen ledig und 6% geschieden. 1950 waren von den 32jährigen Frauen nur 18% ledig und 3% geschieden. Die 1898 geborenen Frauen, die 1925 27 Jahre alt waren, lebten zu diesem Zeitpunkt zu 41% als ledige und zu 58% als verheiratete. Selbst von den 1925 inzwischen 37jährigen Frauen (Geburtsjahr 1888) waren noch 16% ledig, gegenüber nur etwa 9% lediger Frauen ungefähr gleichen Lebensalters im Jahr 1991.
Im Jahrhundertvergleich gibt es also keinesfalls eine lineare Entwicklung der Familienstände, sondern sehr unterschiedliche Tendenzen. Bei den 37 bis 40jährigen Frauen war im ersten Viertel dieses Jahrhunderts neben dem Verheiratetsein das Ledigsein ein üblicher Familienstand. 1950 kam gerade in dieser Altersgruppe ein hoher Anteil Witwen (10-14%) hinzu, bei abnehmender Tendenz des Ledigseins. 1991 war bei fast unverändertem Ledigenanteil, der Witwenanteil verschwunden, dafür gab es nun aber einen höheren Anteil an geschiedenen Frauen (6%). Konsequenz dieser im wesentlichen nur historisch zu erklärenden Entwicklung ist eine relativ konstante Verheiratetenquote der Frauen mit 77% im Jahr 1925, mit 71% im Jahr 1950 und 79% im Jahr 1991.

Abb. 1: Familienstände und Lebensalter 1991 – 1925

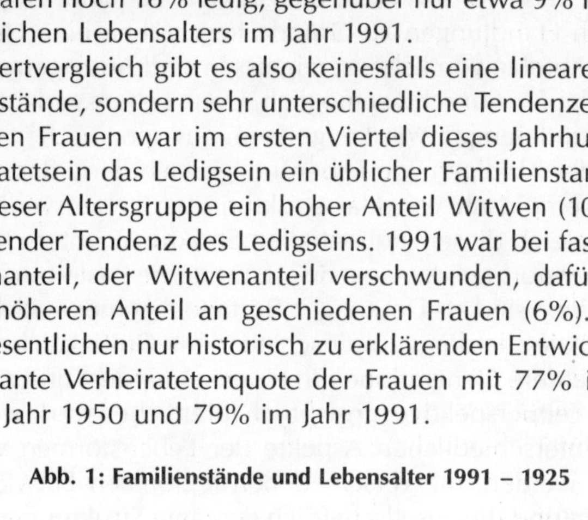

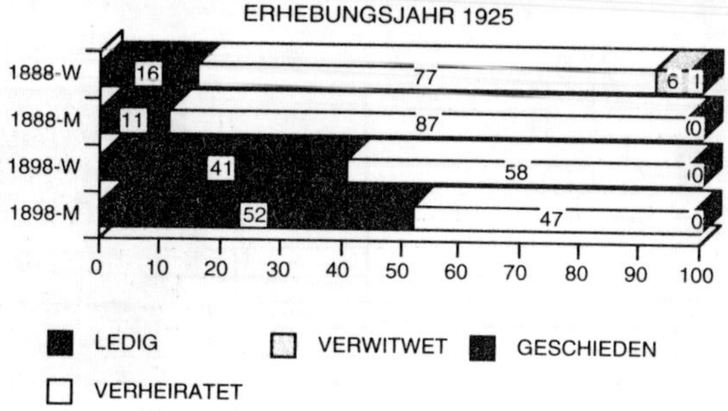

Quelle: Stat. Jahrbücher Bundesrepublik, Deutsches Reich

Dramatischer als bei den Frauen sind die Veränderungen bei den Männern. 1925 waren mit 11% weniger Männer im Alter von 37 Jahren ledig als 1991 mit ca. 15%. Andererseits gab es 1925 fast keine geschiedenen Männer, 1991 aber immerhin schon 9%. Die Anteile der verheirateten Männer zwischen 37 und 42 Jahren sind im Jahrhundertvergleich von 87% im Jahr 1925 und 88% im Jahr 1950 auf nur noch 76% im Jahr 1991 sehr deutlich zurückgegangen.

Damit gibt es tatsächlich so etwas wie neue Singles, nämlich die ledigen und geschiedenen bzw. getrennt lebenden Männer in den jüngeren und mittleren Altersgruppen. Nicht die so häufig erwähnte Veränderung der Frauenrolle hat eine Veränderung bei den Lebensformen bewirkt, sondern die Männer bis 40 heiraten im Jahrhundertvergleich heute weniger als früher. Der Rückgang der Gruppe der verheirateten Männer bis zum 40ten Lebensjahr übertrifft sämtliche anderen Veränderungen. Dabei macht die Abbildung 2 zur Entwicklung der Familienstände seit 1950 deutlich, daß bei den alleinlebenden Männern immer schon das Ledigsein dominierte, wohingegen bei den Frauen das Verwitwetsein der wichtigste Familienstand war und ist. 60 % der alleinlebenden Männer sind heute ledig, nur ca. 25 % geschieden und getrennt lebend und 15 % verwitwet. Dagegen sind bei den Frauen nur 30 % der alleinlebenden Frauen ledig, aber ca. 55 % verwitwet.

Abb. 2: Entwicklung der Familienstände Alleinlebender nach Geschlecht 1950 – 1992 (in Prozent)

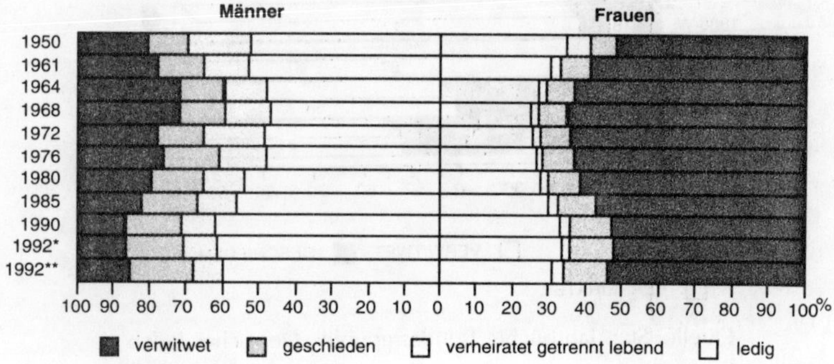

*) alte Bundesländer
**) alte und neue Bundesländer

Berechnungsgrundlage:
Statistisches Bundesamt, Fachserie 1, Reihe 3: Haushalte und Familien 1992, S.232

Auf Grund der Zunahme der ledigen Männer in Relation zu allen Alleinlebenden übersteigt seit Mitte bis Ende der 80er Jahre der Anteil der ledigen Alleinlebenden alle anderen gesetzlichen Familienstände.
Diese Analyse macht noch einmal deutlich, daß lineare Betrachtungsweisen, die von einer permanenten Zunahme bestimmter Lebensformen ausgehen, problematisch sind. Neben der Analyse des Familienstandes sind auch die Partnerschaftsbeziehungen von großer Bedeutung. Denn Alleinleben muß ja nicht heißen auch allein zu sein.
„Living apart together", eine Lebensform, die in der Literatur Karriere gemacht hat als neues Ideal einer modernen Gesellschaft von Singles, findet sich in unserer Untersuchung der 18 bis 80jährigen in den alten Bundesländern mit maximal 9,5%. In den neuen Bundesländern wählten diese Lebensform 5% der Befragten, also knapp die Hälfte des Anteils in den alten Bundesländern. Die Analyse des „Living apart together" zeigt, daß man diese Lebensform nicht als eine durchgängige Lebensform, die einen bestimmten Lebensentwurf vermuten läßt, darstellen kann[6]. Sie verändert vielmehr altersspezifisch ihre Merkmale und stellt somit keine Alternative zur Ehe dar.
„Living apart together" ist für die 1953 bis 1970 Geborenen aus unserer Untersuchung eher eine Übergangsphase zu einer anderen Lebensform. Die Befragten in dieser Altersgruppe und Lebensform sind ledig, kinderlos

und leben mehrheitlich noch im Haushalt der Eltern. Sie haben vorwiegend Abitur und durchlaufen in der Regel lange Ausbildungszeiten. Als Berufseinsteiger gehören sie zu den unteren Einkommensgruppen. „Living apart together" wird jedoch weit über das durchschnittliche Heiratsalter hinaus gelebt und ist somit auch in den jüngeren Jahrgängen von einem eigenständigen Charakter geprägt. Die teilweise Anbindung an die Herkunftsfamilie gewährleistet offensichtlich für Frauen eine karriereorientierte Ausbildung und Berufsplanung, für Männer sichert die Mutter anstelle der Ehefrau die Fortführung der Fürsorge und ermöglicht so eine unabhängige Karriereplanung.
Die mittleren Jahrgänge (1933-52 Geborene) sind geschieden und haben mehrheitlich Kinder. Da die Kinder meist bei den Müttern leben, handelt es sich bei den meisten Frauen in dieser Gruppe um „alleinerziehende Mütter". Besonders bei ihnen scheint diese Lebensform in höherem Maße dauerhaft zu sein. Männer in diesen Altersgruppen und dieser Lebensform leben nach der Scheidung überwiegend allein. Da sich bei diesen empirischen Erhebungen nicht nicht zufällig häufig die Männer im mittleren Lebensalter finden, ist auch davon auszugehen, daß der neue Single nur tendenziell diese Lebensform wählt, ansonsten aber keine dauerhafte Beziehung hat.
Schon an dieser Stelle wird deutlich, daß die vielfältigen Tendenzen des Wandels in den privaten Lebensformen und in der Lebensführung in modernen Gesellschaften offenbar nicht allein über die empirische Beschreibung struktureller Wandlungen zu erklären sind. Sollen diese Prozesse in einem konsistenten Ansatz thematisiert werden, so ist das unserer Auffassung nach besser über eine historisch-soziologische Untersuchung der Generationenbeziehungen und Generationenverhältnisse und damit eine Reformulierung vorliegender Generationsansätze möglich.

3. Die Stabilität kindlicher Beziehungen

Dieser Prozeß der Individualisierung von Lebensformen in bestimmten Regionen und sozialen Gruppen unserer Gesellschaft hat bisher so gut wie überhaupt keine Konsequenzen für das Aufwachsen von Kindern. Wenn in den urbanen Dienstleistungszentren überwiegend Einpersonenhaushalte vorkommen, ist die Wahrscheinlichkeit kinderreicher Familien hier nicht sehr groß. So ist es daher auch nicht verwunderlich, wenn im historischen Vergleich bis 1991 (Erhebungsjahr) die Mehrzahl aller Kinder bei den leiblichen Eltern aufwächst.

Abb. 3: Aufwachsen bis zum 15. bzw. 18. Lebensjahr

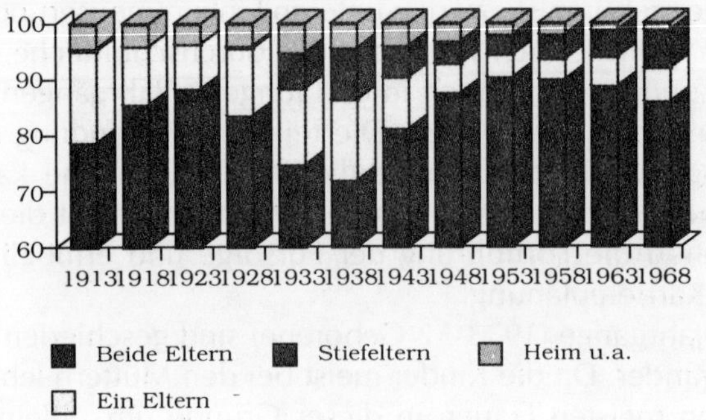

DJI ERHEBUNGEN: 1988, 1991, 1993 N = 16124

Die Chancen von Kindern, gemeinsam mit beiden leiblichen Eltern aufzuwachsen, sind in diesem Jahrhundert weit stärker von den historischen Ereignissen beeinflußt worden als von den Wandlungstendenzen der letzten 15 bis 20 Jahre. Den höchsten Anteil an Kindern, die in Einelternfamilien aufwuchsen, findet man in der Generation der 1933 bis 1938 Geborenen. Selbst Stiefelternfamilien sind heute noch seltener als zu jener Zeit. Daher ist nur schwer nachzuvollziehen, daß Wissenschaftler heute die Krisenhaftigkeit von Eltern-Kind-Beziehungen und die Gefährdung des Aufwachsens von Kindern in stabilen Verhältnissen beklagen. Die Prozentsätze der Kinder, die bei beiden Eltern aufwachsen, liegen gegenwärtig höher oder mindestens genauso hoch wie im Durchschnitt dieses Jahrhunderts. Wenn man gleichzeitig berücksichtigt, daß der Anteil der Kinder, die in Heimen und anderen Einrichtungen fremd untergebracht sind, deutlich zurückgegangen ist (in der hier befragten Gruppe auf 1,5%), läßt sich sogar von einer Familisierung des kindlichen Aufwachsens in unserer Gesellschaft sprechen. Etwa 86% der nach 1968 Geborenen wuchsen nach eigenen Angaben mit beiden Eltern auf, etwa 6% nur mit ihrer Mutter und etwa 7% bei Stiefeltern. Warum für diese Altersgruppe stabile soziale Beziehungen zu den Eltern oder zu den Stiefeltern unsicherer geworden sein sollen als bei den Altersgruppen, die 1913, 1933 oder 1938 geboren wurden, bleibt das Geheimnis derjenigen, die die Individualisierung moderner Gesellschaften ohne jede zeitliche Perspektive thematisieren.

4. Von der neolokalen Gattenfamilie zur multilokalen Mehrgenerationenfamilie

Während das Aufwachsen der Kinder bisher von solchen Individualisierungstendenzen nur wenig beeinflußt wurde, wandelten sich die Familienbeziehungen infolge der demographischen Entwicklung tiefgreifend.
Im Jahre 1950 lebten in Deutschland ca. 6,7 Mio. Menschen, die älter als 65 Jahre waren und mehr als 15 Mio. Kinder bis zum Alter von 14 Jahren. Bis 1991 verringerte sich die Zahl der Kinder nach einem Anstieg auf ca. 17 Mio. bis zum Jahre 1975 auf etwas mehr als 12 Mio. Die Zahl der alten Menschen war schon bis Anfang der 70er Jahre auf knapp 11 Mio. angestiegen und erreichte 1991 ca. 12 Mio. Menschen. War die Relation alter und junger Menschen in den 50er Jahren ungefähr 1:2, so ist sie heute 1:1.

Abb. 4:

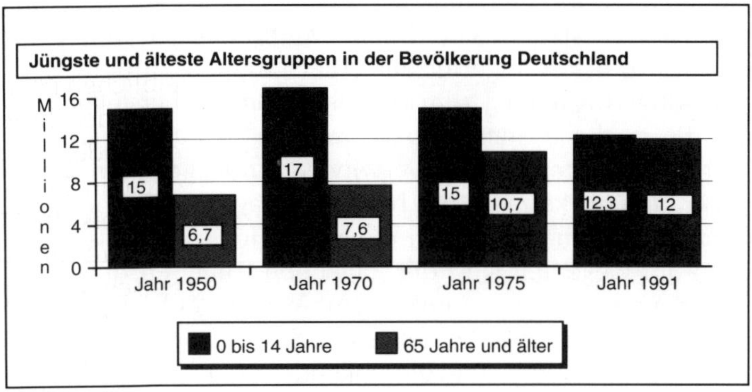

Für die Älteren konnte diese Entwicklung bereits seit 1950 beobachtet werden, während sie bei den Kindern seit Mitte der 70er Jahre nachzuweisen ist. Heute wird dieser Trend in erster Linie ökonomisch betrachtet, ohne den tiefgreifenden Wandel familialer Beziehungen – der sich einerseits aus dem Rückgang der Kinderzahlen, andererseits aber aus der Zunahme der Sicherheit der Lebenszeit speist – zu interpretieren. Diese demographische Revolution ist allerdings unter einer Familien- und beziehungstheoretischen Perspektive nur geschlechtsspezifisch interpretierbar. Denn in den höheren Altersjahrgängen gibt es kaum Witwer und kaum männliche Ledige, sondern sofern Männer älter als 60 werden, sind sie überwiegend verheiratet. Die Quote der verheirateten Männer beträgt bei den 60jährigen ca. 87%, bei den 70 bis 75jährigen immer noch ca. 75% und selbst die über 80jährigen sind noch zu 55% verheiratet. Dagegen sind 60jährige Frauen nur noch zu 66% verheiratet, 70 bis 75jährige zu 36% und bei den über 80jährigen sind es nur noch ca. 10%. Durch die dramatischen Veränderungen der Lebenserwartungen und die unterschiedlichen Entwicklungen bei Männern und Frauen gibt es neben einer Gruppe alleinlebender jüngerer Männer und Frauen und alleinlebender Männer im mittleren Lebensalter auch eine zunehmend größere Zahl alt werdender Witwen. Diese Gruppe läßt sich wohl kaum als Single bezeichnen, ist aber für den Wandel der Haushaltsstrukturen insbesondere der Einpersonenhaushalte ebenso bedeutungsvoll wie die jüngeren Altersgruppen.

Es stellt sich die Frage, ob die individuellen sozialen Beziehungen ähnlichen Mustern folgen, die Individualisierungstendenzen in unserer Gesellschaft also Ausdruck einer stärkeren Ausdifferenzierung von Altersgruppen infolge gestiegener Lebenserwartungen, unterschiedlicher Entwicklungen in Regionen der Bundesrepublik und Ergebnis eines Wandels der Heiratsmarktchancen für Männer sind. Ein egozentrierter netzwerktheoretischer Zugang erlaubt diese Frage für alle Altersgruppen zu untersuchen. Um eine eindeutige Beziehung zum Wandlungsprozeß herstellen zu können, wie ihn die amtliche Statistik beschreibt, wird auf die Familienstände (ledig, verheiratet, geschieden, verwitwet) zurückgegriffen, um den Vorwurf entkräften zu können, die hier vorgetragenen Ergebnisse seien im wesentlichen auf eine neue Definition des Singles-Begriffs zurückzuführen. Ganz im Gegenteil sind die folgenden Analysen der Beziehungen des Individuums zu seiner Familie ganz explizit auf jene Individualisierungsdebatte bezogen, die die steigenden Scheidungszahlen, die Veränderungen der Ledigenquoten und die sinkenden Heiratsneigungen als Indikatoren für die zunehmende Unsicherheit privater Beziehungen heranziehen. Dieser Rückgriff auf die Familienstands-Definitionen, deren Veränderungen heute als Indikator für Krisentendenzen im privaten Beziehungsgefüge herangezogen werden, ermöglicht den Nachweis, daß diese Definitionen und deren Veränderungen kaum etwas über die Stabilität oder die Krise privater Beziehungen im familiären Kontext aussagen.

4.1 Funktionserweiterung der Familie als Folge der sicheren Lebenszeit

Über netzwerktheoretische Ansätze lassen sich die Strukturen sozialer Kontakte und Beziehungen in Familien heute verhältnismäßig leicht darstellen. Gleichzeitig kann über die gelebten sozialen Beziehungen das

Modell der neolokalen Kernfamilie empirisch auf seine Gültigkeit geprüft werden. Verheiratete Paare mit Kindern müssen im Unterschied zu nichtverheirateten ledigen Personen ein Beziehungsmuster entwickelt haben, das sich im wesentlichen auf den Ehepartner und die eigenen Kinder während der kindlichen Sozialisationsphase konzentriert und das mit dem Auszug der Kinder aus dem Elternhaus eine drastische Reduktion der Beziehungsstruktur auf den Partner erfährt. Dieser doppelte Bruch im Lebensverlauf eines Menschen: einmal bei Gründung einer eigenen Ehe und zum anderen beim Heraustreten der Kinder aus dem familiären Kontext, steht dann im deutlichen Widerspruch zu einer Mehrgenerationenfamilie, in der Beziehungsmuster sich zwar auch im Lebensverlauf verändern müssen, aber dieser Veränderungsprozeß dem Lebensrhythmus der Eltern, der Partner und der Kinder folgt. Die Beziehungen zu den Eltern werden nicht abrupt schwächer, sondern kontinuierlich im Lebensverlauf durch das Neuhinzutreten anderer Personen wie Partner und Kinder und sie verschwinden schließlich durch den Tod der Eltern. Auch der Austritt der Kinder aus der eigenen Familie führt nicht zu einem sofortigen Unterbrechen der Beziehungen, sondern zu einer kontinuierlichen Loslösung und einem möglichen Neuantritt von Beziehungen, beispielsweise von Großeltern zu Enkeln.

Ein solches lebensverlaufstheoretisches Muster von gelebten Beziehungen zwischen Familienmitgliedern müßte eigentlich in einem Längsschnitt empirisch überprüft werden, weil nur in einem Längsschnitt die Dynamik der gelebten Beziehungen zu rekonstruieren ist. Solche Längsschnitte durchzuführen ist aber schon deswegen äußerst schwierig, weil dazu das Leben eines Forschers in der Regel nicht ausreicht. Bei den im folgenden vorgestellten und analysierten Daten handelt es sich zunächst um Querschnittsdaten, mit denen Altersgruppenvergleiche durchgeführt werden, um zu sehen, ob es im Rahmen von Altersgruppenvergleichen entsprechende Muster gibt. Die Altersgruppenvergleiche beziehen sich dafür aber auf die Altersgruppen von 18 bis 80 Jahren, so daß die normale Lebensspanne eines Menschen in diesem Jahrhundert berücksichtigt werden kann. Analysiert man Beziehungsmuster von 18- bis 80jährigen auf der Basis eines netzwerktheoretischen Zugangs, bietet es sich bei der Analyse von familialen Beziehungen an, vor allem solche Beziehungen zu untersuchen, die traditionellerweise mit Familie in Beziehung gesetzt werden. Dazu gehören neben den schon seit Max WEBER[7] bekannten Elementen des gemeinsamen Mahls und der gemeinsamen Freizeit auch jene, vor allen Dingen von PARSONS[8] thematisierten, intimen Elemente von Beziehungen wie Persönliches miteinander besprechen und enge emotionale

Beziehungen zu jemandem zu entwickeln. Denn sowohl Intimität, Vertrautsein und enge Gefühle sind für den Privatraum der Familie theoretisch als konstitutive Elemente der Reproduktions- und Erziehungsfunktion der Familie definiert. Neben diesen Beziehungselementen sind aber natürlich auch die gemeinsamen Aktivitäten außerhalb des Berufes, also insbesondere im Freizeitbereich sowie die gemeinsame Mahlzeit, typische Elemente familialer Beziehungsmuster. Im Rahmen eines netzwerktheoretischen Ansatzes ergibt sich nun die Möglichkeit, von allen Befragten – hier immerhin 16.124[9] – jene Personen genannt zu bekommen, mit denen man gemeinsam ißt, die Freizeit verbringt, persönlich enge Gefühle hat und auch Persönliches bespricht. Überprüft man zunächst anhand dieser vier Indikatoren sämtliche Beziehungsmuster, ohne nach den Indikatoren im einzelnen zu unterscheiden und differenziert nur nach möglichen Verwandtschaftsbeziehungen der genannten Personen, so sieht man – zunächst völlig unabhängig vom Geschlecht, Familienstand oder von der sozialen Herkunft der befragten Personen –, daß die Beziehungen von Menschen im Altersgruppenvergleich von zwei Elementen bestimmt werden. Zum einen ist das Lebensalter die ausschlaggebende Variable, um die Differenzierungen zwischen den Altersgruppen hinreichend erklären zu können, zum anderen ist es das Vorhandensein von Kindern. Jüngere Befragte, also die zwischen 1970 und 1978 Geborenen, die zum Zeitpunkt der Erhebung noch keine Kinder hatten, werden in ihrem Beziehungsmuster entscheidend durch Freunde und die eigenen Eltern geprägt. Partner spielen noch keine besonders große Rolle und die Geschwister treten in ihrer Bedeutung neben den Eltern zurück. Andere, seien es Bekannte, Verwandte, Schwiegerkinder, Partnereltern oder Großeltern, sind weitgehend zu vernachlässigen. Sobald dann aber bei älteren Befragten (etwa ab 1953) Kinder in ausreichendem Maße vorhanden sind, sind die Kinder im Beziehungsmuster der Befragten die dominante Gruppe. Zwar gewinnen nun auch die Partner an Bedeutung, aber die Kinder bleiben für alle Befragten bis zum 80. Lebensjahr – sofern Kinder vorhanden sind – die wichtigste Bezugsgruppe in den eigenen Netzen. Demgegenüber spielen die Partner, wenn auch im mittleren Lebensalter von größerer Bedeutung, kaum eine so große Rolle wie die Kinder, die in allen Altersgruppen in der Regel in mehr als 30% der Fälle als genannte Personen auftauchen. Einen Einschnitt oder einen Einbruch, wie er etwa aufgrund der PARSONschen Theorie beim Auszug der Kinder zu erwarten gewesen wäre, läßt sich hier nicht erkennen, da auch bei den ältesten Befragten, den 1913 Geborenen, die Kinder immer noch eine ähnlich dominante Rolle haben, wie auch bei den 1953 Geborenen, d.h. den in etwa 40- bis 43jährigen Befragten.

Abb. 5: Beziehungen Verheirateter und Altersgruppen

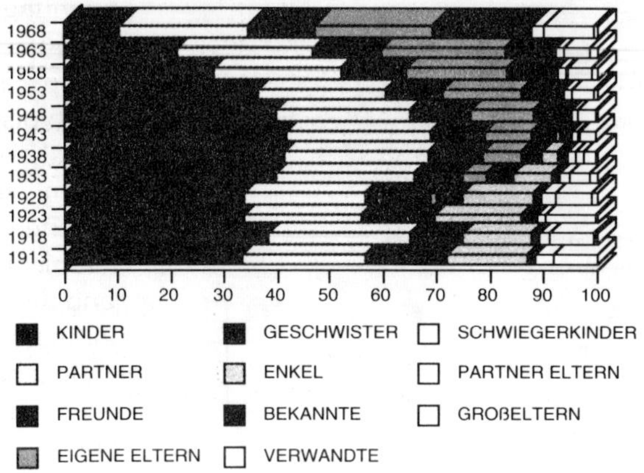

Differenziert man nun diese Analyse von Abbildung 5 nach einzelnen Aktivitäten und unterscheidet Ledige und Verheiratete, um den vermuteten Übergang zur multilokalen Mehrgenerationenfamilie zu testen, stellt man zunächst beim Vergleich der engen Gefühle fest (vgl. Abb. 6), daß auch hier nichts von einem Bruch zwischen Herkunftsfamilie und neuer eigener Familie erkennbar ist und daß das Lebensalter und der Familienstand die ausschlaggebenden Variablen sind. Da Ledige in der Regel keine Kinder haben, können sie zu ihnen auch keine engen Gefühle entwickeln. Diese engen Gefühle bei den Ledigen bleiben dominanterweise zu den eigenen Eltern bestehen.

Abb. 6: Ledige haben enge Gefühle

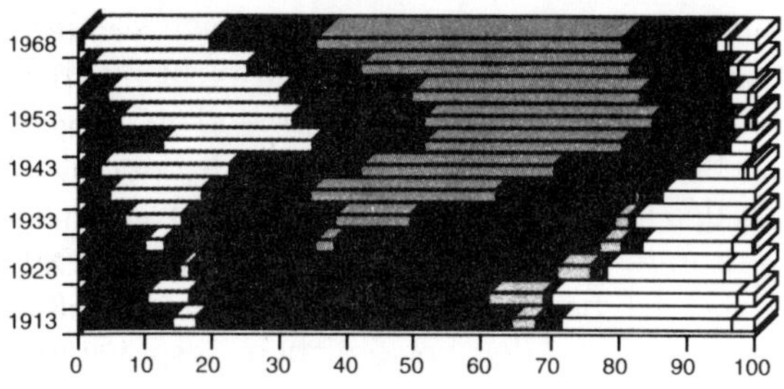

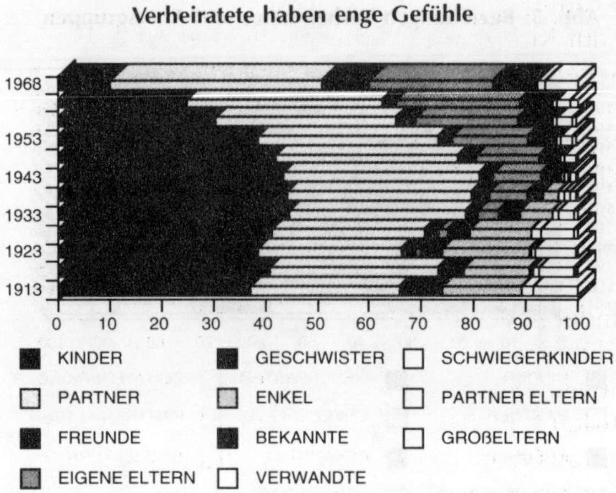

Die Abnahme der engen Gefühle zu den Eltern korreliert mit dem zunehmenden Tod der eigenen Eltern, so daß Eltern aus der Gefühlswelt der Ledigen nicht durch den Auszug der Ledigen aus dem Elternhaus heraustreten, sondern erst durch den Tod der Eltern. Neben den Eltern haben Partner und Freunde eine gewisse Bedeutung. Im höheren Lebensalter treten zunehmend mit dem Tod der Eltern neben die Freunde wieder die eigenen Geschwister oder aber andere Verwandte, nicht Bekannte, nicht Freunde, sondern Verwandte aus dem familiären Kontext. Eine Lösung aus dem familiären Kontext findet bei den von uns untersuchten Ledigen weder in der Jugendzeit noch zum Zeitpunkt des Hochbetagtseins statt, sondern auch die Ledigen bleiben in familiären Beziehungsmustern, und zwar ihr ganzes Leben. Der entscheidende Unterschied zu den Verheirateten scheint aber doch zu sein, daß die Ledigen in ihrem Beziehungsmuster in der Herkunftsfamilie verbleiben, während die Verheirateten mit Kindern und Partnern jedenfalls in bezug auf die eigenen Gefühle einen neuen Kontext an Beziehungen aufbauen, der sich nicht mehr an der eigenen Herkunftsfamilie orientiert, sondern zunehmend an der eigenen neolokalen Familie. Das Beziehungsmuster im Bereich der Gefühle bei den Verheirateten wird von den Kindern und den Partnern dominiert. Eltern, Geschwister, Freunde und andere Verwandte spielen eine nur untergeordnete Rolle. Dieses Muster, das sich bei den engen Gefühlen zeigt, gilt für die Ledigen und Verheirateten auch bei den persönlichen Gesprächen wie aber auch im Freizeitverhalten und bei den Mahlzeiten. Verheiratete verhalten sich – soweit man das netzwerktheoretisch erschließen kann – in vielen Punkten konform zur PARSONschen Theorie, weil sie tatsächlich mit Gründung einer eigenen Familie ein neues Beziehungsmuster aufbauen, das sich im wesentlichen auf Kinder und Partner gründet. Ledige verbleiben demgegenüber im wesentlichen im Beziehungsmuster der Herkunftsfamilie. Allerdings kann man auch festhalten, daß der Aufbau neuer Beziehungen bei den Verheirateten nicht notwendigerweise bedeutet, daß mit dem Auszug der Kinder aus dem Elternhaus diese Beziehungsmuster zusammenbrechen und die Partner nur noch aufeinander angewiesen sind, sondern die Beziehungsmuster bleiben in vielen Punkten auch dann zwischen Eltern und Kindern bestehen, wenn die Kinder wiederum eine eigene Familie gegründet haben. Dies gilt insbesondere für die persönlich engen Gefühle und die persönlichen Gespräche. Es gilt nicht für das Freizeitverhalten und die gemeinsamen Mahlzeiten. Bei diesen beiden Indikatoren dokumentiert sich mit zunehmendem Lebensalter der Befragten der Auszug der Kinder aus dem Elternhaus auch darin, daß diese gemeinsamen Aktivitäten deutlich zurückgehen und hier im wesentlichen – sofern dann noch vorhanden – durch den Partner substituiert werden oder aber, im höheren Lebensalter, dann auch die Enkel bei der gemeinsamen Freizeit eine gewisse Bedeutung gewinnen.

4.2 Die multilokale Familie: Generationensolidarität als neue Funktion der Familie

Zeigen diese Beziehungsanalysen schon auf eine relativ systematische Weise, daß von Brüchen, wie sie die Theorie der modernen Kleinfamilie annimmt, im Beziehungsmuster des Lebensverlaufs von Menschen eigentlich nicht gesprochen werden kann, so zeigt die Analyse der Kontakthäufigkeit zwischen den Mitgliedern der Kernfamilie: Eltern, Kinder, Partner und Geschwister sowie den Großeltern als Nichtmitglieder der Kernfamilie, daß die Differenzierung zwischen Kernfamilie und erweiterter Familie für die Bundesrepublik als obsolet zu betrachten ist. Wenn man zunächst die Abbildung 7 Kontakthäufigkeit und Kernfamilie betrachtet, die hier in ihrer regionalen Differenzierung dargestellt ist, wird man feststellen, daß sie ganz bestimmten Mustern folgt.

Abb. 7: Kontakthäufigkeit und Kernfamilie (Prozent)

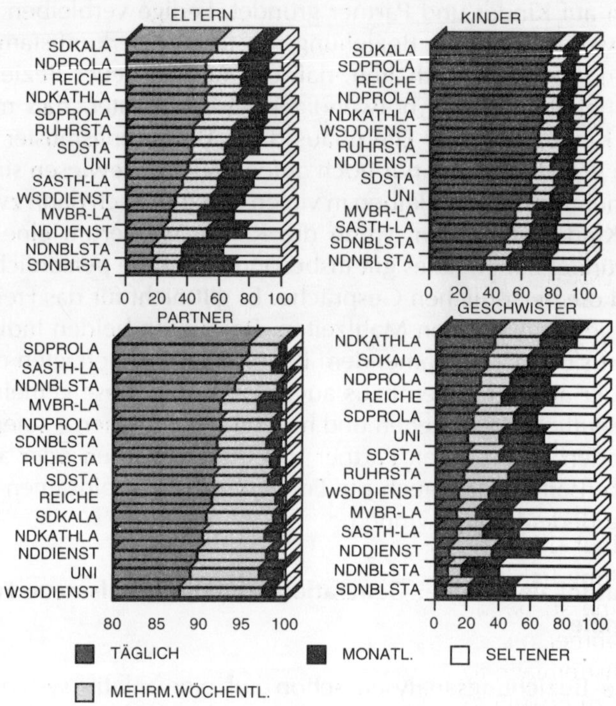

Legende zu den Abkürzungen in den Abbildungen 7 und 8:

SDKALA	Süddeutsches katholisches Land
NDPROLA	Norddeutsches protestantisches Land
Reiche	Reiche Vororte
NDKATHLA	Norddeutsches katholisches Land
SDPROLA	Süddeutsches protestantisches Land
RUHRSTA	Ruhrstädte
SDSTA	Süddeutsche Städte
UNI	Universitätsstädte
SASTH-LA	Sachsen, Sachsen-Anhalt, Thüringen-Land
WSDDIENST	West/Süddeutsche Dienstleistungszentren
MVBR-LA	Brandenburg/Mecklenburg-Vorpommern Land
NDDIENST	Norddeutsche Dienstleistungszentren
NDNBLSTA	Brandenburg/Mecklenburg-Vorpommern Städte
SDNBLSTA	sächsische, thüringische Großstädte

Abb. 8: Kontake mit Großeltern (Prozent)

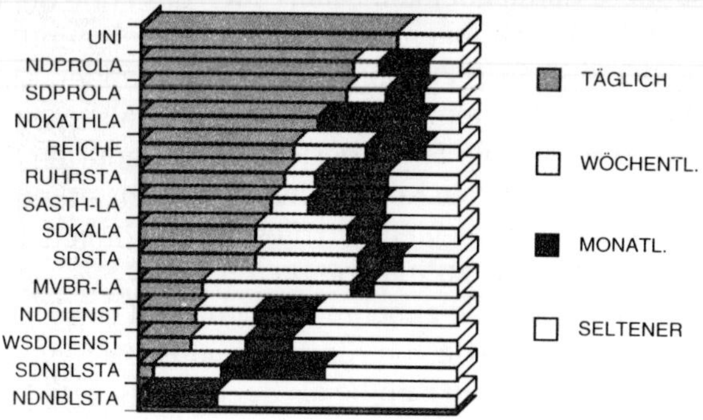

Vergleicht man aber diese Kontaktmuster der Familienmitglieder zueinander, so stellt man fest, daß der tägliche Kontakt mit den Großeltern in Relation zu den Geschwistern deutlich macht, daß beispielsweise in der Kontaktstruktur deutscher Familien die Geschwister eine sehr viel geringere Bedeutung haben als die Großeltern, weil in keiner Region die Geschwister eine so häufige Nennung erreichen wie die Großeltern. Wie man auch immer dieses Ergebnis im einzelnen bewerten mag, so kann man zunächst einfach festhalten, daß die klassische Differenzierung von Kernfamilie zu erweiterter Familie die Tatsache, daß die Beziehungen im Lebensverlauf in Abhängigkeit von den Kindern, dem Lebensalter der Eltern und anderer Verwandte variieren, nicht widerspiegeln. Sowohl im Regionalvergleich haben die Großeltern in allen Regionen der Bundesrepublik eine größere Bedeutung in bezug auf die Kontakthäufigkeit als die eigenen Geschwister, so daß eine Differenzierung zwischen Kernfamilie und erweiterter Familie eigentlich nicht mehr aufrechterhalten werden kann. Der 5. Familienbericht[10] spricht in diesem Zusammenhang von einem Übergang horizontaler Verwandtschaftsstrukturen, d.h. von Verwandschaftsstrukturen, die sich im wesentlichen auf die gleiche Generation beziehen, zu vertikalen Verwandtschaftsstrukturen aufgrund der zunehmend sicher werdenden Lebenszeit. Diese These des 5. Familienberichtes wird meines Erachtens mit den hier vorgelegten Daten eindrücklich bestätigt. Zunehmend sichere Lebenszeit für einen größeren Prozentsatz der Bevölkerung führt damit aber auch zu einer Funktionserweiterung traditioneller Funktionen der Familie. So gut wie alle Theorien familialer Entwicklung lassen die Familiendynamik mit dem Auszug der Kinder aus dem Elternhaus als Empty-Nest Phase enden. Die vorgelegten Daten zeigen aber, daß die Empty-Nest Phase zwar den Auszug der Kinder aus dem Elternhaus markiert, damit aber keinesfalls auch das Ende der Familienentwicklung. Denn die Beziehungen zwischen den zunehmend älter werdenden Eltern und den nun auch zunehmend älter werdenden Kindern enden eben nicht mit der Ausdifferenzierung neuer Haushalte, sondern bleiben offenkundig bis zum Tode der Eltern bestehen und bedürfen daher sowohl von den Eltern als auch von den Kindern her einer Vielzahl neuer, teilweise sehr personenbezogener Strategien, um diese Beziehungen in den Lebensverlauf des eigenen Lebens zu integrieren.

So bleibt festzuhalten, daß die zunehmend sicheren Lebenszeiten und der geringer werdende Prozentsatz von Kindern in unserer Bevölkerung eben nicht dazu geführt hat, daß die Familie als Beziehungs- und Lebensmodell obsolet geworden ist und durch Alternativen ersetzt wird, sondern daß die Gewichtung der Familienbeziehungen von der Sozialisation in der Kleinkind- und Kindphase wegwandert bzw. ergänzt wird um jene Beziehungen und Funktionen zwischen alt gewordenen Kindern und sehr alt gewordenen Eltern. Vielleicht ist es sinnvoll, in diesem Kontext neben die Sozialisationsfunktion der Familie auch eine Funktion zu stellen, die man als Generationensolidarität bezeichnen könnte und die möglicherweise neben der Sozialisationsfunktion und der Regenerationsfunktion als dritte, aber nun zunehmend neue Funktion moderner Familien ein Kernelement familialer Beziehungen geworden ist. Leider hat die Familienforschung bisher – bis auf ganz wenige Ausnahmen – diese Funktion der Generationensolidarität als einer neuen Funktion der Familie kaum gebührende Aufmerksamkeit geschenkt. Es ist aber sicherlich wünschenswert, wenn in der zukünftigen Familienforschung und auch in der zukünftigen Theorieentwicklung der Familie zum einen die Familienentwicklung nicht mehr mit der Empty-Nest Phase endet und zum anderen diese Generationensolidarität genauer, als es bisher der Fall gewesen ist, einer empirischen Analyse zugeführt wird.[11]

Entscheidend für die Sicherheit und die Stabilität privater Beziehungen, so lassen sich die Ergebnisse zusammenfassen, ist die Generationenfolge, weil nur mit Kindern und Enkeln private Beziehungen im Lebensverlauf stabil bleiben können. Eltern mit Kindern und Großeltern mit Enkeln leben in Beziehungsmustern mit den nachfolgenden Generationen, während die Personen ohne Kinder im wesentlichen mit ihrer Herkunftsfamilie in Beziehungen stehen, die naturgemäß mit dem Tod der eigenen Eltern mehr oder minder beendet werden und auch durch die noch lebenden Geschwister und andere Verwandten nicht mehr kompensiert werden können. Auch das Zusammenleben ist für die Sicherheit privater Beziehungen in der Generationenfolge weniger wichtig als das Vorhandensein von Enkeln und Kindern. Mit den Ergebnissen dieses Abschnitts wird deutlich, daß PARSONS Modell der Haushalts-Familie wirklich nur noch eine transitorische Phase im Lebensverlauf von Menschen darstellt. Im Kontrast dazu ist die multilokale Mehrgenerationenfamilie jedenfalls in der Bundesrepublik tendenziell Realität geworden und damit rücken die Generationenbeziehungen[12] und Generationenverhältnisse, also die Generationenproblematik auf eine ganz neue Weise ins Zentrum familiensoziologischer Forschungen.

5. Das Individuum und seine Familie: Generationenbeziehungen und Generationenverhältnisse

Wenn man heute über Ehe und Familie in einer lebensverlaufstheoretischen Perspektive nachdenkt und die gewandelte Zusammensetzung der Altersgruppen der deutschen Bevölkerung zum Ausgangspunkt der Analyse von Familien und Familienentwicklungen im Lebensverlauf macht, so kommt man eigentlich nicht umhin, folgende drei Aussagen zu formulieren:

1. Die Zunahme alter Eltern und Großeltern in unserer Gesellschaft und die Abnahme der Zahl der kleineren Kinder in unserer Gesellschaft hat nicht dazu geführt, daß Ehe und Familie an Bedeutung und Funktionen verloren haben, sondern es hat – wie sehr häufig in der Geschichte der Familie – eine deutliche Funktionsverlagerung und teilweise sogar eine Funktionserweiterung gegeben. Dominierte in der Diskussion der 50er- und 60er Jahre die Sozialisations- und Reproduktionsfunktion der Familie, so muß man heute davon ausgehen, daß neben der Sozialisations- und Reproduktionsfunktion der Familie auch die Funktion der Generationensolidariät ein wesentlicher Bestandteil familialer Beziehungen und damit der Familie geworden ist.

2. Familienbeziehungen zwischen den Generationen folgen nicht in allen Punkten den Vorstellungen, die in den 50er Jahren von Talcott PARSONS entwickelt wurden. Es ist auf der einen Seite zwar richtig, daß die Neugründung einer Familie zum Neuaufbau von lebenslangen Beziehungen zum Partner und zu den Kindern führt. Es ist aber nicht richtig, daß dieser Neuaufbau einen vollständigen Bruch mit der Herkunftsfamilie bedeutet und schon gar nicht, daß der Auszug der Kinder heute aus dem Elternhaus notwendigerweise aus der Perspektive der Eltern die Aufgabe der Bezie-

hungen zu diesen Kindern bedeutet. Ganz im Gegenteil: Beziehungen zu Kindern haben im Lebensverlauf – was die Häufigkeit angeht – eine größere Bedeutung als die Beziehungen zu den Partnern. Diese gewandelten Eltern-Kindbeziehungen können gar nicht mehr mit den traditionellen Sozialisationstheorien begriffen werden. Denn nicht die krisenhafte Ablösung vom Elternhaus, sondern die Entwicklung lebenslanger Beziehungen mit Eltern und Großeltern bei gleichzeitiger Selbständigkeit von frühster Jugend an ist das zentrale Problem der Entwicklung der erwachsenen Persönlichkeit. Solche lebenslangen Beziehungen ändern notwendigerweise die Sicht der Eltern auf die kindliche Entwicklung wie auch das Jugendalter als Bindeglied zwischen kindlicher Unselbständigkeit und zunehmender Unterstützung der erwachsenen Kinder für die eigenen Eltern eine andere Bedeutung bekommt. Längere Unterstützung der Kinder durch die Eltern (Hotel Mama) haben im Lebensverlauf der Eltern eine hohe Funktionalität. Denn die Elternsolidarität im jungen Erwachsenenalter gibt den Kindern einen anderen Erfahrungshintergrund für die selbst zu leistende Solidarität im hohen Alter der Eltern.

3. Dieser Wandel familiärer Beziehungsmuster, der sich in den hier vorgetragenen Daten sehr deutlich abbildet, wurde bisher im wesentlichen deswegen übersehen, weil über die Begriffsdefinition von Familie als Haushalt zusammenlebender verwandter Personen implizit das Konzept von Talcott PARSONS übernommen wurde, ohne aber im Rahmen empirischer Analysen zu prüfen, ob das Haushaltskonzept heute noch den gelebten Familienbeziehungen angemessen ist. Dieses – so kann man schlußfolgern – führt dazu, ein Bild von Ehe und Familie zu zeichnen, daß sich vor allem auf die Familie mit kleinen Kindern konzentriert, die aber nur einen Teil des Lebensverlaufs von Erwachsenen ausmacht und jenen Teil von Familie a priori ausblendet, der sich im höheren Lebensalter anschließt und der zu einer Neubewertung der Beziehungen zwischen alten Eltern und alten Kindern geführt hat. Für die zukünftige Forschung wird es daher darauf ankommen, die Familienentwicklungsmodelle, die heute mit der Empty-Nest Phase aufhören, zu einem lebensverlaufstheoretischen Konzept von Familie zu ergänzen und es wird zum zweiten darauf ankommen, jene hier nur angedeutete Funktionserweiterung von Familie und Familienbeziehungen einer genaueren Forschung zuzuführen.

4. Es kann daher gar kein Zweifel bestehen, daß Individualisierungsprozesse in modernen Gesellschaften, die zu einer Ausdifferenzierung von Lebens- und Haushaltsformen geführt haben, auch die Beziehungen des

Individuums zu seiner Familie tiefgreifend verändert haben. Diese Veränderung läßt sich aber weder als Individualisierung, Singularisierung oder Auflösung der familialen Beziehungen interpretieren, sondern als ein Übergang von der neolokalen Gattenfamilie mit kleinen Kindern zu einer multilokalen Mehrgenerationenfamilie mit lebenslangen Beziehungen zwischen Generationen, ohne daß diese Generationen noch unter einem Dach leben müssen. Diese lebenslangen Beziehungen der Generationen zueinander werden auch zu einem neuen theoretischen Verständnis der Generationen und einer entsprechenden empirischen Konzeptualisierung führen müssen. Die gleichzeitige Präsenz der Eltern und Großeltern für einen langen Lebensabschnitt wird zu einer Veränderung der eigenen Wahrnehmung zwischen den Generationen beitragen. Enkelbeziehungen erlangen neben den Eltern-Kind-Beziehungen einen eigenen Stellenwert.

Literatur:

Beck, U. Risikogesellschaft. Auf dem Weg in eine andere Moderne; Frankfurt a. Main, 1986.

Beck, U.; Beck-Gernsheim, E. Nicht Autonomie, sondern Bastelbiographie. Anmerkungen zur Individualisierungsdiskussion am Beispiel des Aufsatzes von Günter Burkhart; Zeitschrift für Soziologie, Nr. 22, S. 178-187: 1933.

Bertram, H. Das Individuum und seine Familie. Lebensformen, Familienbeziehungen und Lebensereignisse im Erwachsenenalter: Opladen, 1955.

Dahrendorf, R. Das Verbrechen der Ligaturen und die Utopie der Weltbürgergesellschaft; In: Beck, U.; Beck-Gernsheim, E. (Hg.): Riskante Freihheiten: Frankfurt a. Main, 1994.

Familien und Familienpolitik im geeinten Deutschland – Zukunft des Humanvermögens. – Fünfter Familienbericht. – Hrsg. vom Bundesministerium für Familie und Senioren. – Bonn, 1994.

Giddens, A. Die Konstitution der Gesellschaft. Grundzüge einer Theorie der Strukturierung; Frankfurt a. Main, 1988.

Krüger, H.; Born, C. Erwerbsverläufe von Ehepartnern und die Modernisierung weiblicher Lebensläufe; Weinheim, 1993.

Lüscher, K; Schultheiß, F. (Hg.) Generationenbeziehungen in „postmodernen" Gesellschaften; Konstanz, 1993.

Mannheim, K. Das Problem der Generationen; In: Wissenssoziologie. – Hrsg. v. Kurt H. Wolff.: Berlin und Neuwied,1964; S. 509-565.

Matthes, J. Karl Mannheims „Das Problem der Generationen", neu gelesen. Generationen-„Gruppen" oder „gesellschaftliche Regelungen von Zeitlichkeit"?; Zeitschrift für Soziologie, Jg. 14, Heft 5, S. 363-372, Stuttgart, 1985.

Münch, R. Das Projekt Europa. Zwischen Nationalstaat, regionaler Autonomie und Weltgesellschaft; Frankfurt a. Main, 1993.

Schlemmer; E. „Living apart together", eine partnerschaftliche Lebensform von Singles? In: Bertram; H. (Hg.): Das Individuum und seine Familie: Opladen, 1995;S. 363-397.

Parsons, T.; Bales, R.F. Family, Socialization and Interaction Process; Glenoce, 1955.

Rossi, A.S.; Rossi; P.H. Of Human Bonding: Parent-Child Relations Across the Life Course; New York, 1990.

Weber, M. Wirtschaft und Gesellschaft; Tübingen, 1985.

1 Dahrendorf (1994; S. 424).

2 Dahrendorf (1994; S. 424-425) bezieht sich hier zum einem auf klassische Autoren, die die Moderne interpretiert haben und setzt sich hierbei insbesondere mit Toqueville und Marx auseinander. In Jonestown gab es einen Massenselbstmord von 916 amerikanischen Anhängern des Pfarrers Jones.

3 Beck (1986); Giddens (1988).

4 Beck, U.; Beck-Gernsheim, E.(1994).

5 Münch (1994; S. 206 ff.).

6 Siehe dazu auch Elisabeth Schlemmer: „Living apart together", eine partnerschaftliche Lebensform von Singles? – In: Das Individuum und seine Familie. – Hrsg. von Hans Bertram. – Opladen, 1995. – S. 363-397.

7 Weber (1985).

8 Parsons (1955).

9 Siehe zur ausführlichen Beschreibung der Daten „Methodische Informationen zu den verwendeten Datensätzen". – In: Das Individuum und seine Familie. – Hrsg. von Hans Bertram. – Opladen, 1995.- S. 442 ff.

10 Familien und Familienpolitik im geeinten Deutschland – Zukunft des Humanvermögens. – Fünfter Familienbericht. – Hrsg. vom Bundesministerium für Familie und Senioren. – Bonn, 1994.

11 Als bisher wegweisende Studie ist in diesem Zusammenhang immer noch die von Rossi und Rossi (1990) zu nennen.

12 Bezugnehmend auf Kaufmann und Leisering werden im folgenden die Begriffe Generationenverhältnisse und Generationsbeziehungen unterschieden. Generationsbeziehungen wird im Kontext sozialer Interaktionen zwischen Familienangehörigen verschiedener Generationen verwendet. Generationenverhältnisse beziehen sich dagegen auf die gesellschaftlichen Systeme der Regelung von Zeitlichkeit, die für den einzelnen nicht unmittelbar erfahrbar sein müssen. Vgl. dazu Leisering (1992; S. 44ff.), hier zitiert nach Kaufmann, F.-X. in: Lüscher/Schultheiß (1993; S. 97).

Hans Bertram

Kulturelles Kapital in individualisierten Gesellschaften

1. Verfall des kulturellen Kapitals durch Individualisierung

Seit den 50er und 60er Jahren investieren Familien unendlich viel Zeit und Geld in die Erziehung ihrer Kinder mit unübersehbaren Erfolgen. Zu keinem Zeitpunkt in der Geschichte Deutschlands blieben so viele Kinder und Jugendliche so lange auf der Schule und gleichzeitig im Elternhaus. Zu keinem Zeitpunkt gab es eine so hochqualifiziert ausgebildete junge Generation. Dabei ist nicht nur der Anteil der höchstqualifizierten Jugendlichen gewachsen, vielmehr hat sich die Zahl der Jugendlichen ohne Hauptschulabschluß und Lehre deutlich vermindert. Noch Mitte der 60er Jahre verdienten mehr als ein Drittel aller Jugendlichen als un- und angelernte Arbeiter direkt nach der Schule ihren Lebensunterhalt.[1] Diese großen Anstrengungen der Eltern für die Bildung und Erziehung ihrer Kinder haben zu einer immensen Kumulation des kulturellen Kapitals in der Bundesrepublik beigetragen. Diese waren aber auch notwendig, weil die Bundesrepublik als ein rohstoffarmes Land nur auf der Basis des kulturellen Kapitals zusätzliches ökonomisches Kapital schaffen konnte.

Diese immensen Anstrengungen waren nicht nur in der Bundesrepublik, sondern in den Vereinigten Staaten und vielen anderen Ländern Europas in gleicher Weise zu beobachten. Als Paradoxie dieser Entwicklung gefährden sie aber nun die weitere Kumulation kulturellen Kapitals für die nachfolgenden Generationen. Es ist das unbestreitbare Verdienst von James COLEMAN[2], als einer der ersten auf diesen Widerspruch zwischen Kumulation kulturellen Kapitals bei gleichzeitiger Gefährdung weiterer Kumulation hingewiesen zu haben. COLEMAN, der in den 60er Jahren selbst zu den wichtigsten Verfechtern einer weiteren Investition in das Bildungs- und Erziehungssystem zählte, sieht heute eine Reihe von möglichen Gefährdungen.

Die großen Anstrengungen und Investitionen in diesem Bereich haben dazu geführt, daß die nun Erwachsenen über ein Höchstmaß an Qualifikation und Bildung verfügen, gleichzeitig aber eben auch in einem hohen

Maße individualistische Persönlichkeiten geworden sind. Und genau hierin liegt jene Paradoxie der Investitionen in kulturelles Kapital, die auch von anderen, etwa MIEGEL und WAHL[3], kritisch beschrieben wird. Investitionen der Eltern in die Bildung und Erziehung ihrer Kinder führen notwendigerweise zur Entwicklung der individuellen Kompetenzen der Kinder. Die individuelle Entfaltung der Persönlichkeit ist aber umgekehrt damit verbunden, daß diese Individuen traditionale Vorgegebenheiten, die eine der Voraussetzungen für die Investitionen in kulturelles Kapital gewesen sind, nicht mehr ohne weiteres akzeptieren. Vielmehr entwickeln sie nun eigenständige Wege und Perspektiven, die den eigenen Vorstellungen entsprechen, nicht aber notwendigerweise den gesellschaftlichen Vorgegebenheiten. Individualismus ist zumindest in unseren europäischen Kulturen notwendigerweise eine Folge der Investitionen in die individuelle Entwicklung der kindlichen Persönlichkeit.

Die Konsequenzen daraus für die gesellschaftliche Entwicklung und die weitere Kumulation kulturellen Kapitals wird in den Vereinigten Staaten gegenwärtig von Autoren wie ETZIONI[4], COLEMAN, BERGER und LUCKMANN[5] oder PUTMAN[6] eindrücklich beschrieben. Die deutsche Theoriediskussion beschäftigt sich bisher kaum mit den gesellschaftlichen Konsequenzen des Individualisierungsprozesses, sondern allenfalls mit den individuellen Konsequenzen für den einzelnen. Dennoch lassen sich auch in den meisten Aussagen der deutschen Diskussion überraschende Parallelen zu den Diskursen in den Vereinigten Staaten feststellen.

Als durchgängige These findet sich bei fast allen Autoren, die sich mit den Konsequenzen des Individualisierungsprozesses auseinandersetzen, daß nämlich Individuen in individualisierten Gesellschaften zunehmend weniger Zeit in die dauerhaften Beziehungen zu ihren eigenen Familienmitgliedern, Verwandten und Nachbarn investieren. Dies hat eine ganze Reihe von Ursachen. In dem Umfang, in dem das Individuum die eigenen Lebensvorstellungen, die eigenen Lebensbedürfnisse, die eigenen Freiheitsvorstellungen zum Maßstab des Handelns macht, werden traditionelle Verpflichtungen gegenüber den Eltern, der Ehefrau oder dem Ehemann und auch den Kindern weniger bedeutungsvoll als die Beziehungen, die den eigenen individuellen Bedürfnissen und Perspektiven entsprechen. Traditionelle Verbindlichkeiten werden durch subjektive individuelle Entscheidungen ersetzt. In dem Maße, wie Individuen aufgrund ihrer individualistischen Erziehung und eigenständigen Persönlichkeit jene traditionellen Vorgegebenheiten der eigenen sozialen Herkunft in Frage stellen können und kulturelle Muster nicht mehr ohne weiteres akzeptieren, sondern eigene Bedürfnisse, eigene Lebens- und Wertvorstellungen zum Maßstab des Handelns machen, vermindert sich notwendigerweise die Orientierung an traditionalen Wertmustern und traditionalen Sinnkonstrukten, das heißt an traditional kulturellen Vorgegebenheiten insgesamt. Selbst die persönlichen Beziehungen von Individuen, an denen sie selbst möglicherweise sogar ein großes Interesse haben, werden zunehmend prekär. Denn Individuen in einer individualisierten Kultur interagieren mit anderen Personen mit gleichem individualistischen Hintergrund, mit der Konsequenz, daß auch die anderen den Verpflichtungscharakter von Beziehungen nur unter einer subjektiven Perspektive interpretieren. Daher kann das Individuum sich nicht sicher sein, ob die von ihm gerade aufgebauten Beziehungen nun stabil sind oder aber von anderen, mit denen man gerade interagiert, in Frage gestellt werden.

Die geringere Bereitschaft, Zeit kontinuierlich in vorgegebene Beziehungen der eigenen Familie und Verwandtschaft zu investieren, zusammen mit der abnehmenden Bereitschaft, sich an kulturellen Mustern der Gesellschaft zu orientieren, und der zunehmenden Flüchtigkeit sozialer Beziehungen haben für die weiteren Investitionen in kulturelles Kapital geradezu katastrophale Konsequenzen. Kinder, deren Eltern für sie keine Zeit mehr haben, werden ebensowenig mit den kulturellen Mustern der Gesellschaft vertraut gemacht wie Kinder, deren Eltern bei der Wertvermittlung ein hohes Maß an Beliebigkeit zeigen oder auch nur eine geringe Bereitschaft, mit ihren Kindern dauerhaft stabile Beziehungen zu pflegen. Selbst wenn man nicht so pessimistisch ist wie MIEGEL und WAHL[7], die mehr oder minder das Vergehen der europäischen Kultur vorhersehen, so sind die Konsequenzen einer solchen Gesellschaftsdiagnose, wie sie von COLEMAN, ETZIONI und PUTMAN vorgelegt werden, auch für die nahe vorhersehbare Zukunft alles andere als positiv einzuschätzen.

Die Autoren mit dieser sehr pessimistischen Interpretation der gegenwärtigen Entwicklung und der zukünftigen Chancen der weiteren Investitionen in kulturelles Kapital führen eine Reihe von Belegen an, die ihre Interpretationen stützen. So können sie zurecht darauf verweisen, daß die Investitionen in die Bildung von jungen Frauen auch dazu geführt haben, daß diese jungen Frauen nun nicht mehr jene traditionale Rolle der Hausfrau und Mutter übernehmen, sondern die ihnen individuell zugewachsenen Kompetenzen auch beruflich so nutzen wollen, wie dies für junge Männer schon lange selbstverständlich ist. Die zunehmende außerhäusliche Erwerbstätigkeit von Frauen führt offenbar notwendigerweise zur Reduktion der Zeit, die diese gemeinsam mit ihren Kindern zu Hause verbringen können. Jene Formen der Vermittlung kulturellen Kapitals, die unbewußt durch die alltägliche Interaktion in der Familie vermittelt wurden, müssen dann einfach entfallen.[8] Donata ELSCHENBROICH prägt dafür den Begriff der „verlorenen Elternzeit". Kinder in den Vereinigten Staaten haben nach ihren Ergebnissen seit den 60er Jahren wöchentlich 10 bis 12 Stunden „Elternzeit" verloren. Es gibt weniger gemeinsame Mahlzeiten, Verwandtenbesuche und Kirchgänge, alles Anlässe, bei denen sich die Familie als Ganzes erlebte und anderen zeigte. ELSCHENBROICH geht sogar soweit zu fragen, ob insbesondere in den Vereinigten Staaten die Eltern ihren Sinn für die Verantwortlichkeit für die nächste Generation verloren haben.

Seit Ronald INGLEHART[9] auf einer inzwischen sehr breiten empirischen Basis nachgewiesen hat, daß traditionsgebundene Werte heute an Bedeutung verloren, dagegen Werte wie Selbstverwirklichung und persönliche Freiheit eine viele größere Bedeutung gewonnen haben, ist es in der Literatur unstrittig, daß traditionsgebundene Werte auch in der Erziehung eine immer geringere Rolle spielen. So weist LÜBBE[10] daraufhin, daß die traditionellen Tugenden der Industriegesellschaft, wie Fleiß, Disziplin und Ordnungsvorstellungen, aufgegeben wurden zugunsten individualisierter Autonomieansprüche des einzelnen. Diese können teilweise auch in postindustriellen Gesellschaften durchaus funktional sein. Solche individualisierten Wertemuster führen, wie BERGER und LUCKMANN[11] ausführen, in der Erziehung dazu, daß es für Kinder immer schwerer wird, klare und eindeutige Verhaltensregeln von ihren Eltern zu übernehmen. Die Pluralität von Werten und Verhaltensmustern in einer Gesellschaft kann eben nicht zu einer Eindeutigkeit in der Erziehung führen. Solche Selbstverständlichkeiten und Eindeutigkeiten sind aber Grundvoraussetzung für die kindliche Erziehung, weil diese ohne verbindliche Alltagsroutinen und klare Orientierungsmuster seitens der Eltern für die kindliche Persönlichkeit unübersichtlich und daher problematisch ist. Aber auch die Unverbindlichkeit und Flüchtigkeit von Beziehungen, für Erwachsene möglicherweise erträglich, können für die kindliche Entwicklung kritisch sein, weil die Sicherheit und das Vertrauen darauf, daß die erwachsene Bezugsperson immer zur Verfügung stehen und man sich immer auf sie verlassen kann, eine der Grundvoraussetzungen des Urvertrauens von Kindern ist. Diese Unbedingtheit der Eltern-Kind-Beziehung ist eine der wesentlichsten Grundvoraussetzungen, um Vertrauen in sich selbst und damit auch in andere entwickeln zu können.

COLEMAN und ETZIONI verwerfen ganz explizit die heute angebotenen Alternativen zur familiären Erziehung durch institutionelle Agenten, das heißt jene Einrichtungen der Kommunen oder des Staates, wie Krippe, Kindergarten und Hort, in denen professionelle Erzieher gegen Entlohnung im Auftrage des Staates oder der Kommune Erziehungsaufgaben übernehmen, die traditionellerweise der Familie oblagen. Den Haupteinwand gegen diese Art von Familienersatz sehen die Autoren darin, daß professionelle Erzieher und die Institutionen, in denen sie arbeiten, Eigeninteressen haben und einer Eigenlogik folgen, die nicht notwendigerweise den Notwendigkeiten der kindlichen Entwicklung zu einer reifen erwachsenen Persönlichkeit folgen. Das beginnt mit Alltäglichkeiten wie Dienstplänen, die die Arbeitszeitregelungen der in den Institutionen Angestellten berücksichtigen müssen und dazu führen können, daß sich stabile Beziehungen zwischen erwachsenen Bezugspersonen und Kindern gar nicht entwickeln können. Oder es ist in solchen Institutionen nicht auszuschließen, daß nicht das Interesse an der kindlichen Entwicklung, sondern die Interessen der Organisation, etwa ihr ökonomischer Fortbestand, eine größere Bedeutung bekommen können, als dies der kindlichen Entwicklung zuträglich ist. Vor allem aber fehlt solchen Institutionen aufgrund ihrer Struktur die Möglichkeit, jenes elementare personale Vertrauen, das Grundlage jeder Erziehung ist und nicht zwischen beliebig vielen Personen aufgebaut werden kann, zwischen den dort tätigen Agenten und den Kindern herzustellen. Diese Formen höchst intimer personalisierter Beziehungen lassen sich, so sehr man sich auch bemühen mag, nicht in formalen Organisationen herstellen, weil diese Beziehungsmuster nicht formalen Regeln gehorchen können, sondern nur der individuellen Interaktion zwischen dem Kind und dem Erwachsenen, ohne an institutionelle Regeln gebunden zu sein.

Es sei dahingestellt, ob die skeptische Einschätzung professionalisierter Erziehung in familienergänzenden und familienersetzenden Einrichtungen richtig ist. Aber es gibt sicherlich eine Fülle von Belegen, die deutlich machen, daß solche Institutionen sehr viel stärker die Organisationsregeln und ihre Eigenlogik befolgen, als die Interessen der Kinder und der Eltern zu berücksichtigen.

2. Unabhängigkeit und Stärke der Familie in individualisierten Gesellschaften

Viele Entwicklungen, die COLEMAN, ETZIONI, PUTMAN und andere beschreiben, sind uns allen geläufig und könnten durch eine Vielzahl eigener Beobachtungen ergänzt werden. Auch die damit verbundenen Deutungsmuster in bezug auf Kinder, die Individuen oder die gesamte Familie verfügen über einen hohen Evidenzgehalt. Ohne diese Phänomene in Abrede zu stellen, kann man sich die Frage vorlegen, ob diese Beschreibungen und Deutungen die empirische Realität familialen Lebens in Deutschland tatsächlich angemessen beschreiben und die Entwicklungen in individualisierten Gesellschaften zufriedenstellend erklären können. Denn die Aussagen von COLEMAN, ETZIONI, BERGER und LUCKMANN und anderen können nur dann als valide Hypothesen gelten, wenn die dahinterliegenden Annahmen über den Zusammenhang von gesamtgesellschaftlichen Entwicklungen und denen innerhalb der Familie richtig sind. In all diesen Diskussionen wird mehr oder minder unterstellt, daß die familiären Entwicklungen, die Beziehungen zwischen Eltern und Kindern, zwischen den Generationen, sowie zwischen Eltern und Schule ausschließlich der Logik gesamtgesellschaftlicher Entwicklungen folgen. Wenn sich in einer Gesellschaft die Werte pluralisieren, so pluralisieren sich nach dieser impliziten Annahme auch die Mechanismen der Wertevermittlung innerhalb der Familie. Wenn Beziehungen in einer Gesellschaft durch die wachsende Mobilität zunehmend flüchtiger werden, so werden auch die Beziehungen innerhalb der Familie flüchtig. Wenn Väter und Mütter zunehmend außerhäuslich erwerbstätig sind, so reduziert sich zunehmend ihr Zeitkontingent für die Familie.

Hier wird nicht bestritten, daß familiäre Entwicklungen von gesellschaftlichen Entwicklungen beeinflußt werden können, jedoch folgt dieser lineare Zusammenhang zwischen gesellschaftlichen Entwicklungen und denen familiären Lebens, den Beziehungen zwischen Eltern und Kindern und den Beziehungen zwischen Generationen mit Sicherheit auch einer eigenen Logik des familiären Zusammenlebens. Die Beziehungen zwischen den Generationen mögen teilweise auch von gesellschaftlichen Entwicklungen beeinflußt sein, folgen aber mit Sicherheit stärker den sich ändernden Lebenserwartungen von Generationen, weil dies die Rahmenbedingungen für Beziehungen zwischen den Generationen abgibt. Es gehört zu den großen Irrtümern vieler Sozialwissenschaftler seit DURKHEIM und PARSONS, ungeprüft zu glauben, daß die Interaktionsbeziehungen zwischen Eltern und Kindern notwendigerweise irgendwelchen gesellschaftlichen Entwicklungen folgen müssen. Durch die historische Familienforschung ist bekannt, daß Kernfamilien, das heißt Eltern-Kind-Beziehungen, als dominante Familienform in vielen Ländern Nordwesteuropas lange vor der industriellen Revolution und der Trennung von Familien- und Erwerbsarbeit existierten. Familienbeziehungen und Familienentwicklungen sind deutlich vom gesellschaftlichen Umfeld abhängig, aber Beziehungen innerhalb der Familie und ihre Ausgestaltung hängen von den Interaktionsstrukturen der Institution Familie stärker ab, als dies die Theoretiker des Verfalls familiären Lebens in unserer Gesellschaft glauben machen wollen. Wenn sich Paare für ein dauerhaftes Zusammenleben entscheiden, kommen sie aus diesem Beziehungsmuster selbst dann nicht so einfach heraus, wenn in der Gesellschaft hohe Scheidungsraten und ein liberales Scheidungsrecht bestehen.

Seit René KÖNIG[12] wissen wir, daß die seit Mitte des vorigen Jahrhunderts in Westeuropa zu beobachtenden Individualisierungsprozesse eine der notwendigen Voraussetzungen für die Liebesheirat gewesen sind. Nun erst konnten sich Individuen entsprechend ihres Gefühls und nicht konform zu gesellschaftlichen Vorgegebenheiten einen Partner aussuchen und in diese Partnerschaft einen Teil der eigenen Persönlichkeit investieren. Wenn Ehepaare sich für Kinder entscheiden, dann kommen sie aus dieser Beziehung zu den eigenen Kindern so leicht nicht mehr heraus, weil sie wiederum einen Teil der eigenen Persönlichkeit in diese Beziehung investiert haben. Gerade wenn COLEMAN gesellschaftliche Entwicklungen in einer ökonomischen Terminologie beschreibt, müßte deutlich werden, daß die Investitionen auf der individuellen Ebene zwischen Partnern und zwischen Eltern und Kindern einen eigenständigen Wert darstellen, der diejenigen, die in dieser Weise investiert haben, daran hindert, sich allgemeinen gesellschaftlichen Entwicklungen anzupassen. Wenn jemand viel an Emotionen und Vorstellungen in einen Partner investiert hat und dies wechselseitig ist, dann wird eine solche Beziehung selbst dann stabil bleiben, wenn im Umfeld alle anderen Individuen anders investiert haben, weil solche Investitionen nicht beliebig verfügbar sind.

Das gleiche gilt für die Investitionen von Eltern in ihre Kinder. Wenn Eltern in den ersten Lebensjahren mit ihren Kindern Beziehungen aufgebaut haben, ist die Wahrscheinlichkeit gering, daß sie aus diesen Beziehungen so ohne weiteres wieder herauskommen. Es entstehen wechselseitige Abhängigkeiten, Verpflichtungen, emotionale Unterstützungen, eben ein dichtes Geflecht von Beziehungen, die ihrerseits nicht notwendigerweise allgemeinen gesellschaftlichen Trends folgen müssen. Geht man von einer solchen in ökonomischen Termini formulierten Vorstellung von Investitionen der Partner in ihre Beziehung zum anderen oder in die Beziehung zum Kind aus , die selbst wiederum aus diesen Beziehungen eine positive Verstärkung erhält, so können Familienbeziehungen eine Vielzahl von Stürmen und Krisen überstehen, wie etwa der 2. Weltkrieg gezeigt hat.

Wir haben in Deutschland die historisch einmalige Situation, empirisch überprüfen zu können, welche Bedeutung gesamtgesellschaftliche Entwicklungen für Eltern-Kind-Beziehungen, für die Bereitschaft der Eltern, Zeit in ihre Kinder zu investieren, und für die Stabilität dieser Beziehungen haben. 40 Jahre DDR und 40 Jahre Bundesrepublik haben in diesem Punkt zu einem quasi naturalistischen experimentellen Design beigetragen. Es bietet sich die Möglichkeit, bei zwei Systemen, die politisch völlig unterschiedliche Erziehungskonzeptionen und diametral entgegengesetzte Vorstellungen der Verantwortlichkeit der Eltern für ihre Kinder hatten, nun nach der Wiedervereinigung empirisch zu prüfen, ob die Thesen richtig sind, daß in individualisierten Gesellschaften Investitionen der Eltern in ihre Kinder zunehmend schwieriger werden, weil die Eltern weniger Zeit für die Kinder aufwenden, keine eindeutigen Verhaltensregeln, Werte und Sinnkonstrukte als Basis ihrer Erziehung haben und weil Beziehungen höchst flüchtig geworden sind.

Das Familien- und Erziehungssystem der DDR kannte ab dem 1. Lebensjahr die ganztägige Betreuung der Kinder in Krippe, Kindergarten und Hort und die vollständige Integration der jungen Frauen in das Erwerbsleben. Nach den Unterlagen des statistischen Zentralamtes der früheren DDR wurden seit 1972 sogar die vorhandenen Teilzeitarbeitsplätze für Frauen systematisch vermindert. Eltern hatten faktisch kaum Zeit für ihre Kinder, weil beide 40 Stunden arbeiteten und ein vollständig ausgebautes Betreuungssystem zur Verfügung stand. In der Bundesrepublik dominierte die auch gesellschaftlich damals noch weithin geteilte Vorstellung, daß die Mutter sich in den ersten Lebensjahren ihres Kindes ausschließlich der Kinderbetreuung zu widmen habe. Das dokumentierte sich auch daran, daß die Erwerbsquoten von Müttern mit Kindern unter 3 Jahren, einschließlich aller Teilzeitplätze, kaum 30 ausmachte. Ein weitgehend fehlendes außerfamiliäres Betreuungssystem korrespondierte mit dem auch gesellschaftlich weithin akzeptierten Familienmodell, in dem der Vater als Hauptemährer die ökonomische Basis der Familie sicherte und die Mutter entsprechend dem traditionellen Rollenmodell sich ausschließlich der Kindererziehung widmete. Dieses quasi experimentelle Design läßt sich nutzen, weil der Familiensurvey 113 1988 kurz vor dem Mauerfall durchgeführt wurde; zur Jahreswende 1990/91 ergab sich dann die Möglichkeit, in den neuen Bundesländern eine Vergleichserhebung durchzuführen. Zwar waren zu diesem Zeitpunkt die politischen Veränderungen in den neuen Bundesländern in vollem Gang, aber sowohl die wirtschaftliche Entwicklung, etwa die Arbeitslosigkeit, aber auch die Betreuungseinrichtungen entsprachen noch in vielen Aspekten der Situation der DDR. So waren in dieser Erhebung[14] lediglich knapp 5 der Frauen arbeitslos, während später die Arbeitslosigkeit von Frauen bis auf 16 bis 17 emporschnellte. Zu diesem Zeitpunkt funktionierte auch noch das Krippen- und Kindergartensystem. Diese zeitnahen Erhebungen zum gesellschaftlichen Umbruch in der Bundesrepublik ermöglichen nun die Prüfung, ob in einem System wie der DDR jene Phänomene zu beobachten sind, die COLEMAN, ETZIONI und andere beschreiben. Denn dort waren zumindest die Voraussetzungen der individuellen Befreiung von Männern und Frauen aus ihrer traditionellen Vater- und Mutterrolle durch das ausgebaute Betreuungssystem perfekt organisiert und staatlich reglementiert. Daher war die Zeit für die Familie deutlich reduziert, denn beide Eltern waren voll erwerbstätig; zudem war die DDR als Gesellschaft zumindest seit Anfang der 80er Jahre hinsichtlich eines geteilten und verbindlichen Wertsystems nicht mehr als einheitlich anzusehen. Die empirische Überprüfung wird sich auf den Vergleich zwischen West und Ost bei den drei Dimensionen Zeit für die Familie, Werte und Einstellungen im Erziehungsprozeß sowie der Stabilität und Festigkeit der Beziehungen zwischen Eltern und Kindern beziehen.

3. Zeit für Kinder

Will man prüfen, wie viele Kinder berufstätige Mütter haben und wieviel Zeit Mütter für ihre Kinder haben, sind als Analyseeinheit sinnvollerweise nicht die befragten Mütter, sondern die betroffenen Kinder zu untersuchen. Das ist deswegen sinnvoll, weil bei Mehrkinder-Familien die Perspektive aus der Sicht der Mütter die Zahl der betroffenen Kinder falsch einschätzen läßt, weil bei drei Kindern eine Mutter berufstätig ist, aber drei Kinder von der Berufstätigkeit der Mutter betroffen sind. Daher geht die folgende Analyse von der Zahl der betroffenen Kinder aus statt von der Zahl der betroffenen Mütter und Väter. Darüber hinaus wurden alle folgenden Analysen immer in Abhängigkeit vom Lebensalter des jüngsten Kindes durchgeführt. Denn die im folgenden zu diskutierenden Vergleiche von Berufstätigkeit und Nichtberufstätigkeit, dem Zeitaufwand für Kinder, Haushalt und Ehemann sind sicherlich erheblich auch vom Lebensalter der Kinder abhängig. Da sich aber alle theoretischen Aussagen über die mögliche zeitliche Vernachlässigung von Kindern durch berufstätige Mütter sich wesentlich auf kleine Kinder beziehen, werden hier die Altersgruppen von 0 bis 2 Jahren, 3 bis 5 Jahren, 6 bis 14 Jahren und 15 bis 18 Jahren differenziert.

Prüft man zunächst das Ausmaß der Erwerbsarbeit der Mütter in Abhängigkeit vom Alter des jüngsten Kindes, dann waren in den neuen Bundesländern 1991 80 der Mütter mit Kindern unter 3 Jahren erwerbstätig, bei den Kindern unter 6 Jahren 76 und in den höheren Altersgruppen der Kinder zwischen 82 und 87. Allerdings war schon 1991 bei jüngeren Frauen mit kleineren Kindern in den neuen Bundesländern die Arbeitslosigkeit bzw. Umschulung deutlich angestiegen und lag zwischen 11 und 13. Bei den älteren Kindern traten auch schon Vorruhestandsregelungen neben die Arbeitslosigkeit dieser Gruppe. Vergleicht man die berufliche Situation der Mütter in den neuen Bundesländern 1991 mit derjenigen von Müttern 1988 in den süddeutsch-katholischen ländlichen Regionen und in den urbanen Zentren der alten Bundesländer, so kann das Bild nicht unterschiedlicher sein. In den süddeutsch-katholischen ländlichen Regionen sind 73 der Mütter von unter 3jährigen Kindern Hausfrauen, und nur 21 der Kinder haben erwerbstätige Mütter. Bei den unter 6jährigen widmen sich noch 54 der Mütter überwiegend dem Haushalt und den Kindern. Erst im Alter von 15 bis 18 Jahren haben etwa die Hälfte der Kinder erwerbstätige Mütter. Dieses Bild der ländlichen katholisch-süddeutschen Regionen differiert nur unwesentlich von den urbanen Zentren. Hier sind bei den unter 3jährigen Kindern 61 der Mütter Hausfrauen, jedoch auch 5 der Kinder haben Mütter in der Ausbildung. Bei den unter 6jährigen haben 58 der Kinder Mütter, die Hausfrauen sind, bei den 6- bis 14jährigen 41; bei den bis 18jährigen sinkt der Anteil der Mütter als Hausfrauen auf 31 gegenüber 65 Erwerbsquote. Die Betrachtungsweise nur des beruflichen Status der Mütter in den urbanen Zentren in der Bundesrepublik 1988 sowie in den ländlich-katholischen Regionen im Vergleich zu den neuen Bundesländern 1991 macht deutlich, daß in den alten Bundesländern, insbesondere bei den unter 6jährigen Kindern sowohl in den städtischen wie in den ländlichen Regionen die überwiegende Zahl der Kinder von Müttern betreut wird, die Hausfrauen sind und nur eine Minderzahl erwerbstätig ist. Selbst in den höheren Altersgruppen erreichen die Anteile der Erwerbstätigkeit nie jene 80 oder 85, die die Mütter aus den neuen Bundesländern berichten.

Diese Ergebnisse bestätigen zunächst die These, daß ein gut ausgebautes Betreuungssystem und berufliche Entfaltungsmöglichkeiten auch dazu führen, daß Frauen aller Altersgruppen dies nutzen. Damit nehmen die Möglichkeiten der Kumulierung kulturellen Kapitals im Haushalt und bei der Erziehung der Kinder durch die Umorientierung vom häuslichen auf den beruflichen Bereich signifikant ab, weil die volle Integration der Frau in das Erwerbsleben dies zunehmend in Frage stellt. Betrachtet man aber nun nicht den beruflichen Status, der eine solche Schlußfolgerung nahelegt, sondern die zeitliche Belastung, die Haushalt plus Beruf bei erwerbstätigen Müttern und Hausfrauen in den alten und neuen Bundesländern in Abhängigkeit vom Lebensalter der Kinder bedeuten, nähert sich das zunächst diametral entgegengesetzte Bild zu einer vergleichbaren zeitlichen Belastung in den alten und neuen Bundesländern.

Zeitliche Belastung der Mütter in Abhängigkeit vom Alter der Kinder 1988 – 1991

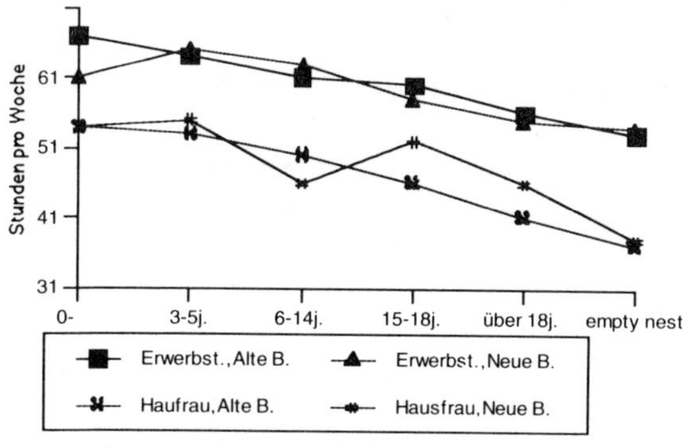

Nach Graphik 1 nennen Mütter, wenn sie berufstätig sind, bei Kindern unter drei Jahren in Westdeutschland eine Zeitbelastung von etwa 60 bis 63 Stunden, in den neuen Bundesländern von knapp 68 bis 70 Stunden. Obwohl die berufstätigen Mütter in den alten Bundesländern überwiegend teilzeittätig sind, erreichen sie ähnlich hohe zeitliche Belastungen wie die voll erwerbstätigen Mütter in den neuen Bundesländern mit einem voll ausgebauten Krippen- und Kindergartensystem. Ab dem 3. Lebensjahr bis zum Auszug des jüngsten Kindes aus dem Elternhaus läuft die zeitliche Belastung der Mütter, wenn sie berufstätig sind, in Ost und West völlig parallel. Beide Müttergruppen geben die gleiche Stundenmenge pro

Woche an, mit der deutlichen Tendenz der Abnahme der zeitlichen Belastung von jenen 65 bis 68 Stunden auf etwa 55 Stunden bei Auszug des jüngsten Kindes.

Für die Situation der nicht erwerbstätigen Mütter ergibt sich für die zeitliche Belastung in den alten und neuen Bundesländern zunächst die gleiche Parallelentwicklung, nur auf einem niedrigeren Niveau. Diese Frauen nennen zwischen 53 und 55 Stunden wöchentlich, wenn die Kinder bis zu 3 Jahren alt sind. Diese zeitliche Belastung sinkt auf etwa 35 Stunden, wenn die Kinder das Elternhaus verlassen. Die zeitliche Belastung von Müttern ist, unabhängig von der Berufssituation, vor allem vom Lebensalter der Kinder abhängig. Kleine Kinder führen, unabhängig von der Verfügbarkeit von außerhäuslichen Betreuungseinrichtungen, zu erheblichen Zeitaufwendungen bei den jungen Müttern. Dabei überrascht es nicht, daß sich die zeitlichen Belastungen in West und Ost so wenig unterscheiden. In Westdeutschland konnten die jungen Mütter mehr auf Teilzeittätigkeiten ausweichen als in der DDR, weil dort die Norm der Vollerwerbstätigkeit auch gegenüber Frauen politisch durchgesetzt wurde und die Teilzeitarbeitsplätze seit 1972 systematisch eliminiert wurden.[15]

Die Bereitschaft der jungen Mütter in West wie in Ost, auch wenn sie berufstätig sind, die notwendigen zeitlichen Aufwendungen für ihre Kinder zusätzlich zur Berufstätigkeit zu erbringen, reflektiert die Logik der kindlichen Entwicklung mit dem Aufbau der Beziehungen zwischen Eltern und Kindern in den ersten Lebensjahren. Damit stellen die jungen Mütter durch ihr Verhalten die These von COLEMAN und anderen in Frage, daß die Möglichkeiten der Kumulation kulturellen Kapitals in der Familie durch Formen der außerhäuslichen Erwerbstätigkeit beeinträchtigt werden müssen. Möglicherweise führt die Eigenlogik der Eltern-Kind-Beziehung dazu, daß die dem Haushalt und den Kindern zur Verfügung gestellte Zeit nicht gegen die Berufsarbeitszeit aufgerechnet, sondern von den Müttern dazuaddiert wird, und daher die hohen wöchentlichen zeitlichen Belastungen resultieren.

Die Zeitangaben müssen sicherlich im einzelnen, weil es sich um Schätzungen der Befragten handelt, vorsichtig bewertet und mit den Zeitbudgetstudien des Statistischen Bundesamts[16] verglichen werden, um die genauen zeitlichen Kontingente von Müttern und Vätern abzuschätzen. Doch scheinen mir diese Tendenzen relativ überzeugend zu sein. Kleine Kinder erwarten aufgrund ihrer Hilflosigkeit ein hohes Maß an Unterstützung durch ihre Eltern. Diese Unterstützung wird ihnen wesentlich durch die Haushaltsführung der Mütter gegeben, selbst wenn die Kinder einen Teil des Tages fremdbetreut sind. Auch die jungen Väter sind bereit, einen größeren Teil ihres zeitlichen Kontingents, nämlich 15 bis 20 Wochenstunden zusätzlich zur Berufsarbeit für die Betreuung der Kinder und den Haushalt zur Verfügung zu stellen. Dieser zeitliche Aufwand, wenn er zu der zeitlichen Belastung im Beruf der jungen Vätern addiert wird, weist kaum Differenzen zur Gesamt-Wochenarbeitszeit der jungen Frauen auf. Bei den Vätern ergeben sich im höheren Alter der Kinder deutlichere Entlastungen als bei den Müttern, weil ihre Mitwirkung im Haushalt dann auf 5 bis 7 Stunden absinkt.

Die hohen zeitlichen Belastungen bei den Hausfrauen sind aber nicht allein auf die Hausarbeit zurückzuführen; ohne das hier im einzelnen zu analysieren, geben Hausfrauen im Durchschnitt zwischen 6 und 12 Stunden Arbeitszeit an. Ob sich hinter diesen Angaben Arbeit als mithelfende Familienangehörige bei kleinen Selbständigen oder geringwertige Beschäftigung, etwa als Putzhilfe oder im Handel, verbirgt, kann hier nicht untersucht werden. Doch deuten diese Angaben darauf hin, daß die strikte Trennung zwischen Hausfrau und Berufsfrau unter einer zeitlichen Perspektive, die noch das Lebensalter der Kinder berücksichtigt, nicht aufrechtzuerhalten ist. Dominant für die zeitliche Belastung von Frauen ist die Betreuung kleiner Kinder. In Westdeutschland haben die meisten Mütter versucht, das dadurch aufzufangen, daß sie sich vor allem bei den bis zu 6jährigen überwiegend der Kindererziehung und dem Haushalt widmen und erst später in größerem Umfang erwerbstätig werden; das gilt besonders in den urbanen Zentren. Hausfrauen- und Mutterschaft reduziert sich hier also zunehmend auf eine Sequenz im Lebensverlauf, die ein teilweise extremes Maß an zeitlicher Beanspruchung mit sich bringt. Mit zunehmender zeitlicher Entlastung durch das Älterwerden der Kinder treten in Westdeutschland dann zunehmend außerhäusliche Arbeitstätigkeiten in den Vordergrund. Eine solche sequentielle Form der Hausfrauen- und Mutterschaft scheint schon deswegen sinnvoll zu sein, weil die Mütter das 18. Lebensjahr des jüngsten Kindes in der Regel mit etwa 46 bis 48 Jahren erleben und dann mit der verbleibenden Tätigkeit im Haushalt möglicherweise auch nicht mehr zufrieden sein können.

Nach diesem Vergleich ist zunächst festzuhalten, daß das Modell der früheren DDR mit der vollen Erwerbstätigkeit der Frau und gleichzeitig voller Betreuung der Kinder weder zu einem zeitlich unterschiedlichen

Belastungskonzept für die jungen Frauen geführt hat noch zu einem erheblich unterschiedlichen Zeitbudget im Lebensverlauf gegenüber den berufstätigen Frauen in Westdeutschland. Die hohe Akzeptanz des sequentiellen Modells, wie es sich in Westdeutschland zunehmend entwickelt hat, wird nicht nur daran deutlich, daß heute auch in den neuen Bundesländern die Möglichkeiten des Erziehungsurlaubs- und Erziehungsgeldgesetzes voll genutzt werden, sondern daß bereits in DDR-Zeiten das Babyjahr von fast allen Frauen in Anspruch genommen wurde. Auch unter den Bedingungen der DDR haben die jungen Frauen ihre Verantwortlichkeit gegenüber ihren Kindern nicht nur wahrgenommen, sondern auch die Möglichkeit genutzt, jene Grundlagen für die Entwicklung der kindlichen Persönlichkeit zu legen, die COLEMAN und andere heute als gefährdet sehen.

Überprüft man diese bivariaten Ergebnisse zusätzlich noch multivariat, lassen sich bei der Arbeitszeit etwa 37 der Kovarianz und bei der Hausarbeitszeit sogar 46 der Kovarianz durch die Variablen Geschlecht, Anzahl der Kinder, Alter des jüngsten Kindes, Schichtung, Geburtsjahrgang der Mutter und alte versus neue Bundesländer erklären. Bei der Arbeitszeit ist die wichtigste Variable das Geschlecht, weil die Unterschiede zwischen Männern und Frauen hinsichtlich der Arbeitszeit in Westdeutschland evident sind; für die Hausarbeitszeit gilt das gleiche für West und Ost. Die Zahl der Kinder spielt bei der Hausarbeitszeit eine erhebliche Rolle; hingegen ist das Alter des jüngsten Kindes für die berufliche Arbeitszeit bedeutungslos, für die Hausarbeitszeit jedoch von überragender Bedeutung.

Bemerkenswerterweise ist die Schichtzugehörigkeit neben der Herkunft aus den alten oder neuen Bundesländern für die Hausarbeitszeit und für die gesamte Arbeitszeit nicht ohne Bedeutung. Bei der Arbeitszeit unterscheiden sich die kleineren Selbständigen und Gewerbetreibenden mit über 63 Stunden Arbeitszeit deutlich von den anderen Berufsgruppen. Bei der Hausarbeitszeit zeigt sich, daß Männer und Frauen mit zunehmender Schichtzugehörigkeit weniger Arbeit im Haushalt verbringen. Wir konnten hier nicht prüfen, ob diese Entlastungseffekte durch Hilfskräfte oder technische Geräte eintreten. Sie sind aber bei den Frauen ganz erheblich: die Mütter der obersten Schichtungsgruppen geben bis zu 15 Haushalts-Arbeitsstunden weniger an als die Mütter der unteren Schichtungsgruppen. Väter der obersten Berufspositionen beteiligen sich an der Hausarbeit äußerst selten. Hier scheinen jene traditionalen Muster auf, die schon in den 20er Jahren von BAUM und WESTERKAMP[17] nachgewiesen wurden. Offenbar ist die Arbeitsteilung im Haushalt zwischen den Geschlechtern und den Schichten über die Zeit ausgesprochen stabil. Auch nach den Ergebnissen der multivariaten Analyse bleibt festzuhalten, daß kleine Kinder viel zeitliche Zuwendung und Unterstützung brauchen, die überwiegend von den Frauen gegeben wird, unabhängig davon, ob und wieviel sie erwerbstätig sind; hier ist der mütterliche Part signifikant größer als bei älteren Kindern und Jugendlichen und auch gegenüber dem der Väter.

Es ist nicht leicht, festzulegen, wie groß der Aufwand in einer Familie sein muß, um das kulturelle Kapital durch Interaktion und Beziehung zwischen Eltern und Kindern in angemessenem Umfang zu erzeugen. Es ist jedoch davon auszugehen, daß auch unter den Bedingungen der früheren DDR ein so erhebliches Kontingent an Zeit zur Verfügung gestellt wurde, daß die Vermittlung kultureller Werte und Normen hinreichend gewährleistet wurde. Die zeitliche Verfügbarkeit von Müttern, in geringerem Maß auch von Vätern, ist nicht an starre Statuszuschreibungen wie berufstätig oder nicht berufstätig gebunden, sondern primär an die Bereitschaft der Eltern, ihre täglichen Zeitkontingente so einzuteilen, daß für die Kinder hinreichend Zeit bleibt. Diese Bereitschaft scheint bei den jüngeren Eltern in den alten wie den neuen Bundesländern deutlich vorhanden zu sein.

4. Wertvorstellungen individualisierter Eltern

Der Vergleich der individualisierten Lebensvorstellungen von Eltern der neuen und der alten Bundesländer bestätigt zunächst eindeutig die von INGLEHART[18], MIEGEL und WAHL[19], ETZIONI[20], BELLAH[21] und anderen formulierte These, daß in individualisierten Gesellschaften Werte, die die persönlichen Entfaltungsmöglichkeiten des Individuums, seine Freiheiten und seine subjektiven Lebensziele in den Mittelpunkt stellen, heute als wichtiger eingestuft werden als ökonomische Sicherheit und Orientierung an traditionellen Vorgegebenheiten. In Westdeutschland haben die hier untersuchten Kindern zu 28 Eltern mit eindeutig postmaterieller, das heißt individualistischer Orientierung; weitere 16 sind überwiegend postmateriell orientiert. Hier wachsen also mehr als 40 der Kinder bei Eltern auf, die mit diesen individualistischen Werte jenen von INGLEHART und anderen beschriebenen Wertwandel auch subjektiv vollzogen haben. In diesem Punkt unterscheiden sich die westdeutschen Eltern deutlich von Eltern der neuen Bundesländer, weil hier nur 17 der Kinder Eltern mit eindeutig postmaterieller Orientierung haben. Jedoch darf nicht übersehen werden, daß es auch in den alten Bundesländern einen hohen Prozentsatz, nämlich mehr als 26 Eltern gibt, die auf ökonomische und äußere Sicherheit und traditionelle Vorgegebenheiten Wert legen und in dem Sinne nicht als individualistisch bezeichnet werden können. Hier unterscheiden sich die alten Bundesländer viel weniger von den neuen Bundesländern: hier leben 32 der Kinder bei solchen Eltern.

Diese Unterschiede zwischen West- und Ostdeutschland zeigen sich auch bei anderen Wert- und Einstellungsmustern, etwa der Erziehung zu Pflicht und Leistung. In Westdeutschland steht die Mehrzahl der Eltern Erziehungswerten, wie Pflicht, Leistung, Gehorsam und gute Schulleistungen, eher skeptisch gegenüber; hingegen wachsen in den neuen Bundesländern mehr Kinder bei Eltern auf, die diese Werte betonen. Mehr als 50 der westdeutschen Eltern haben bei dieser Dimension eher negative Werte, während mehr als 50 der Eltern in den neuen Bundesländern diese Werte eher positiv einschätzen.

Aber auch hier sind, bei allen dominanten Trends, deutliche Differenzierungen zu beobachten. Die Wertunterschiede zwischen West und Ost sind zwar auch bei anderen Dimensionen erkennbar, doch ist die erklärte Kovarianz aufgrund der Differenzierung nach alten und neuen Bundesländern bei den meisten Skalen so gering, in der Regel unter 5, daß Interpretationen zwischen West und Ost für diese Erziehungswerte zwar signifikant, aber wenig substantiell sind. Zwar lassen sich damit jene Individualisierungshypothesen teilweise bestätigen, aber nicht so gesichert, um zu behaupten, daß Westdeutschland als Teil der westeuropäischen und nordamerikanischen Kulturentwicklung so extrem individualisiert sei, daß Kinder hier nur noch bei Eltern mit postmateriellen und individualisierten Lebensvorstellungen aufwachsen, während die Eltern in den neuen Bundesländern aufgrund eines anderen politischen Systems mit anderen Vorgaben völlig andere Wertmuster und Wertvorstellungen entwickelt hätten. Aufgrund der geringen Differenzierung zwischen alten und neuen Bundesländern erschien es eher sinnvoll zu sein, neben dem regionalen Vergleich zusätzliche Variablen zu berücksichtigen, um in multivariaten Analysen möglicherweise herauszufinden, ob und inwieweit die hier beobachteten Individualisierungstendenzen in West und Ost möglicherweise durch andere Faktoren als die regionale Unterscheidung erklärt werden können.

Untersucht man zunächst jene Postmaterialismus-Skala, die seit INGLEHART in der sozialwissenschaftlichen Forschung eine hohe Verbreitung gefunden hat, so ist bei einer multivariaten Analyse zunächst nur festzustellen, daß die wichtigste differenzierende Variable für dieses Einstellungsmuster der Schulabschluß der Eltern ist. Je höher dieser ist, gemessen als Hauptschule, Realschule, Abitur und Hochschule, um so wahrscheinlicher ist es, daß Kinder bei Eltern mit postmateriellen Orientierungen aufwachsen. Alle anderen zusätzlich berücksichtigten Faktoren haben in dieser multivariaten Analyse eine viel geringere Bedeutung. Auch dieses Ergebnis überrascht nicht besonders, weil es so von INGLEHART selbst und anderen immer wieder nachgewiesen wurde. Daher ist zunächst nur festzuhalten, daß ein Teil der diskutierten Individualisierungstendenzen in unserer Gesellschaft eben auch Ergebnis der zunehmenden Investitionen der Eltern und der Gesellschaft in die individuelle Entwicklung der einzelnen ist und in dem Umfang, in dem Individuen dann entsprechend zunehmend über höhere Bildungsabschlüsse verfügen, sie auch zunehmend individualistische Lebensvorstellungen und -entwürfe entwickeln.

Dieser Zusammenhang gilt in gleicher Weise für West wie Ost und muß als eine notwendige Konsequenz zusätzlicher Investitionen der jetzigen Großelterngeneration in die jetzige Elterngeneration interpretiert und als deren kulturelles Kapital auch so akzeptiert werden. Denn es kann kein Zweifel bestehen, daß diese Investitionen in das kulturelle Kapital der jetzigen Elterngeneration eine notwendige Voraussetzung für die ökonomische Entwicklung, das heißt die Kumulation des ökonomischen Kapitals in unserer Gesellschaft in den letzten 20 bis 25 Jahren gewesen ist. In diesem Zusammenhang verdient hervorgehoben zu werden, daß die Frage der Berufstätigkeit der Mütter in West und Ost von untergeordneter Bedeutung ist. Berufstätige Mütter und nicht berufstätige Mütter unterscheiden sich weniger bei diesen Einstellungsmustern als Mütter mit Umschulung und geringerem Schulabschluß von denen mit qualifizierterem Schulabschluß. Die Bedeutung des Schulabschlusses für individualistische Wertorientierungen zeigt sich auch bei den Erziehungsorientierungen. Hier lassen sich die Forschungsarbeiten von Melvin KOHN[22] exakt replizieren, der seit etwa 25 Jahren national wie international, in Westeuropa und Nordamerika ebenso wie in Japan, Polen und der früheren UdSSR, nachweist, daß Erwachsene, also auch Eltern, die über eine qualifizierte Bildung verfügen und einen qualifizierten Beruf ausüben, hinsichtlich ihrer Erziehungsziele viel individualistischer orientiert sind als Personen ohne eine solche qualifizierte Schulbildung und entsprechend qualifizierte Berufsposition. Eltern erziehen ihre Kinder eher zu individualistischen Orientierungen, wenn sie selbst qualifizierte Bildungsabschlüsse haben.

Die sogenannten Sekundärtugenden, wie Gehorsam, Pflicht, Leistung und gute Schulnoten, werden in West- und in Ostdeutschland von jenen Eltern als weniger wichtig eingestuft, die selbst eine gute Schulbildung haben.

Die Ablehnung der Wertmuster wie Gehorsam, gute Schulnoten und Anpassungsbereitschaft ist wesentlich Ergebnis der Bildung der Eltern. Die Tendenzen zur Ablehnung solcher Wertmuster sind bei den Eltern in den alten Bundesländern viel deutlicher ausgeprägt, das heißt die Eltern sind im gesellschaftlichen Modernisierungsprozeß hier möglicherweise weiter fortgeschritten als jene in den neuen Bundesländern. Es wird in Zeitvergleichen zu prüfen sein, ob sich hier in den letzten Jahren zwischen West und Ost Angleichungstendenzen abzeichnen.

Wie auch immer die Unterschiede zwischen West und Ost hier interpretiert werden, kann kein Zweifel daran bestehen, daß Investitionen in kulturelles Kapital, das heißt in die Bildung der Kinder, mit einer zunehmenden Ablehnung von Sekundärtugenden einhergehen. Die Diskussionen um den autoritären Charakter[23], wie sie in den 50er und 60er Jahren in der alten Bundesrepublik geführt wurden, und die Forschungsergebnisse von Melvin KOHN über den Zusammenhang von Bildung, beruflicher Differenzierung, Schichtung und Sekundärtugenden lassen den Wandel, wie er sich hier doch deutlich ausdrückt, nur positiv interpretieren. Die meisten familiensoziologischen und familienpsychologischen Studien der 30er, 40er und 50er Jahre dieses Jahrhunderts haben die autoritären Strukturen der deutschen bürgerlichen Familie als eine der zentralen Ursachen autoritärer Charakterstrukturen in Deutschland interpretiert. Max HORKHEIMER[24], aber auch Erich FROMM[25] haben ebenso wie spätere Autoren immer in der väterlichen Autorität Ausdruck gesellschaftlicher Autoritätsstrukturen gesehen, so daß das Kind durch seine Unterwerfung unter die väterliche Autorität gleichzeitig jene institutionellen Autoritäten anzuerkennen lernte, die später auf der Basis von Pflichterfüllung und Gewissen Anerkennung und Unterordnung erwarteten.

Die hier vorgelegten Daten zeigen zunächst, daß in der westdeutschen Gesellschaft der Gegenwart, aber auch in der ostdeutschen Gesellschaft bis etwa 1991 Werte und Einstellungsmuster, die traditionellerweise mit der väterlichen Autorität verbunden waren, heute von den Eltern weniger wichtig eingestuft werden. Als entscheidender Faktor für das Verschwinden dieser Einstellungsmuster ist die zunehmende Bildung der nachwachsenden Elterngeneration anzusehen.

Während HORKHEIMER oder FROMM davon ausgingen, daß das Verschwinden solcher autoritären Einstellungen auch zum Verschwinden bürgerlicher Familienstrukturen führen müsse, zeigen unsere Daten, ähnlich wie René KÖNIG[26] argumentiert hat, daß solche Einstellungsmuster in einer Gesellschaft verschwinden können, ohne daß damit die klassische bürgerliche Familie auch verlorengeht. Möglicherweise zeigen solche Veränderungen eher an, daß Eltern heute von ihren Kindern nicht mehr erwarten, sich der elterlichen, das heißt der väterlichen Autorität so ohne weiteres zu unterwerfen, sondern mehr die Förderung der eigenständigen Persönlichkeit des Kindes betonen.

Für diese These spricht, daß Eltern mit höherer Schulbildung zwar auf der einen Seite dazu tendieren, jene klassischen Autoritätswerte gering zu achten, sie aber andererseits individualistische Wertorientierungen für ihre Kinder als außerordentlich wichtig einstufen. Mit einer Ausnahme bei den Eltern der alten Bundesländer mit Hauptschulabschluß zeigt sich eine für die neuen und alten Bundesländern völlig parallel verlaufende Kurve. Insbesondere Eltern mit Abitur zeigen in West und in Ost auch hinsichtlich ihrer Kinder eine deutliche Neigung zu individualistischen Wertorientierungen als Erziehungszielen für ihre Kinder. Wenn Eltern für sich selbst postmaterielle Werte, das heißt Selbstverwirklichung und persönliche Freiheit, als wichtig einstufen, artikulieren sie solche Erziehungswerte auch für ihre Kinder.

Diese stark positive Korrelation zwischen Schulbildung und individualistischen Werten kann für eine Gesellschaft nur dann als problematisch angesehen werden und zur Forderung führen, wiederum jene traditionellen Sekundärtugenden zu betonen, wenn man sich nicht genauer mit jenen Werten auseinandersetzt, die sich hinter dem Begriff des Individualismus verbergen. Die empirische Skala Individualismus dieser Studie umfaßt Werte und Einstellungsmuster, die einerseits die Selbständigkeit des Kindes betonen, aber gleichzeitig die Verantwortlichkeit des einzelnen für andere einschließen. Solange nur ganz undifferenziert von individualistischen Werten gesprochen wird, ohne die schon von Emile DURKHEIM eingeführte Differenzierung zwischen utilitaristischem Individualismus und kooperativem Individualismus[27] zur Grundlage der Analysen zu machen, solange werden die Investitionen der Großelterngeneration in das kulturelle Kapital der jetzigen Elterngeneration kaum angemessen berücksichtigt werden können. Die Investitionen der Großeltern in die jetzige Elterngeneration und die heute von der jetzigen Elterngeneration vertretenen individualistischen Wertmuster umfassen nicht nur die eigene persönliche Freiheit mit dem Wunsch nach Selbstverwirklichung, sondern betonen für die Erziehung der Kinder neben der kindlichen Selbständigkeit auch deren Fähigkeit, mit anderen zu kooperieren, Verantwortung für andere zu übernehmen, aber auch Kritik an sich selbst ertragen zu können. Kritikfähigkeit, Verantwortlichkeit für andere und Selbständigkeit des Individuums sind zwar im hohen Maße individualisierte Wertmuster, entsprechen aber genau jener Konzeption des kooperativen Individualismus, die DURKHEIM als ein zentrales Element moderner Gesellschaften ansah. Nach DURKHEIMs Auffassung können in hoch differenzierten industriellen Gesellschaften nicht mehr die Anpassung an Vorgegebenheiten, etwa elterlichen oder staatlichen Autoritäten, die Grundlagen des Handelns des Individuums sein. Vielmehr können Individuen notwendigerweise nur noch dann mit anderen in einer differenzierten Gesellschaft zusammenarbeiten, wenn sie dies aus eigener intellektueller Einsicht auch für sinnvoll und richtig erachten. Diese Selbständigkeit dient nicht dazu, sich selbst zu verwirklichen, sondern führt dazu, unabhängig von Autoritäten und gemeinsam mit anderen zu kooperieren und auch bereit zu sein, für andere Verantwortung zu übernehmen, aber auch bereit zu sein, Kritik von anderen hinzunehmen.

Dieser kooperative Individualismus von DURKHEIM ist deutlich von jenem utilitaristischen Individualismus, der den Eigennutz betont, zu unterscheiden. Er findet sich als Erziehungsleitbild besonders ausgeprägt bei jenen Eltern mit einem besonders hohen Bildungsabschluß. Die drei hier nachgewiesenen Ergebnisse führen nun zu einem ganz anderen Interpretationsmuster der Konsequenzen von Individualisierungsprozessen in modernen Gesellschaften, nämlich auf der einen Seite ein klarer Zusammenhang zwischen Schulbildung in alten und neuen Bundesländern und zunehmendem Postmaterialismus, der Zusammenhang zwischen zunehmender Schulbildung und abnehmender Forderung der Eltern nach Sekundärtugenden, wie Gehorsam, Pflicht und Leistung, sowie die zunehmend positive Einschätzung der Eltern von kindlicher Selbständigkeit, verbunden mit Verantwortlichkeit für andere und Kritikfähigkeit.

Wenn diese Ergebnisse valide sind, wofür die großen Fallzahlen von 22 000 Kindern und etwa 12 000 Eltern sprechen, und sie sich auch in zukünftigen Studien bestätigen, haben die Investitionen der heutigen Großelterngeneration in das kulturelle Kapital der heutigen Elterngeneration dazu geführt, daß die heutige Elterngeneration, insbesondere bei einem hohen Maß an individuellen Entwicklungsmöglichkeiten in der Schule, individualistische Lebensorientierungen entwickelt hat. Diese individualistischen Lebensorientierungen in West und Ost können aber nicht ohne weiteres als Ausdruck einer auf das eigene Lebensglück fixierten, nutzenorientierten Elterngeneration interpretiert werden. Vielmehr lassen sie sich als Ausdruck von individualisierten Erziehungsvorstellungen werten, die in hochdifferenzierten Gesellschaften notwendig sind, weil einfache Orientierungen an gesellschaftlichen Vorgegebenheiten aufgrund der gesellschaftlichen Differenzierungsprozesse zunehmend in Frage gestellt sind.

Die insbesondere von Eltern mit höherer Schulbildung vertretene Konzeption eines kooperativen Individualismus findet aber möglicherweise in jenen Institutionen, wie Kindergarten, Hort und Schule, die ETZIONI und andere so kritisch betrachten, noch nicht jene Beachtung, die notwendig ist, um die Entwicklungstendenzen innerhalb der Familie auch in diesen Institutionen so zu verstärken, daß diese Kindergeneration später als Erwachsene über stabile Orientierungsmuster eines kooperativen Individualismus verfügen, um in der Gesellschaft verantwortlich zu handeln. Der beobachtbare Wertwandel innerhalb der Familie mit dem weitgehenden Verblassen des Ideals des bürgerlich-autoritären Vaters, der die Unterwerfung der Kinder unter Pflicht und Gehorsam erwartet, und dem zunehmenden Aufkommen liberaler Erziehungsvorstellungen, die sich am kooperativen Individualismus orientieren, bietet die Chance, in den Institutionen des Bildungssystems, aber auch in anderen Bereichen von Wirtschaft und Gesellschaft diese Entwicklungstendenzen der bürgerlichen Familie zu verstärken, um bei zukünftigen Generationen Werte und Einstellungsmuster zu stabilisieren, die für hoch differenzierte Gesellschaften erforderlich sind.

Es scheint aber fraglich, ob die Schulsysteme in den Bundesländern tatsächlich Bildung und Ausbildung so strukturieren, daß solche Einstellungsmuster verstärkt werden oder ob nicht gerade die Institutionen des Bildungssystems so organisiert sind, daß sie Formen eines kooperativen Individualismus geradezu verhindern. Ich kann dies nur für das Universitätssystem, soweit ich es kenne, beurteilen. Das Universitätssystem ist in seinen Bildungszielen und der Organisation seiner Ausbildung einzig darauf angelegt, die individuelle Einzelleistung des Studenten zu erfassen. Alle Formen von Kooperation und gemeinschaftlichem Arbeiten finden in dem universitären Bewertungssystem nicht die geringste Berücksichtigung. Die Universität ist jedenfalls auf einen utilitaristischen Individualismus ausgerichtet, das heißt auf die Maximierung individueller, der Einzelperson zurechenbarer Leistung. Möglicherweise liegt der Konflikt nicht, wie die Kommunitarier in den Vereinigten Staaten und der Bundesrepublik meinen, in einer problematischen Individualisierung familiärer Erziehung, sondern mehr darin, daß es bis heute weder in der Bundesrepublik noch in anderen Staaten gelungen ist, im Bildungssystem von einem einseitig utilitaristischen Individualismus zu einer eher kooperativ-individualistischen Erziehung zu gelangen.

5. Beziehung der Eltern zu ihren Kindern

Oben wurde schon gezeigt, daß Eltern relativ unabhängig vom Ausmaß ihrer Integration in das Erwerbsleben viel Zeit für die Familie aufwenden. Das sagt allerdings noch nichts darüber aus, ob sie die Zeit, die sie insgesamt für Haushalt und Familie aufwenden, auch tatsächlich mit den Kindern gemeinsam verbringen. Wenn sich die gemeinsame Zeit von Eltern und Kindern auch nur schwer im Rahmen einer Befragung erfassen läßt, kann man zumindest prüfen, ob bestimmte typische familienbezogene Aktivitäten überwiegend mit den Kindern oder mit anderen Personen verbracht werden. Bei einem netzwerktheoretischen Zugang kann man Eltern und Kinder befragen, mit wem sie ihre Freizeit verbringen, mit wem sie gemeinsam Mahlzeiten einnehmen, mit wem sie enge persönliche Beziehungen haben und mit wem sie intime persönliche Dinge besprechen.

Um hier normativen Wertungen entgegenzuwirken, die möglicherweise bei solchen Fragen primär die eigenen Eltern, die eigenen Kinder und die eigenen Verwandten benennen, kann man die Befragten zunächst bitten, eine Liste der Namen von Personen aufzuschreiben, mit denen man in Kontakt steht; im zweiten Schritt wird erfragt, was man mit jeder dieser Personen im einzelnen tut; erst im dritten Schritt wird geklärt, in welcher persönlichen Beziehung man zu diesen genannten Personen steht. So wird vermieden, daß bestimmte normative Vorstellungen über das, was man mit jemandem zu tun hat, die Antwort auf die einzelnen Fragen mitfärbt. Dadurch erhält man ein differenziertes Beziehungsmuster der befragten Personen mit durchschnittlich 12 bis 15 Personen, die den Befragten bei einer solchen Fragestellung spontan einfallen.

Bei allen abgefragten Aktivitäten werden nach den Partnern immer die

Kinder genannt, bei manchen Aktivitäten sogar vor den Partnern. Kinder spielen in familienbezogenen Aktivitäten, wie Freizeit, Mahlzeiten, persönliches Besprechen und enge persönliche Gefühle eine außerordentlich bedeutungsvolle Rolle. Dabei gibt es kaum Unterschiede zwischen Ost und West, vielmehr verlaufen die eindeutig altersabhängigen Beziehungsmuster zwischen Eltern und Kindern in West- und Ostdeutschland weitgehend parallel (vgl. Graphik Beziehungen Eltern-Kinder).

Beziehungen Eltern-Kinder nach Ost und West

Alter		Freizeit	Gespräche	Mahlzeit	Gefühl
0-5	W	89	7	91	72
	O	95	14	88	77
6-14	W	58	22	82	72
	O	74	34	84	59
15-18	W	33	34	68	76
	O	42	44	63	75
über 18	W	25	40	60	76
	O	25	51	46	74
empty nest	W	22	32	12	86
	O	20	42	9	83

Wenn es um gemeinsame Freizeit geht, werden hauptsächlich die Kinder genannt, wenn sie bis zu fünf Jahren alt sind, und zwar zu fast 100. Nicht die Freunde oder die Eltern, Geschwister oder Verwandten, nicht einmal die Ehepartner bekommen in den ersten Lebensjahren eines Kindes so hohe Nennungen wie diese. Kinder beherrschen in den ersten fünf Lebensjahren ganz eindeutig das Leben und die Freizeit der Befragten. Diese Nennungen sinken mit zunehmendem Alter der Kinder, um bei den 18jährigen bzw. denjenigen, die nicht mehr im Elternhaus leben, auf 20 – 25% gemeinsame Freizeit zu sinken. Das Muster, daß das Lebensalter der Kinder die gemeinsame Freizeit mit den Eltern bestimmt, spricht dafür, daß Eltern und Kinder in West wie in Ost entsprechend der kindlichen Entwicklung miteinander ihre Freizeit verbringen und die Kinder sich mit zunehmendem Alter aus dem Elternhaus nach außen orientieren.

Dabei setzt dieser Lösungsprozeß bei den Eltern in den alten Bundesländern früher und deutlicher ein als in den neuen Bundesländern. Daran wird auch deutlich, daß selbst die voll berufstätigen Eltern in den neuen Bundesländern die Zeit, die sie im Beruf verbringen, in der ihnen verbleibenden Freizeit mit den Kindern mehr als kompensieren. Die zurückgehende gemeinsame Freizeit zwischen Eltern und Kindern bedeutet aber nicht, daß mit zunehmendem Alter der Kinder die Bindungen zwischen Eltern und Kindern verlorengehen, vielmehr bekommen die Kinder eine immer größere Bedeutung für die Eltern auch für intime und persönliche Gespräche. Bei den über 18jährigen nennen in West wie Ost 40 bzw. 51 der befragten Eltern die Kinder als Partner, mit denen sie auch Persönliches besprechen. Auch das zeigt, daß der kindliche Reifungs- und Entwicklungsprozeß die Eltern-Kind-Beziehungen nachhaltig beeinflußt.

Angesichts dieser sehr klaren Struktur verwundert es nicht, daß es auch bei den gemeinsamen Mahlzeiten einen altersabhängigen, allerdings nicht so deutlich ausgeprägten Effekt gibt. Die gemeinsamen Mahlzeiten haben solange eine große Bedeutung für Eltern und Kinder, solange die Kinder im Elternhaus leben. Der Bruch vollzieht sich hier mit dem Auszug der Kinder aus dem Elternhaus, und die gemeinsamen Mahlzeiten gehen in der „Empty-nest-Phase" auf 12 bis 9 zurück. Aber auch das bedeutet nicht, daß die Beziehungen der Eltern zu ihren Kinder in gleicher Weise zurückgehen. Vielmehr bleiben die engen emotionalen Gefühle, die Eltern zu ihren Kindern in der frühen Kindheit aufgebaut haben, zumindest aus der Sicht der Eltern lebenslang bestehen.

Im Gegensatz zu der Auffassung jener Kritiker eines individualisierten Zeitalters bedeuten individualisierte Werte und Einstellungsmuster und eine zunehmend außerhäusliche Erwerbstätigkeit von Müttern nicht notwendigerweise, daß die Beziehungen zu den Kindern zur Disposition stehen und sich die Eltern aus dem Beziehungsgefüge zu den Kindern herausziehen. Wir haben keine Daten aus früheren Zeiten, um im Vergleich zu sehen, ob und wie Eltern in früheren Jahrzehnten mit ihren Kindern die Freizeit verbrachten, Persönliches besprachen, gemeinsam aßen und in enger persönlicher Beziehung standen. Für die Eltern heute ist zu konstatieren, daß sie, in Abhängigkeit vom Lebensalter ihrer Kinder, das heißt die individuelle Entwicklung der Kinder berücksichtigend, ihre freie Zeit mit ihnen verbringen, mit ihnen Persönliches besprechen und mit ihnen gemeinsam essen. Persönliche enge Gefühle zu den Kindern sind unabhängig vom Alter der Kinder und auch unabhängig davon, ob die Kinder mit den Eltern zusammen wohnen. Aus der Wahrnehmung der Eltern scheinen dies jedenfalls lebenslang stabile Beziehungen zu sein.

Spekulativ könnte man sogar formulieren, daß möglicherweise erst die Individualisierungsprozesse es ermöglicht haben, daß solche engen Gefühle zwischen Eltern und Kindern ein Leben lang bestehen. Denn wer die Beschreibung von ADORNO und HORKHEIMER über den autoritären Charakter und die autoritäre Familie reflektiert, kennt den Lösungskonflikt zwischen Vätern und Söhnen bzw. Müttern und Töchtern als wesentliches Element der autoritären Familie, der in der Regel mit tiefgreifenden persönlichen Frustrationen auf beiden Seiten verbunden war. Möglicherweise bedeutet die stärkere Berücksichtigung der Entwicklung der kindlichen Persönlichkeit auch die Chance, solche Verwerfungen und Konflikte zwischen Eltern und Kindern zunehmend zu vermeiden. Dazu kann man gegenwärtig nicht viel sagen, weil die Daten im historischen Vergleich fehlen. Aber diese Interpretation fügt sich gut in die meisten Ergebnisse von Jugendstudien ein. Beispielsweise haben die Shell-Jugendstudie[28] und die Untersuchung von ALLERBECK und HOAG[29] übereinstimmend nachgewiesen, daß Jugendliche und junge Erwachsene heute das Verhältnis zu den eigenen Eltern im Durchschnitt positiver bewerten als Jugendliche und junge Erwachsene in den 50er und 60er Jahren. Wenn aber Individualisierungsprozesse innerhalb der Familie nicht notwendigerweise bedeuten, daß sich die Eltern weniger um ihre Kinder kümmern, sondern offenkundig zunehmend bereit sind, die individuellen Entwicklungsmöglichkeiten der Kinder zum Maßstab des eigenen erzieherischen Handelns zu nehmen, dann lassen sich diese Ergebnisse der Jugendforschung relativ konsistent im Rahmen der hier vorgetragenen Ergebnisse interpretieren.

Individualisierung bedeutet also nicht Selbstverwirklichung um jeden Preis. Hier bedeutet Individualisierung vielmehr, daß Eltern, die sich für Kinder entschieden haben, die Verantwortung gegenüber ihren Kindern ernst nehmen und versuchen, die unterschiedlichen Anforderungen und Ansprüche der eigenen persönlichen Entwicklung, der beruflichen Belange, der Entwicklung des Partners und der Entwicklung der Kinder mitzureflektieren und miteinander zu vereinbaren. Eine solche Form des Individualismus, die wechselseitige Bedürfnisse aller Beteiligten mitreflektiert und hier als eine Form des kooperativen Individualismus gekennzeichnet wurde, ist mehr als eine traditionale Konzeption von Ehe und Familie mit dem Risiko des Scheiterns behaftet. Solche Aushandlungsprozesse, die unterschiedliche, teilweise höchst widersprüchliche Anforderungen zeitlicher, emotionaler oder persönlicher Art miteinander in Beziehung setzen müssen, führen notwendigerweise zu einer höheren auch persönlichen Herausforderung an die Interaktionskompetenz der Individuen. Aushandlungsprozesse, die sich nicht notwendigerweise an traditionellen Vorgegebenheiten orientieren können, sondern an die Persönlichkeiten der Interaktionspartner gebunden sind, implizieren immer auch das Risiko des Scheiterns.

Dennoch scheinen die Beziehungsmuster zwischen allen Beteiligten so stabil zu sein, daß die Zahl derjenigen, die in dieser Komplexität scheitern, in Relation zu denjenigen, die zumindestens bis zum 18. Lebensjahr ihrer Kinder diese Interaktionsprozesse entwickeln und steuern können, eine deutliche Minderheit ist. Sowohl auf der Basis der Daten des Mikrozensus wie der Daten des Familiensurveys[30] wachsen heute mehr als 80 der Kinder bis zum 18. Lebensjahr bei beiden leiblichen Eltern auf. Daher muß man davon ausgehen, daß innerhalb der Familienbeziehungen offenkundig ein so hohes Maß an Eigenlogik und positiver Verstärkung besteht, daß alle Beteiligten in der Lage sind, diese Prozesse über einen so langen Zeitraum individuell zu steuern.

Damit wird die hier vertretene These gestärkt, daß Individualisierungsprozesse nicht notwendigerweise aufgrund einer rigorosen Selbstverwirklichungs-Ideologie der Erwachsenen zu einer Vernachlässigung der Bedürfnisse der Kinder, zur Vernichtung des kulturellen Kapitals in unserer Gesellschaft und zu egozentrischen Beziehungsmustern führen, sondern eher individuelle Aushandlungsprozesse an die Stelle gesellschaftlicher Vorgegebenheiten treten. Diese These ist ganz im Sinne von René KÖNIG als Argument zu werten, daß möglicherweise auf Dauer gerade in diesen Individualisierungsprozessen eine wesentliche Voraussetzung für die Stabilität von Eltern-Kind-Beziehungen und Ehepartner-Beziehungen zu suchen ist. Ebenso wie Individualisierung der Eheschließung mit der Möglichkeit der Individuen, unabhängig von den ökonomischen und ständischen Vorgegebenheiten einer Gesellschaft sich individuell für einen Partner zu entscheiden, individuell die Voraussetzung für eine stabile, dauerhafte Beziehung schuf, bedeuten Individualisierungsprozesse in bezug auf die Eltern-Kind-Beziehungen möglicherweise ganz ähnlich die Chance der Eltern, das heißt die Möglichkeiten der Mutter und die Möglichkeiten des Vaters, entsprechend ihrer eigenen Lebensentwürfe und Lebensvorstellungen ihre spezifischen Bedürfnisse und die des Kindes so miteinander zu verknüpfen, daß sich für eine relativ lange Zeit dauerhafte und stabile wechselseitige Beziehungen entwickeln können. So interpretiere ich in Anlehnung an René KÖNIG Individualisierungsprozesse auf der einen Seite als Befreiung des Individuums aus traditionalen Vorgegebenheiten autoritärer Gesellschaften, die dem einzelnen individuelle Freiheitsspielräume nicht zutrauten, gleichzeitig aber auch als wesentliche Bedingung, um in einer individualisierten Gesellschaft diese Freiheit verantwortlich in bezug auf den Ehepartner wie die eigenen Kinder zu nutzen.

Literaturverzeichnis

Adorno, T. W. (1973). Studien zum autoritären Charakter. Frankfurt/M.

Allerbeck, K., & Hoag, W. (1985). Jugend ohne Zukunft? Einstellungen, Umwelt, Lebensperspektiven. München, Zürich.

Baum, M., & Westerkamp, A. (1931). Rhythmus des Familienlebens. Das von einer Familie täglich zu leistende Arbeitspensum. Berlin.

Bellah, R. N., Madsen, R., Sullivan, W. M., Swidler, A., & Tipton, S. M. (1985). Habits of the Heart: Individualism and Commitment in American Life. Berkeley.

Berger, P., & Luckmann, T. (1995). Modernität, Pluralismus und Sinnkrise. „Welcher Grundbedarf an Orientierung ist für den Menschen zu befriedigen?" Gutachten für die Bertelsmann-Stiftung, unveröffentlichtes Manuskript, Bielefeld.

Bertram, H. (Hg.) (1991). Die Familie in Westdeutschland. Stabilität und Wandel familialer Lebensformen. DJI Familien-Survey 1. Opladen.

Bertram, H. (Hg.) (1992). Die Familie in den neuen Bundesländern. Stabilität und Wandel in der gesellschaftlichen Umbruchsituation. DJI Familien-Survey 2. Opladen.

Bertram, H.(1995) (a). Methodische Informationen zu den Datensätzen. In: Bertram, H. (Hg.): Das Individuum und seine Familie. Lebensformen, Familienbeziehungen und Lebensereignisse im Erwachsenenalter. Opladen I. Vorb.

Bertram, H. (1995) (b). Die Sicherheit privater Beziehungen. In: Bertram, H. (Hg.) Das Individuum und seine Familie. Lebensformen, Familienbeziehungen und Lebensereignisse im Erwachsenenalter. Opladen.

Bertram, H. & Hennig, M. (1995). Eltern und Kinder. Zeit, Werte und Beziehungen zu Kindern. In: Nauck, B. , Bertram H. (Hg): Kinder in Deutschland. Opladen.

Bundesamt, Statistisches (1992). Statistisches Jahrbuch 1992. Wiesbaden.

Bundesamt, Statistisches (1994). Datenreport 1994. Zahlen und Fakten über die Bundesrepublik Deutschland. München.

Bundesministerium für Jugend, Frauen, Familie und Gesundheit (1990) (Hg). Achter Jugendbericht. Bericht über Bestrebungen und Leistungen der Jugendhilfe. Bonn.

Coleman, J. S. (1990). Foundations of Social Theory. Cambridge.

Durkheim, E. (1984). Erziehung, Moral und Gesellschaft. Frankfurt/M.

Elschenbroich, D. (1994). Territorialer Egoismus-allein zu Haus. Das Kind in der amerikanischen Familie. Frankfurter Allgemeine Zeitung v. 25.11.1994.

Etzioni, A. (1993). The Spirit of Community. New York.

Fromm, E. (1936). Sozialpsychologischer Teil, In: Horkheimer, M. (Hg.): Studien über Autorität und Familie. Schriften des Instituts für Sozialforschung Bd. 5.

Horkheimer, M. (1936). Autorität und Familie. Paris.

Inglehart, R. (1977). The Silent Revolution: Changing Values and Political Styles among Western Publics. Princeton.

Inglehart, R. (1990). Culture Shift in Advanced Industrial Society. Princeton.
Kohn, M. L.,& Schoenbach, C. (1993). Social Stratification, Parents' Values and Children's Values. In: D. Krebs & P. Schmidt (Eds.), New Directions in Attitude Measurement. New York. Berlin: Walter de Gruyter.

König, R. (1974) (a). Der deutsche Vater im Jahre 1955, In: König, R., Materialien zur Soziologie der Familie. Köln.

König, R. (1974) (b). Die Familie der Gegenwart. Ein interkultureller Vergleich. München.

Lübbe, H. (1990). Der Lebenssinn der Industriegesellschaft. Über die moralische Verfassung der wissenschaftlichtechnischen Zivilisation. Berlin: S. 133 ff.

Miegel, M., & Wahl, St. (1994). Das Ende des Individualismus. Die Kultur des Westens zerstört sich selbst. München.

Parsons, T. & Bales, R. F. (1955). Family, Socialization and Interaction Process. Glenoce Ill.

Putman, R.D. (1994). Bowling Alone: America-Declining Social Capital, Journal of Democracy Volume 6 No.1.

Schwarz, K. (1994). unveröffentlichtes Manuskript. Wiesbaden.

Zinnecker, J. (1990). Kindheit, Jugend und soziokultureller Wandel in der Bundesrepublik Deutschland – Forschungsstand und begründete Annahme über die Zukunft von Kindheit.

[1] BMJFFG: Achter Jugendbericht 1990
[2] J. Coleman 1990
[3] M. Miegel und S. Wahl 1994
[4] A. Etzioni 1993
[5] P. Berger und T. Luckmann 1995
[6] Putman 1994
[7] M. Miegel und S. Wahl 1994
[8] D. Elschenbroich 1994.
[9] R. Inglehart. 1977
[10] H. Lübbe 1990, S. 156
[11] P. Berger und T. Luckmann 1995
[12] R. König 1974 (b)
[13] H. Bertram 1991
[14] H. Bertram 1992

[15] Statistisches Jahrbuch 1992
[16] Statistisches Bundesamt 1994
[17] M. Baum & A. Westerkamp 1931
[18] R. Inglehart 1990
[19] M. Miegel und S. Wahl 1994
[20] A. Etzioni 1993
[21] R.N. Bellah u.a. 1985
[22] M. Kohn & C. Schoenbach 1993
[23] T. Adorno u.a. 1973
[24] M. Horkheimer 1936
[25] E. Fromm 1936
[26] R. König 1974 (a)
[27] E. Durkheim 1984
[28] J. Zinnecker 1990.
[29] K. Allerbeck und W. Hoag 1985
[30] K. Schwarz 1994, H. Bertram & M. Henning 1995

Donnerstag, 28. März 1996

Deutschland – Ein Land für Kinder?

Richard Münchmeier

Kindheit im Wandel *Neue Herausforderungen und Angebotsentwicklung*

Über neue Herausforderungen und Angebotsentwicklungen nachzudenken bedeutet viel weniger, als die Gabe der Invention mitzumachen, in dem alljährlich stattfindenden Zirkus immer wieder etwas ganz Neues herauszufinden, von ganz neuen Kindern und ganz neuen Bedürfnissen zu reden. Neue Herausforderungen in den Blick zu nehmen heißt, zunächst einmal den Blick zu schärfen für nichts anderes als für die Lebensrealität von Kindern heute. Der Blick auf die Lebensrealität der Kinder wird verstellt durch Bilder von Kindheit, die vor gut 200/250 Jahren entstanden sind und unseren Blick noch heute anleiten. Gestatten Sie deshalb, daß ich zunächst ein bißchen von diesen Kindheitsbildern spreche.

1. Kapitel: „Wo die wilden Kerle wohnen" oder „Ey, Pippi Langstrumpf"!

Dieter Richter hat in seinem sehr schönen, wie ich finde sehr lesenswerten, Buch über „Das fremde Kind" herausgearbeitet, daß etwa im beginnenden 18. Jahrhundert der Blick der Menschen sich für die Eigenart von Kindern geöffnet hat. Man wurde gewahr, daß Kinder anders sind als Erwachsene, daß sie anders leben, daß sie anders denken, anders empfinden, daß sie etwas besonderes sind, getrennt und unterschieden von den Erwachsenen. Mit dem Titel seines Buches „Das fremde Kind" hat Dieter Richter versucht, diesen Prozeß nachzuzeichnen. Die wachsende Fremdheit, die in der Entdeckung des Andersartigseins von Kindern beginnt, solle nun Deutungen, ich sage Bilder, von Kindheit überbrücken. Sie haben die Aufgabe, wieder vertraut zu machen, wieder verständlich zu machen, was zunächst einmal auf die Erfahrung von Fremdheit stößt. Es sind vor allem zwei Pole, zwischen denen diese Kindheitsbilder schwanken. Der eine Pol ist sehr schön eingefangen durch den Buchtitel von Maurice Sendak „Wo die wilden Kerle wohnen". Kinder erschienen plötzlich als Wilde „(...) wild, so wild wie die Wilden in Afrika, wie die Wilden in Südamerika (...)".

Wildes, Nichtzivilisiertes, Unzivilisiertes brach in die wohlgeordnete Welt des aufsteigenden Bürgertums im 18. Jahrhundert zunächst einmal von außen her ein. Vielleicht erinnern auch Sie sich noch an die Kinderbücher um die Jahrhundertwende, wo es diese Bilder von Hottentotten und andern Wilden in ihrer ganzen faszinierenden Andersartigkeit zu betrachten gab. Kinder waren nun plötzlich so etwas wie Wilde im eigenen Land, ja in der nächsten Umgebung. Sie glichen jenen Wilden darin, daß sie wie diese wenig zivilisiert waren. Sie beherrschten nicht nur die Tischmanieren nicht, sie beherrschten auch ihre Affekte nicht. Sie waren jähzornig, sie tobten, sie warfen Teller auf den Fußboden, sie waren schlampig, sie schrieen. Sie waren, wie man so schön sagte, undiszipliniert. Erziehung, frech formuliert Disziplinierung, hat den Zweck Wildes in Zivilisiertes zu verwandeln. Die Anfänge der Kindheitspädagogik finden wir deshalb im 18. Jahrhundert. Sie geben bis heute Kindheitsbilder, die unser Denken und Tun bestimmen, also Praxis im Bereich von Kindheit anleiten. Kindererziehung – heute reden wir ganz anders und sprechen von Sozialisation, von emanzipatorischer Sozialisation oder ähnlichem – aber immer noch folgen wir dem gleichen Zweck, nämlich aus Kindern, die zunächst einmal nicht gelernt haben, den Anforderungen der Erwachsenenwelt zu genügen, jene Erwachsene zu machen, sogar solche, die sich freiwillig disziplinieren. Auch in der Abwesenheit des Erziehers soll das Kind gelernt haben, durch Selbstdisziplin jenes Verhalten an den Tag zu legen, das die moderne Welt erwartet. Wenn wir den Struwwelpeter aufschlagen, diese entsetzliche Geschichte vom Schneider mit der Schere lesen, dann heißt das „(...) sprach die Frau Mama ich geh fort und du bleibst da, aber hör, lutsche nicht am Daumen mehr(...)". Ich geh fort und du bleibst da, das ist die Situation des Erwachsenwerdens. Da muß sich bewähren, ob aus Wilden zivilisierte Leute geworden sind, die auch in Abwesenheit des Erziehers, in Abwesenheit des Fremdzwangs, die schöne Tugend der Selbstbeherrschung gelernt haben. Kindheitsbilder dieser Art leiten allemal erzieherisches Handeln, pflegerisches Handeln, fürsorgerisches Handeln im Kindheitsbereich, ja sogar noch im Jugendbereich, an.

Das andere, damit komplementäre Kindheitsbild ist ganz anderer Natur und es entsteht zur gleichen Zeit: Ey, Pippi Langstrumpf.
Kindheit als der unverdorbene Mensch. Kindheit, weil gerade noch nicht korrumpiert durch die Konventionen der Erwachsenenwelt ist kreativer, wahrhaftiger, kritischer, authentischer. Denken Sie an Figuren wie Pippi Langstrumpf, wie Momo und was wir alles aufzählen könnten, Kinder mit dem unverstellten Blick sagen wie das Kind in dem Märchen von „Des Kaisers neue Kleider" die Wahrheit. Sie entlarven die merkwürdigen Rituale unserer Gesellschaft. Sie sind die besseren Erwachsenen, weil sie

unverdorbener sind, kreativer und offener. Dieses Kindheitsbild legt eine andere Praxis nahe, eine andere Pädagogik. Es leitet dazu an, auf die Eigenkompetenz von Kindern zu vertrauen und vorsichtig mit dem zivilisatorischen Gift der Erziehung zu sein, wie Norbert Elias das einmal formuliert hat. Kinder selber wachsen lassen, ihnen ihr Eigenrecht nicht austreiben, vielleicht sogar von ihnen zu lernen. Ihnen anzuvertrauen, daß sie bessere Hüter von Kreativität und Wahrheit sind, verlangt eine andere Pädagogik, denn dieses Kindheitsbild definiert das Verhältnis von Kindern und Erwachsenen anders.

Ich erspare Ihnen und mir, all jene Kindheitsbilder zu bennen, die man zwischen diesen beiden Polen einbauen könnte. Ich denke, daß hinter jedem Entwurf pädagogischer/sozialpädagogischer Praxis im Kinder- und Jugendbereich mehr oder weniger deutlich solche oder ähnliche Bilder von Kindheit zu finden sind und ich behaupte, daß jene Invention des 18. Jahrhunderts unser Handeln auch heute noch anleitet.

Wenn wir also über neue Herausforderungen und Angebotsentwicklungen nachdenken wollen, reicht es nicht, sich einfach nur Gedanken über die Praxis zu machen. Es ist immer auch notwendig, reflektierend dem nachzugehen, was bisher unser Nachdenken und Handeln mit und gegenüber von Kindern angeleitet hat. Reflexion ist mindestens ebenso notwendig wie Aktion. Reflexion dieser Art müßte zunächst einmal bedeuten, die Frage zu stellen, ob jene pädagogisch-perspektivierten Kindheitsbilder den tatsächlichen Lebensbedingungen von Kindern und jungen Menschen in unserer Gesellschaft und in unserer Zeit noch angemessen sind. Wird diese Gegenkontrolle nicht vorgenommen, laufen wir Gefahr, wie Walter Hornstein das ausgedrückt hat, einem „als ob" zu verfallen. Wir denken und handeln „als ob" Kindheit noch jenen Zuschnitt hätte, auf den wir uns beziehen.

Deshalb das 2. Kapitel: „Wo Kinder aufwachsen" oder „Familie ist kein eindeutiger Ort mehr"

Natürlich, noch immer ist die Familie, das ist anders als bei Momo und bei Pippi Langstrumpf, der normale Ort an dem Kinder aufwachsen. Entgegen allen anderslautenden Behauptungen wachsen die allermeisten – sogar bis zur Volljährigkeit – immer noch in Familien auf. Und wie Umfrageergebnisse immer wieder zeigen, hat die Familie durchschnittlich einen hohen Stellenwert und wird von einer großen Mehrheit außerordentlich positiv gesehen und erlebt. Familie ist offenbar der zentrale Ort des Heranwachsens, aber auch der Ort der Sinn- und Erfüllungserwartungen. Allerdings haben sich die Formen, die Muster, die Beständigkeit dieser sozialen Lebensform erheblich verändert. Während um Neunzehnhundert herum durchschnittlich noch jede Frau 4 Kinder hatte, sind es heute im Durchschnitt nur noch 1,4 Kinder. Der Rückgang der Kinderzahl beruht vor allem auf dem Rückgang der Kinderzahl pro Familie oder pro Frau, also auf der Tendenz zur Verkleinerung der Familienhaushalte. Völlig unabhängig von der Form der Familienhaushalte – verheiratet/nicht verheiratet, Vater/Mutter/Kind oder Alleinerziehende/Kind. Diese Tendenz scheint über Jahrzehnte hin stabil. Sie ist nicht Ergebnis eines Pillenknicks, sondern läßt sich zweifelsfrei seit der Jahrhundertwende als dominanter Trend verfolgen. Etwa ein Drittel der Kinder wächst deshalb heute als Einzelkind auf. Der Vorsprung gebührt den Ländern in Ostdeutschland, wo schon zur DDR-Zeit dieser Trend – entgegen allen sozusagen Selbstlegitimationen – weiter fortgeschritten war als im Westen (nach dem letzten Mikrozensus wachsen 31% in Westdeutschland geschwisterlos auf, 33% in Ostdeutschland.)[1]

Dies bedeutet nicht nur, daß das Einzelkindschicksal, wenn wir denn von Schicksal reden wollen, keineswegs mehr ein Phänomen im Randbereich unserer Gesellschaft ist. Es ist ein Massenschicksal. Es entwickelt sich eine Form des Heranwachsens, deren Konsequenzen wir – so meine ich – bisher erst in Umrissen überhaupt zu verstehen beginnen.
Wie haben wir zu Zeiten der Bildungsreformdebatte skandiert: Jedem die gleichen Bildungschancen. Nicht jedem das gleiche, sondern jedem das seine, scheint nachträglich, zumindest pädagogisch gesehen der wesentlich passendere Slogan zu sein. Nicht jedem das gleiche, sondern jedem das seine heißt, in Rechnung stellen, berücksichtigen, daß Kinder in höchst unterschiedlichen Konstellationen aufwachsen können. Einzelkinder z.B. können Gleichaltrigenkontakte sogenannte Gleichaltrigengeselligkeit nicht mehr in der eigenen Herkunftsfamilie erleben, sie sind auf Kontakte außerhalb der Familien angewiesen: Sei es auf Kontakte in informellen Cliquen in der Nachbarschaft, sei es in institutionellen Angeboten der Kinderarbeit im Mütterzentrum oder auf dem expandierenden Markt kommerzieller Angebote im Holiday Club, im Robinson Club, in Freizeit- und Spielfarmen usw. Diese Entlastungsmöglichkeiten in der Gleichaltrigengeselligkeit werden sogar noch wichtiger als früher, weil, wie Rudolph Pettinger formuliert „die Einzelkinder in einer familiären Kommunikationsstruktur leben, die von ihren Eltern dominiert wird, in der das Kind die an Kinder gerichteten Wünsche und Erwartungen der Eltern alleine zu erfüllen hat." Gerade in Konfliktsituationen mit den Eltern haben diese Kinder

wenig Entlastungs- und Unterstützungsmöglichkeiten durch Geschwister. Ein Grundschullehrer hat neulich bei einer Fortbildung gesagt, das geschwisterlose Kind sei das ideelle Gesamtkind seiner Eltern. Es habe alle denkbaren Aspirationen und Erwartungen, die Eltern an Kinder üblicherweise zu richten pflegen, ganz alleine zu tragen und möglichst zu erfüllen. Es sei eine Gesamtkatastrophe, wenn ein solches Kind an der Schule scheitert und nicht mehr nur eine Teilkatastrophe. Dies öffnet den Blick, daß offenkundig nicht nur die Situation der Einzelkinder sich von dem geschwisterlichen Heranwachsen unterscheidet, sondern auch die Situation der Einkindeltern sich von der Situation der Mehrkindeltern oder der Garnichtkindeltern unterscheidet.

Bisher haben wir immer nur die Kinder im Blick gehabt. Wir haben so getan, als wären Erwachsene eben erwachsen, als könnten Erwachsene immer schon sinnvoll mit ihrer Lebenssituation umgehen. Ich leite daraus zunächst mal vorläufig einen ganz wichtigen Anstoß für Überlegungen ab. Mir scheint die eingeschliffene Trennung von Kinderarbeit und Elternarbeit weniger denn je sinnvolle Praxis zu sein. Für die Kinder- und Jugendpädagogik ergibt sich aber nicht nur die Aufgabe, die Einkindfamilie zu stützen, hinzu kommt eine sozial-infrastrukturelle Aufgabe, nämlich Gelegenheitsstrukturen, soziale Räume, Platz für Abenteuer: Räume, die von Erwachsenen nicht kontrolliert sind, anzubieten und zu stabilisieren. Ey, Pippi Langstrumpf findet vermutlich auf dem pädagogisch überwachten oder gar inszenierten Abenteuerspielplatz nur sehr wenig statt. Die heimliche Lust der Kinder, ganz anders zu sein als es sich gehört, also über die Strenge zu schlagen, bewußt sich anders zu verhalten, als Vater und Mutter, Lehrer und Lehrerin es erwarten, findet in unserer Gesellschaft wenig Platz zum ausgelebt werden.

Gelegenheitsstrukturen können nicht einfach mit pädagogischen Institutionen in eins gesetzt werden. Die Notwendigkeit zu solchen sozialen Räumen, die offen sind für eigene Aneignung und Gestaltung, entzogen – zumindest teilweise entzogen – dem anleitenden Blick der Erwachsenen, wird auch deutlich, wenn man sich vor Augen hält, daß die Tendenz zur Einkindfamilie auch zur Folge hat, daß die verwandtschaftlichen Netze und Solidarsysteme sich lockern. Es ist Reinhard Lemp gewesen, der Mitte der achtziger Jahre in seinem Buch „Familie im Wandel" auf diesen Umstand hingewiesen hat. Dieses Buch enthält ein Kapitel, das trägt die Überschrift „Die onkellose Gesellschaft". Reinhard Lemp hätte auch schreiben können die „tantenlose Gesellschaft", die „kusinenlose/kusinlose Gesellschaft". Er sagt, daß der Übergang zum geschwisterlosen Heranwachsen die Tür zur onkellosen Gesellschaft aufstöße und er meint, wenn ein Einzelkind ein anderes Einzelkind heiratet, dann haben deren Kinder keine Onkel, keine Tanten, keine Kusine und keinen Kusin, weil ja beide Eltern keine Geschwister für die nachwachsende Generation miteinbringen. Diese, wie man sie nennt, erweiterten Verwandtschaftssysteme waren wichtige Hilfsmittel, den Streifraum um die Entwicklungsmöglichkeiten von Kindern allmählich zu dehnen. Die kleine Gerti durfte schon mal nach Berlin reisen, obwohl sie erst zehn war, weil in Berlin Tante Hedwig wohnte und man Gerti ihrer Obhut anvertrauen konnte. Und der kleine Fritz durfte schon die Fahrradtour durchs Elsaß machen, weil seine Kusine und sein Kusin ... usw.

Erweiterte Verwandtschaftssysteme waren traditionell, also wenn man länger zurückgeht, auch soziale Strukturen zur Dehnung, heute würden wir sagen zur Mediatisierung der Generationenkonflikte, die unausweichlich sind zwischen den Eltern und Kindern. Der Onkel Heribert, der seine Schwester, die Mutter, ansprechen und sagen kann „meine liebe Hedwig, nun mach doch nicht so ein Drama drauß, nur weil dein Kind gezündelt hat oder irgenwelchen Schaden angerichtet hat. Schau mal unsern Fritz an, was der alles angestellt hat und heute ist er auch ein richtiger normaler Erwachsener geworden." Brüder und Schwestern, die aus der Perspektive der Kinder als Mutter und Onkel für eine Dehnung des sonst sehr eng geführten und hohe Reibungswärme erzeugenden Konfliktes zur Verfügung stehen, werden strukturell gesehen knapp. Nun könnte man natürlich über funktionelle Äquivalente nachdenken. Man könnte die Frage stellen, es muß nicht immer Onkel und Tante sein, es können auch Freunde sein. Ist es verwegen, wenn ich die Frage stelle, was tut eigentlich die Kinder- und Jugendhilfe, um die Kunst des Erwerbs und Behaltens von Freunden zu üben. Darf ich die verwegene Frage stellen: Beherrschen wir diese Kunst, beherrschen Sie sie? Wir ziehen permanet um; ziehen eigentlich unsere Freunde mit uns um? Natürlich ist es fraglich, ob man diese Kunst lehren kann. Ob sie sich nicht generell der didaktischen Anleitung entzieht. Vielleicht ist es eher eine Frage des Zusammenlebens und darum wieder eine Frage von Gelegenheitsstrukturen. Dort wo der Alltag nur dem geschäftigen Besorgen seiner Routine dient, wird wenig Raum, wenig Gelegenheitsstruktur sein, diese für die Bewältigung des Alltags vermutlich ebenso wichtige Arbeit zu leisten. Dort, wo unsere Angebote die Zeit auskaufen durch Programm, wo ich also immer nur in der Rolle des Teilnehmers bin, sind meine Chancen informell zu agieren, diejenigen kennenzulernen, die zwei Bankreihen hinter mir sind, vergleichsweise gering.

Die Situation, die ich versucht habe ein bißchen zu skizzieren, gibt uns also Anlaß, über den grundlegenden Stil unserer Angebotspädagogik nachzudenken. Die Differenz zwischen Angebotspädagogik, wir können auch sagen „Veranstaltungspädagogik", und dem sich informell entfaltenden alltäglichen Leben wird meines Erachtens in der Zukunft eines der Probleme sein, die wir zu bearbeiten haben. Meine ehemaligen Kolleginnen und Kollegen vom DJI werden dies vielleicht nachher oder bei anderer Gelegenheit nochmal ein bißchen sichtbar machen aus ihren Forschungsarbeiten. Wenn ich es recht sehe und verstanden habe, wird diese Frage dort an manchen Beispielen bereits aufgegriffen und auch danach gefragt, ob wir nicht ein ganz anderes Professionsverständnis bräuchten.

Ein letzter Punkt.
Von Sozialpsychologen wird angesichts des geschwisterlosen Aufwachsens einer großen Zahl der Kindern auf eine potentielle Gefahr hingewiesen und dieses hat insbesondere meine Kollegin Nölle-Neumann aufgegriffen. Sie argumentiert, es können damit die Grundvoraussetzungen für soziale Solidarität in der Gesellschaft gefährdet werden. Sie beruft sich damit auf niemand geringeren als Emil Durkheim. Emil Durkheim hat im Jahre 1927 einen Traktat geschrieben über die gesellschaftliche Arbeitsteilung und er stellt die Frage, wieso wir es uns eigentlich erlauben können, daß wir unsere kapitalistische Gesellschaft immer mehr nach dem Prinzip der Belohnung von Einzelleistungen organisieren? Es immer mehr so organisieren, daß der Einzelne wichtiger ist als die Gruppe; das Einzelinteresse zum Zuge kommt und damit die Einzelnen zu Konkurrenten untereinander werden. Die konkurrieren um Einkommen, Arbeitsplätze, Chancen, Freizeit, Wohnungen usw. ohne, daß diese kapitalistische Gesellschaft in lauter individualisierte Einzelmenschen auseinander driftet. Woher kommt eigentlich die Gegenkraft, die Bindekraft, das was die Gesellschaft sozial zusammen hält; dasjenige was Durkheim „organische Solidarität" nennt. Diese organische Solidarität wird – gewissermaßen von Natur aus – immer wieder produziert, nämlich an einem ganz bestimmten Lernort und diesen nannte er „Geschwisterrivalität". Er sagt nicht Geschwisterharmonie! Geschwisterrivalität, weil ich an diesem Lernort lernen kann und muß, daß ich auf der Strecke bleibe und untergebuttert werde, wenn es mir nicht gelingt meine Bedürfnisse, Wünsche, Interessen, daß was mir wirklich wichtig ist, klar und deutlich und beharrlich zu formulieren bzw. einzufordern. Geschwisterrivalität, weil ich an diesem Lernort lernen kann und muß, daß auch mein Geschwister Wünsche, Interessen, Bedürfnisse hat, Dinge die ihm wichtig sind, auf die es keineswegs verzichten will und

nicht untergebuttert werden will, so daß ich drittens an diesem Lernort lernen kann und muß auch mit den Augen des anderen die Situationen zu betrachten, Interessen auszuhandeln, Kompromisse einzugehen, die Kunst des sich einigens zu lernen. Solidarität ist nach Durkheim eine Folge von Unwahrscheinlichkeiten. Das Menschen sich einigen können ist der unwahrscheinliche Fall. Normalerweise ist – wie es heißt – der Wolf der Feind des Wolfes so ist auch der Mensch der Feind des Menschen. Sich einigen können sei eine zivilisatorische Leistung, so Durkheim, und sie müsse in jeder Generation neu produziert werden, weil sonst Zivilisationsabbruch erfolgt. Wieder könnten wir fragen, wo gibt es denn funktionale Äquivalente, wenn es denn so ist, daß Geschwisterrivalität als Lernort knapp wird, dann denke ich, haben wir doch Anlaß zu fragen, wo denn sonst in unserer Gesellschaft jene scheinbar unerläßliche Kunst der Zivilisierung des Konfliktes gelernt werden kann? Psychologisch völlig unwahrscheinlich dürfte sein, daß die verordnete Harmonie Solidarität erzeugt, sie erzeugt allenfalls Ein- und Unterordnung. Die Hausordnung, das Reglement, sehr geehrte Gäste wir begrüßen sie in dieser Tagungsstätte. Bitte nehmen sie im Interesse aller Anwesenden auf folgendes Rücksicht: Mittags zwischen zwölf und vierzehn Uhr werden hier (...) usw. Ich glaube kaum, daß diese verordnete Harmonie jenes Äquivalent erzeugen kann, von dem Durkheim sprach. Wo gibt es also Lernorte zur Kultivierung der Konfliktaustragung? Wie verwegen, wie über die Realität hinausschießend wäre es eigentlich, vom Kindergarten als einem Ort des sozialen Lernens in diesem Sinn zu sprechen? Wie weit verbreitet ist die Wertschätzung des pädagogischen Wertes von Konflikten? Manchmal habe ich den Eindruck, daß Kindergärten – eher als Schulen – den Konflikt als Disziplinverstoß betrachten.[2]

Manchmal habe ich den Eindruck, daß der Kindergarten sich eher – jedenfalls in dieser Hinsicht – wie eine kleine Schule versteht, eher die äußere Schale der Harmonie schätzt und weniger Geschmack abgewinnen kann, für das was mühsam und schwierig ist aber wo eigentlich die pädagogischen Chancen stecken. Ich plädiere mit Vehemenz für ein sich wieder aneignen der pädagogischen Chancen, die im Konflikt, im Durcheinander, im Tohuwabohu, in der Wildheit liegen.
Ich komme zum Schluß und möchte noch ein ganz klein bißchen was sagen über den Wandel der Erziehungsstile und die Radikalisierung der Identitätsfragen.
Fragt man Menschen, Eltern, was für sie die wichtigsten Erziehungsziele seien, so finden wir einen charakteristischen Wandel in der Nachkriegsge-

sellschaft. Ich beziehe mich auf Zahlen die das EMNID-Institut produziert hat. Noch 1971 hat ein Viertel der Bevölkerung „Gehorsam und Unterordnung" als das wichtigste Erziehungsziel erklärt. Schon damals also nur ein Viertel. Heute tun das kaum noch 3 Prozent. Dagegen hat das Erziehungsziel „Selbständigkeit und Freier Wille" 1951 eine Zustimmung von 28 Prozent gehabt, also damals schon mehr als „Gehorsam und Unterordnung", und hatte 1983 einen Anstieg auf 49 Prozent erfahren und wie das DJI im Projekt von Herrn Bertram herausgefunden hat im Jahre 1989 Spitzenwerte um die 92 Prozent erreicht. 92 Prozent der Eltern sehen „Selbständigkeit" als wichtigste Erziehungsorientierung an. Von ganz ähnlichen Wandlungen übrigens ist der Erziehungs- und Umgangsstil in der Schule gekennzeichnet. Heiner Meulemann hat am Ende der achtziger Jahre sehr umfangreiche Untersuchungen dazu vorgelegt. Hinter diesem Wandel im Bereich der Erziehungsleitbilder steht, wenn ich es recht deuten kann, die sogenannte Enttraditionalisierung der Muster unserer Lebensführung. Damit ist gemeint, daß traditionelle Muster und Leitbilder ihre einerseits verbindliche – wir könnten sagen sozial-kontrollierende – Funktion verloren haben, andererseits aber auch ihre orientierende und damit entlastende Funktion.

Ich bitte Sie nochmal aufzunehmen, daß hier Eltern befragt worden sind, nicht Kinder. Ist es zu frech, wenn ich sage, daß wir diesen Vorgang immer nur als Problem für unsere Kinder und Jugendlichen diskutieren aber nicht als Problem für uns; zumindest Eltern, die Kinder vorbereiten sollen auf ein Leben, das gar nicht mehr überschaubar ist, dessen Grundlagen, dessen tragfähige Unterstützung gar nicht mehr formuliert werden kann. Zumindest Eltern, so denke ich, müssen eigentlich an diesem „Unübersichtlich werden", wie Habermas sagt, leiden. Enttraditionalisierung der Muster unserer Biographien setzt Orientierungsfragen frei. Der Versuch, Selbständigkeit als allerwichtigstes Erziehungsziel zu gewährleisten ist nichts anderes, so möchte ich das deuten, als der Versuch, in einer Zeit wo es keine äußeren Regeln mehr gibt, die verläßlich sind, wenigstens die innere Stabilität, die Selbständigkeit zu gewährleisten. Ein Lateinlehrer hat mich darauf aufmerksam gemacht, daß Identität lateinisch „identitas" ein juristischer Ausdruck gewesen ist. Ein Ausdruck im römischen Recht. Identitas war die mit vielen anderen gemeinsam geteilte Zugehörigkeit zu der Gewalt- und Schutzmacht des Klanchefs, den die Römer Pater Potestas oder Patria Potestas genannt haben. Die Söhne und Schwiegersöhne, die Töchter und Schwiegertöchter, die Sklaven und Freigelassenen, die Hirten und ansässigen Bauern, sie alle gehörten zu einer Identitas, an deren Spitze jener Padre Padrone stand, dessen Macht sie unterworfen und insofern unfrei waren. Dessen Schutz- und Fürsorgeverpflichtung sie aber auch trauen konnten und insofern gesichert waren. Wie dem auch sei, ursprünglich war Identitas etwas, was ich mit vielen anderen gemeinsam hatte. Es wies von mir weg auf eine Gemeinschaft. Wir alle wissen, daß diese Zeit lange vorbei ist. Seit etwa dreihundert Jahren, seit dem Siegeszug der europäischen Aufklärung setzen wir die Freiheit oben an. Der Zugewinn an Freiheit freilich beraubt uns auch dem umstandlosen Zugehörigsein zu einer Gemeinschaft. Identität ist nicht mehr was ich mit vielen gemeinsam habe, eher schon was mich von allen unterscheidet: Ich und nur ich. Der Druck, der auf diesem Identitätsgedanken liegt, wächst. Eckhard hat gesagt, der einzelne wird zum Produzenten seiner Identität. Schon Kinder lernen, daß sie etwas aus sich machen müssen, sich inszenieren müssen. Natürlich gibt es auch Gegenbewegungen: den Versuch, diesem Druck der Vereinzelung der in der Identitätsfrage liegt, zu entgehen durch eine neue Kollektivierung. Iwan Illich spricht von der Suche nach „Verwirung". Die Sehnsucht nach „Verwirung" als Aufhebung der Last der Individualisierung. Nicht anders sein als alle, sondern so sein wie alle. Seh ich es recht, daß diese Sehnsucht schon im Kinderbereich zu finden ist, das was der hat will ich haben, das was die hat will ich haben, will ich auch. So haben wir das mit dem Gripstheater denunziert und doch ist diese Sehnsucht einfühlbar, denn es ist auch unsere Sehnsucht. In Bezug auf die Frage, wie man eigentlich heute und in Zukunft einigermaßen recht und sinnvoll leben kann haben wir unseren Vorsprung vor unseren Kindern verloren und sitzen wir mit ihnen im gleichen Boot. Ein Teilnehmer an einer Tagung hat neulich gesagt: „Wäre es nicht dringender statt nachzudenken welche neuen Angebote wir den Kindern machen können, daß wir uns selber zusammen setzen und für uns klären, wie wir eigentlich leben wollen?"

Ich habe versucht einige Anstöße zu geben. Das meiste werden sie selber ausbuchstabieren müssen, Rezepte und Regeln gibt es nicht.

1 Aufgrund der schwierigen Definitionslage des Begriffs Einzelkind, hinken die Statistiken immer ca. 20 Jahre hinterher. Üblicherweise wird davon ausgegangen, wer mit Vollendung des 15. Lebensjahres noch kein Geschwister hat, gilt als Einzelkind.

2 Das Wort Disziplin kommt nicht aus dem pädagogischen Wortschatz, es stammt aus dem Militärwortschatz. Disziplin ist die unerläßliche Voraussetzung dafür, daß ein Soldat wissend, daß er sein Leben lassen kann, im Kugelhagel voranschreitet. Der Disziplinverstoß wird im Kriegsfall durch erhängen bestraft. In der Pädagogik hat sich dieses Wort eingeschlichen vermutlich auch deshalb, weil im 19. Jahrhundert, als man die Armeen abgebaut hat, nach den Napoleonischen Kriegen ganze Heerschaaren von pensionierten Unteroffizieren Lehrer geworden sind, die eben mit diesem militärischen Denken die Philosophie unserer Schule grundgelegt haben.

Fachgespräch 1
Wo befinden sich Kinder?

Im Mittelpunkt des ersten Fachgesprächs stand das Modellprojekt „Orte für Kinder" des Deutschen Jugendinstituts, München, das zum Ziel hatte, Konzeptionen, alternative Ansätze und Ideen für ein bedarfsangemessenes Angebot für Kinder und Familien zu entwickeln.
Die Mitarbeiterinnen des Forschungsprojektes Annemarie Gerzer-Sass und Anne Zehnbauer stellten den Projektrahmen, die Zielorientierungen und eine Auswahl der gewonnenen Ergebnisse vor, wie sie im folgenden Bericht abgedruckt sind.
Das Fachgespräch fand als Plenumsveranstaltung mit Beteiligung der Teilnehmerinnen und Teilnehmer der Tagung „KINDERSTANDORT DEUTSCHLAND" statt. Auf dem Podium debattierten – neben den genannten Vertreterinnen des Deutschen Jugendinstituts – für das Forschungsprojekt „Evaluation des Erprobungsprogramms" Frau Dr. Christa Preissing, Freie Universität Berlin sowie Herr Dr. Bernhard Nagel vom Staatsinstitut für Frühpädagogik in München für das Projekt „Neue Konzepte für Kindertageseinrichtungen".
Die Moderation hatte Gretel Wildt vom Diakonischen Werk, Stuttgart sowie Margarete Kossolapow, Landesverband für Evangelische Kindertagesstätten, Bremen.

Orte für Kinder – Ein Modellprojekt zur Entwicklung von Konzepten, alternativen Ansätzen und Ideen für ein bedarfsangemessenes Angebot für Kinder und Familien

Annemarie Gerzer-Sass, Anne Zehnbauer

Der Modellversuch „Orte für Kinder" ist vom 1.1.1991 bis zum 31.12.1994 an 14 Standorten in der alten Bundesrepublik gelaufen. Beteiligt waren Tageseinrichtungen für Kinder verschiedener Träger, Selbsthilfeeinrichtungen und eine Planungsregion:

1 Kindergarten mit Halbtagsangebot (vor- und nachmittags)
7 Kindertagesstätten mit verschiedenen Altersgruppen und unterschiedlichen Betreuungszeiten

2 Elterninitiativ-Kinderhäuser
1 Verbund von 3 Betreuungsläden für außergewöhnlichen Betreuungsbedarf
2 Familienselbsthilfeeinrichtungen:
Mütterzentrum und Familientreff
1 Kommune, die ein Jugendhilfeplanungs-Gesamtkonzept bzgl. aller Angebote für Kinder entwickelt hat.

Das Deutsche Jugendinstitut (DJI) hat den Modellversuch konzipiert, die Arbeit in den beteiligten Einrichtungen wissenschaftlich begleitet und einen regelmäßigen Erfahrungsaustausch zwischen den Mitarbeiter/inne/n in den Einrichtungen organisiert. Das Projekt wurde gefördert von den Bundesministerien BMJF und BMFuS unter Beteiligung von Trägern, Länderministerien und Kommunen. Zur Verbreitung der Projektidee wurden Multiplikations-Kreise (auch „Äußere Kreise" oder „Projektring" genannt) eingerichtet, die in Eigenregie von Ländern oder Kommunen in einem festen Verbund von verschiedenen Einrichtungen (ohne Modell-Bedingungen) an ähnlichen Themenschwerpunkten gearbeitet haben.

Ziel des Modellversuches war es auszuloten, wie Kinderbetreuungseinrichtungen angemessen auf gesellschaftliche Veränderungen reagieren können bzw. müssen und wie sie den veränderten Bedürfnissen von Kindern und Familien gerecht werden können. Die zentrale Aufgabe des Projektes bestand darin, das innovative Potential in Kinderbetreuungseinrichtungen im institutionellen wie auch im Selbsthilfebereich zu unterstützen und Anregungen für eine Neubestimmung von Tageseinrichtungen für Kinder zu entwickeln.
Dabei ging es um:

neue Organisationsformen von Einrichtungen für Kinder
  in der Altersgruppierung durch verschiedene Möglichkeiten der Alterskombinationen, in der Angebotsgestaltung durch variable Betreuungszeiten, zeitlich feste und offene Angebote, neue pädagogische Konzepte;

die Öffnung von Institutionen für Belange von Familien wie z.B.:
  Kontaktbedürfnis, praktische Versorgungsfragen des Alltags, Unterstützung durch Selbsthilfe;

die Planung einer Infrastruktur für Kinder, d.h.:
  Planung über die einzelne Einrichtung hinaus, Kooperation, Vernetzung.

Die Innovationsvorhaben, die die Einrichtungen gemeinsam mit den Trägern in das Projekt einbrachten, wurden durch die Ermittlung und Bestimmung dessen, was jeweils am Modellstandort bedarfsgerecht ist, spezifiziert und auf die vorhandene regionale Infrastruktur für Kinder bezogen. Die wissenschaftliche Begleitung entwickelte mit den Beteiligten vor Ort die entsprechenden Planungsschritte zur besseren Anpassung des bestehenden Angebotes an die Lebenssituation der Kinder und Familien in der Region/im Stadtteil.

Projektergebnisse

Die Entwicklungsprozesse verliefen unterschiedlich je nach den Ausgangsbedingungen an jedem Modellstandort. Insgesamt hat sich eine Vielfalt möglicher Entwicklungsschritte ergeben. Wir fassen als Projektergebnisse Entwicklungslinien zusammen, die sich auf die Hauptthemen des Projektes beziehen:

1. Planungsschritte zur Ermittlung des Bedarfs: Umfeldanalysen, Einrichtungsananlysen, Elternbefragung

Um das zu entwickelnde Angebot auf die jeweiligen Bedingungen vor Ort abstimmen zu können, wurden an allen Standorten **Umfeldanalysen** durchgeführt. Die so gewonnenen Kenntnisse über die Sozial- und Infrastruktur der Einzugsgebiete an den Standorten dienten dazu, das vorhandene Betreuungsangebot auf dem Hintergrund der konkreten Situation in der Region neu zu überdenken, Angebotslücken zu erkennen und Vernetzungsmöglichkeiten mit benachbarten Institutionen zu initiieren.

Es hat sich gezeigt, daß Erzieherinnen einen systematischen Einblick in die Lebenssituation der Kinder und ihrer Familien außerhalb der Einrichtung erhalten, wenn sie sich an der Erstellung der Umfeldanalyse beteiligen. Wichtig für die Erfassung von Lebensqualität im Stadtviertel war ebenfalls die Befragung von Kindern und ihre Beteiligung an der Umfelderkundung.

Die Ausgangsbedingungen der Einrichtungen selbst wurden durch eine **Einrichtungsanalyse** erhoben. Hierbei wurde deutlich, daß auch scheinbar objektive Gegebenheiten wie Rahmenbedingungen oder Vernetzungen im Umfeld von den Erzieherinnen unterschiedlich eingeschätzt wurden.

Die Diskussionsprozesse, die sich aus der Einrichtungsanalyse im Team ergaben, wirkten insgesamt motivierend auf die Weiterentwicklung der jeweiligen Konzeption. Die Ergebnisse der Einrichtungsanalyse zeigten Spielräume auf, aber auch Grenzen in der Gestaltung von Öffnungszeiten und in der Erweiterung der Angebote für Altersgruppen, die bisher nicht in die Betreuung einbezogen waren.
Um Bedarf nicht nur aus der Perspektive von „bedürftig" zu betrachten, wurden die Eltern der Modellstandorte nach ihrer Einschätzung des Umfeldes, nach ihren Lebens- und Arbeitsbedingungen und ihren Betreuungsinteressen und -wünschen befragt. Die **Elternbefragung** zeigte deutlich, daß ein einheitliches Angebot nicht geeignet ist, den Bedarf zu decken. Nach wie vor ist der Unterschied im Umfang der Erwerbstätigkeit von Vätern und Müttern erheblich: während Väter weiterhin voll erwerbstätig sind (ledgl. 4% arbeiten in Teilzeit), läßt sich bei Müttern eine breite Streuung feststellen von Teilzeitbeschäftigung in unterschiedlichem Umfang und zu unterschiedlichen Zeiten bis zu Vollzeitbeschäftigung. Diese verschiedenen Arbeitszeiten erfordern sowohl flexible Öffnungszeiten als auch variable Angebotsformen. Eltern artikulieren dementsprechend als Wunsch sowohl eine Erweiterung von Öffnungszeiten, um Zusatzbetreuungen zu vermeiden, als auch eine Ausweitung des Angebots für die unter Dreijährigen und die über Sechsjährigen.
Ein Teil der Eltern legt großen Wert auf eine verläßliche tägliche Betreuungszeit von regelmäßiger Dauer, während sich andere Eltern eine weite Spannbreite an unterschiedlichen Betreuungszeiten wünschen. Dabei hängen die Wunschäußerungen der Eltern damit zusammen, was ihnen an Einrichtungsformen vertraut ist.

Aus der Befragung zeichnete sich außerdem ein verstärkter Wunsch von Eltern nach einer veränderten Einbindung in die Einrichtung ab. Ein Teil der Eltern will eigene Ideen einbringen und sich an der Gestaltung beteiligen. Die Mehrzahl der Eltern möchte die Einrichtung als einen Ort möglicher Kommunikation nutzen, an dem auch Formen der Nachbarschaftshilfe entstehen können.

Ein entscheidendes Ergebnis des Projekts bezieht sich auf die Methoden zur Bedarfsermittlung. Es reicht nicht, verschiedene Instrumente isoliert einzusetzen, da sich nur über die Beteilgung aller (Einrichtungen, Kinder, Eltern, Jugendhilfevertreter/innen) herausstellt, wie sich der Bedarf im einzelnen zusammensetzt, und sich nur aus der Gesamtheit der Befunde von Umfeldanalyse, Einrichtungsanalyse und Elternbefragung bestimmen läßt, wie die eigenen Innovationsideen, die eigenen Möglichkeiten mit dem konkreten Bedarf im Stadtteil in Einklang zu bringen sind.

2. Vielfältige Angebotsformen für unterschiedliche Bedürfnisse von Familien in Tageseinrichtungen für Kinder

Die Erwartungen der Eltern richten sich, wie aus der Elternbefragung ersichtlich, auf eine Veränderung der Angebote, die es ihnen ermöglicht, die institutionelle Betreuung ihrer Kinder mit ihren beruflichen und familiären Gegebenheiten besser in Einklang bringen zu können.

Die **flexible Nutzung der Betreuungszeiten** stellt eine Entlastung des Alltags in solchen Einrichtungen dar, die ihr Angebot von vornherein auf eine längere Öffnungszeit ausgerichtet haben. Die unterschiedliche Verteilung der Anwesenheitszeit der Kinder im Rahmen der ganztägigen Öffnung führt zu einer Binnendifferenzierung und damit zu einer Veränderung der Konzeption, die eine Qualifizierung der pädagogischen Angebote beinhaltet. Dies allerdings nur, wenn nicht parallel dazu eine stärkere Auslastung der vorhandenen Ressourcen angestrebt wird.
Anregungen für unterschiedliche Angebotsformen fanden die Erzieherinnen im Projekt durch einen ständigen Erfahrungsaustausch über die unterschiedlichen Einrichtungstypen an den Modellstandorten. Dabei spielten die beteiligten Familienselbsthilfeeinrichtungen in ihrem unkonventionellen Umgang mit den Bedürfnissen von Eltern eine diskussionsanregende Rolle.

Angebotserweiterungen wurden entwickelt in verschiedenen Formen der Öffnung für Kinder und Eltern: Besuchsmöglichkeiten für Geschwister und Freunde, Angebote für Kinder aus der Nachbarschaft, Gestaltung von Treffpunkten für Eltern wie Elternecken oder Elterncafés, Vermittlung von Babysitterdiensten, Räumen für Eltern-Kind-Gruppen und Tagesmüttergruppen.

Deutlich wurde bei diesen Entwicklungen, daß der Spielraum der Erzieherinnen für die Veränderung der Angebote größer ist, als bisher von ihnen selbst angenommen wurde. Grenzen in der Ausgestaltung neuer Angebote liegen in den bestehenden unzureichenden Rahmenbedingungen, Angebotserweiterungen verlangen häufig mehr bzw. andere Räumlichkeiten, mehr Personal und mehr Mittel, um diese zu finanzieren. Eine weitere

Grenze ist dort gegeben, wo aus Mangel an Kindergartenplätzen die vorhandenen Ressourcen hoch belastet werden.

3. Altersmischung: neue Chancen der Angebotserweiterung durch innere Differenzierung

In nahezu allen Modelleinrichtungen hat sich die Altersstruktur erweitert. Die häufigste Alterserweiterung bestand in einer „Ausfransung" der vorhandenen Altersgruppen um ein oder zwei Jahrgänge. In drei Modelleinrichtungen wurde als Gesamtkonzept die Betreuung von 0-12 jährigen verwirklicht.

Eltern begrüßen die Alterserweiterung, weil sie keinen neuen Betreuungsplatz zu suchen brauchen, wenn ihre Kinder älter werden, und weil sie nicht unterschiedliche Einrichtungen aufsuchen müssen, wenn sie Kinder in unterschiedlichem Alter haben.

Die Arbeit in Gruppen mit erweiterter Altersmischung bietet nach Aussagen der Erzieherinnen für die ganzheitliche Entwicklung der Kinder gute Erfahrungs- und Gestaltungsmöglichkeiten. Die breite Altersmischung gibt dabei Kindern die Chance, sich je individuell und aktuell unterschiedlich zuzuordnen und unterschiedliche Alterskonstellationen, zu der die **altersübergreifenden Strukturen** im Alltag auffordern, zu nutzen, aber auch **altersgleiche Kontakte** zu suchen, um entwicklungsbedingt altersbestimmten Interessen und Spielbedürfnissen nachzukommen.
Je größer die Altersspanne in den Gruppen ist, desto notwendiger ist ein **offenes und differenziertes pädagogisches Konzept,** das den unterschiedlichen Bedürfnissen Rechnung trägt und Öffnung zwischen den Gruppen zuläßt, so daß vielfältige Gruppierungsmöglichkeiten zwischen Kindern entstehen können.

4. Zusammenarbeit Laien – Professionelle: eine Bereicherung für Kinder, Eltern und Erzieherinnen

Die Zusammenarbeit von Laien und professionellen Kräften wurde auf zwei Ebenen im Projekt umgesetzt: sowohl in Kooperationsformen in der täglichen pädagogischen Arbeit als auch in der Kombination von Tageseinrichtungen und Selbsthilfe.

In Tageseinrichtungen für Kinder übergaben die pädagogischen Fachkräfte besondere Aufgaben an pädagogische Laien bzw. berufsfremde Fachkräfte. Diese übernahmen gegen ein Honorar z.B. zeitlich befristete Betreuungsaufgaben, ergänzende Angebote für Kinder oder Entlastungsdienste für Eltern.
Eine besondere Herausforderung für die Erzieherinnen im Projekt stellte das Selbstverständnis im Mütterzentrum dar, in dem regelmäßige Kinderbetreuung durch Mütter geleistet wurde, unterstützt durch pädagogische Fachkräfte. Trotz zunächst skeptischer Annäherung von beiden Seiten wurde im Projektverlauf das Zusammenspiel von Laienkompetenzen und professioneller Tätigkeit als eine spannende Erweiterung der Erfahrungswelten von Kindern gesehen, nachdem sich Bereitschaft zur gegenseitigen Akzeptanz von unterschiedlichen Kompetenzen und Zugangsweisen entwickelt hatte.

5. Vernetzung: Kooperationsformen von Einrichtungen und Öffnung in den Stadtteil

Die Öffnung von Tageseinrichtungen für Kinder ist eine Konsequenz aus der Zielsetzung, Erfahrungsräume von Kindern zu erweitern. Die arbeitsfeldübergreifende Kooperation fördert eine ganzheitliche Sichtweise der Lebenslage von Kindern und Eltern.
Die Verbindungen zum Stadtteil (trägerübergreifend) sind in den einzelnen Standorten unterschiedlich gelungen. Von der trägerübergreifenden Kooperation zwischen Kindertagesstätten im Stadtteil bis hin zur Zusammenarbeit mit Freizeit- und Kulturangeboten (Musikschule, Theater, Sportverein, Naturschutzbund etc.) bahnten sich regelmäßige Austauschformen und konkrete Arbeitsabsprachen an. Wo bereits Kooperationsformen im Stadtteil bestanden, wurden sie durch das Projekt z.T. neu aktiviert, durch die verschiedenen Erhebungen intensiviert bzw. wieder mit neuen Inhalten gefüllt.
Die Zusammenarbeit im Stadtteil muß so gestaltet sein, daß Erzieherinnen für ihre konkrete Arbeit einen „Gewinn" mitnehmen und Entlastung erhalten (z.B. über gemeinsame Regelungen der Platzvergabe, das Hereinholen von Angeboten in die Einrichtungen, den Austausch und die wechselseitige Nutzung von Ressourcen). Vernetzung als Zusatzaufgabe ohne entsprechende Unterstützung steht dem Gelingen von Kooperation im Wege.

Die Ausstrahlung der Innovationsansätze der einzelnen Modelleinrichtun-

gen auf andere Einrichtungen in der Region hat unterschiedlich weite Kreise gezogen. Um Veränderungsprozesse über die Projektphase hinaus fortführen zu können, wäre es sinnvoll **Innovationszentren** einzurichten, in denen in Kooperation von Praxis, Fachberatung, Aus- und Fortbildung, Jugendamt und Forschung die notwendige Weiterentwicklung von bedarfsgerechten Kinderbetreuungsangeboten vorangetrieben werden.
Insgesamt hat das Projekt bestätigt, daß Erzieherinnen an Forschung und Weiterentwicklung von Praxis beteiligt werden müssen.

Gretel Wildt

Zusammenfassung des Fachgesprächs zum Thema: Wo befinden sich Kinder? Partikularinteressen müssen überwunden werden!

Ist es richtig, daß am Kinderstandort Deutschland Kinder als Störfaktor erlebt werden? Familien mit Kindern haben in unserer Gesellschaft ein erhöhtes Armutsrisiko. Kinder finden kaum Plätze, um „über die Stränge gehen" zu können. Sie finden sich oft in extra für sie „hergerichteten Inseln", in denen sie von Erwachsenen (Pädagogen) „fürsorglich belagert" werden. Was Kinder vielmehr brauchen , sind „Gelegenheitsstrukturen" Orte, an denen sie sich einfach treffen können.

Die Anspielungen auf Äußerungen von Wissenschaftlerinnen und Wissenschaftlern aus den vergangenen Monaten zur kurzen Beschreibung des Kinderstandortes Deutschland macht deutlich, was vor einigen Jahren für das Deutsche Jugendinstitut maßgeblich gewesen sein kann, ein Projekt „Orte für Kinder" zu nennen. Das Verharren in der Institution und die Auseinandersetzung mit ihren Entwicklungsbedingungen reichen nicht mehr aus, um bedarfsangemessene Angebote zu gestalten.

Eltern, die auf der Suche nach einem Platz für ihr Kind sind, bewerten das Angebot, so Dr. Nagel, nach der Wohnortnähe, nach der Übereinstimmung der Öffnungszeiten der Einrichtung und den Notwendigkeiten und Interessen der Eltern, nach der pädagogischen Konzeption und den Möglichkeiten, ein vertrauensvolles Verhältnis zum pädagogischen Personal aufbauen zu können.

Die Trägerschaft der Einrichtung ist, so Dr. Nagel, für Eltern nachrangig. Allerdings wächst das Interesse an einer guten Kommunikation unter den Erwachsenen und an den Möglichkeiten, sich für die Bedürfnisse des Kindes einzusetzen, für das Kind eine befriedigende Situation zu erreichen. Dies zeigt sich zum Beispiel auch an der besonderen Wertschätzung, die Eltern dem Übergang von der Familie in den Kindergarten beimessen. Hier wird von ihnen ausgesprochen positiv bewertet, wenn die Eingewöhnung eine besondere Aufmerksamkeit erhält.

Diese Aussagen sind insbesondere in der heutigen Zeit, im Umgang mit der Durchsetzung des Rechtsanspruchs und der Aufnahme von Kindern nach einem festen Stichtag, von besonderer Bedeutung. Es zeigt sich, daß Eltern sich des Übergangs von Familie zum Kindergarten sehr wohl bewußt sind und bereit sind, diese Übergangsphase so kindgerecht wie möglich zu gestalten.

Eltern und insbesondere Mütter wünschen eine Vielfalt von Angebotsstrukturen für ihre Kinder, auch schon vor dem dritten Lebensjahr. Gerade Zeitflexibilität und die Möglichkeit, berufliche Anforderungen mit denen der Kinderbetreuung in Einklang bringen zu wollen, war eine der zentralen Aufgaben im Projekt „Orte für Kinder". In der engen Kooperation von Selbsthilfe und Tageseinrichtung für Kinder haben sich hier völlig neue Möglichkeiten der Gestaltung dieser Anforderungen der Eltern ergeben.

Das „Andoggen" von Selbsthilfe an herkömmliche Tageseinrichtungen für Kinder, die enge Kooperation mit Tagespflegediensten und ähnlichem, zeigen auch für die Zukunft eine Perspektive, die sowohl den flexiblen Bedarfswünschen von Kindern, denen ein permanenter Wechsel verschiedenster, miteinander nicht verbundener Institutionen und Personen so erspart bleiben kann. Außerdem entsteht durch die enge Kooperation unterschiedlichster Angebotsstrukturen auch eine höhere Flexibilität, auf die demographischen Entwicklungen reagieren zu können. Mit einer vernetzten, bedarfsorientierten Angebotspalette läßt sich auch unter betriebswirtschaftlichen Gesichtspunkten eine Auslastung von Institutionen leichter erreichen.
Allerdings, und dies wurde auch im Verlaufe des Fachgesprächs deutlich, kann die Erwartung an Flexibilität nicht nur an die noch so phantasievollen und kreativen, vielfältigen Angebote für die Betreuung, Erziehung und Bildung von Kindern gestellt werden, sondern muß genauso auch eine Anforderung an Arbeitgeber sein, Arbeitsplätze für Eltern anzubieten, die es ihnen ermöglichen, ihre Verantwortung für Kinder zu realisieren. Insofern verknüpft sich der Kinderstandort Deutschland aus Sicht der Gesprächsteilnehmer ganz eng mit der Frage des Wirtschaftsstandortes Deutschland.

Hier sei insbesondere auch auf die Ausführungen von Prof. Betram im Verlauf der Fachtagung verwiesen. Er konnte eindrucksvoll darstellen, daß Eltern ihre Verantwortung für Kinder und die damit verbundene Zeitknappheit durch Verzicht auf eigene Zeit kompensieren.

Eine sicher sinnvoll nötige und richtige Konsequenz aus den objektiven Gegebenheiten, die aber größte gesellschaftliche Aufmerksamkeit braucht und alle mögliche Unterstützung, um den verantwortlichen Vätern und Müttern auch auf Dauer zu dieser Prioritätssetzung Mut machen zu können. Sie nicht resignieren zu lassen an der Aufgabe, Kinder zu erziehen.

I. Wenn es darum geht, die im Kinder- und Jugendhilfegesetz beschriebenen Pflichtaufgaben der bedarfsgerechten Erziehung, Bildung und Betreuung aller Kinder im Alter unter 3 Jahren bis ins Schulalter hinein sicherzustellen, dann bedarf es „des Aufbaues eines Diskurses für konsensuelle Lösungen" wie Christa Preissing im Fachgespräch sagte.

Ausgegehend von einer umfassenden Umfeldanalyse, die die Infrastruktur des gesamten Wohnumfeldes von Kindern untersucht, muß ein Bedarf geplant werden, der sich nicht nur an der Zuteilung von Plätzen und Einrichtungen orientiert. Die Kompetenz von Eltern, Erzieherinnen und auch Kindern für eine solche stadtteilorientierte Planung muß dringend mehr genutzt werden. Orte für Kinder, die von den Tageseinrichtungen aus entstehen, integrieren Spielplätze, Vereinsaktivitäten, Familienbildungsstätten, Kirchengemeinden, sensibilisieren aber auch für die von Kindern selbst ausgewählten Inseln im Stadtteil und bieten ihnen die von Prof. Münchmeier gewünschten „Gelegenheitsstrukturen".

Jugendhilfeplanung muß sich zum Anwalt der Bedürfnisse von Kindern machen und Orte für sie rückgewinnen. Jugendhilfeplanung sollte dabei von einer kontinuierlichen Sozialberichterstattung ausgehen, die die vorhandenen Strukturen im Stadtteil kontinuierlich beobachtet und angemessene Maßnahmen zur Weiterentwicklung vorschlägt. Die Notwendigkeit eines solchen Vorgehens zeigt sich auch deutlich an den Beobachtungen aus der Evaluation des Erprobungsprogramms. Dort, wo eine kontinuierliche, auch trägerübergreifende Zusammenarbeit in einer Region aufrecht erhalten wird, konnte sich sowohl strukturell als auch pädagogisch eine, an den Interessen von Kindern orientierte, Angebotspalette etablieren.

Projekte ziehen dann Kreise, wenn die innovationsbereiten Kräfte in einer Region miteinander vernetzt bleiben und nicht sich zurückziehen auf die strukturell vorgesehenen, meist sehr schwerfälligen Instrumente der Kinder- und Jugendhilfeausschüsse und -arbeitsgemeingemeinschaften. Die Bündelung von innovationsbereiten Kräften und die Schaffung von dezentralen Strukturen für eine wirkliche Veränderung der Angebotslandschaft für Kinder wird eine der wichtigsten Aufgaben, bei der es auch gilt, Einzelinteressen zu überwinden.

Dauerhafte, trägerübergreifende Strukturen lassen sich in der Folge von Projekten, so Frau Kossolapow aus Bremen, nur dann sicherstellen, wenn für alle, die miteinander im Gespräch bleiben sollen, der Profit deutlich wird und die Zusammenarbeit nicht nur als zusätzliche Aufgabe verstanden wird. In Bremen ist es zum Beispiel in einer umfassenden, trägerübergreifenden Kooperation im Stadtteil Lüssum gelungen, auch auf Dauer partikulare Interessen zu überwinden, und miteinander im Gespräch zu bleiben, unter anderem auch mit der in diesem Stadtteil wesentlich mitwirkenden und mitgestaltenden Wohnungsbaugesellschaft.

Die drohende Entstandardisierung, wie sie zur Zeit in einigen Regionen im Umgang mit dem Rechtsanspruch auf einen Kindergartenplatz beobachtet werden kann, läßt hier hellhörig werden. In dem Maße, in dem überörtliche sinnvolle Planungs- und Kontrollinstrumente entmachtet werden und die finanzielle Verantwortung in die Kommune delegiert wird, ist die Gefahr einer dauerhaften Entstandardisierung der Angebote und einer kurzfristigen, lediglich an betriebswirtschaftlichen Interessen orientierten Konzeptentwicklung zu befürchten. Auch hier gilt es, die unterschiedlichsten Interessen nicht gegeneinander sondern miteinander zu bündeln und durch Synergieeffekte die Qualität zu sichern.

II. In der engen Kooperation zwischen ausgebildeten, pädagogischen Fachkräften und Müttern in den Mütterzentren, die im Projekt „Orte für Kinder“ beteiligt waren, konnte die Erfahrung gemacht werden, daß die Mütter als Praxisexpertinnen sehr deutlich ihre Grenzen in der pädagogischen Arbeit erkennen können, insbesondere dann, wenn Erzieherinnen selbstbewußt ihre professionellen Kompetenzen in die gemeinsame Arbeit einbringen. Wie sehr dafür die Voraussetzungen günstig sind, konnte Herr Dr. Nagel an den Ergebnissen der Väter- und Mütterbefragung im Rahmen des Projektes „Neue Konzepte“ deutlich machen. 66 % der Eltern sagten, daß nach guten Freunden für sie die Erzieherinnen in der Tageseinrichtung die wichtigsten Personen sind, um über Fragen der Kindererziehung zu sprechen. Erzieherinnen können, gerade wenn sie sich ihrer eigenen Rolle als Frauen und Mütter bewußt sind, durch ihre hohe Einfühlung in die Lebenswirklichkeit von Müttern, eine wichtige Gesprächspartnerin sein.

Im Kontext der Evaluation des Erprobungsprogrammes wurde von den Erzieherinnen festgestellt, daß dafür erhebliche Reflexionszeit erforderlich ist, daß es wichtig ist, in kollegialen Beratungssituationen sich wechselseitig der eigenen Profession immer wieder zu versichern und die Auseinandersetzung mit anderen Erwachsenen im Umfeld der Tageseinrichtung für Kinder zu reflektieren.

Erzieherinnen, die vor zwanzig Jahren am Erprobungsprogramm beteiligt waren, äußerten, so Dr. Christa Preissing, bei der Evaluierung die Sorge, gläserne Erzieherinnen zu werden, sich in allem und jedem Tun beobachtet zu fühlen, erlebten aber auch Anforderungen an sie als intellektuelle Herausforderung und fühlten sich von den Wissenschaftlern und Wissenschaftlerinnen ernst genommen.

Rückblickend stellt sich die Entwicklungsarbeit und das innovativ Tätigseinkönnen im Projekt als Professionalisierungschance im beruflichen Alltag dar und hat für Erzieherinnen auch langfristig die Berufsmotivation und -identifikation erhöht.

III. Die Bedeutung der Begleitung von Praxis duch Wissenschaftlerinnen und Wissenschaftler, durch das Eingebundensein in Projektarbeit wurde also von vielen Erzieherinnen als enorme Herausforderung und zugleich berufliche Bereicherung erlebt. Allerdings konnte festgestellt werden, daß die begonnenen Innovationen nur dann über die Projektbegleitzeit hinaus wirksam waren, wenn systematisch Begleitsysteme vorhanden waren bzw. angeboten wurden. Es zeigt sich deutlich, daß es zukünftig nicht nur um eine Vernetzung der Angebote für Kinder gehen muß, sondern auch um eine Vernetzung von Unterstützungssystemen rings um die Tageseinrichtungen. Kooperation zwischen Ausbildung, Fachberatung, Fortbildung, Träger, Leiterinnen und Erzieherinnen ist dringend erforderlich.

Die Multiplizierung von gewonnenen Erkenntnissen und Ergebnissen, die Innovationsschritte zu übertragen auf die Praxis im Umfeld von modellprojektbeteiligten Einrichtungen wird nur dann gelingen, wenn ein kontinuierlicher Dialog zwischen Praxis, Multiplikatoren, Träger und Wissenschaft etabliert werden kann. Überall da, wo solche Unterstützungssysteme und Kooperationstraditionen vorzufinden sind, konnten die im Erprobungsprogramm eingeschlagenen Wege auch zwanzig Jahre später noch aufgefunden bzw. ihre zeitgemäße Weiterentwicklung festgestellt werden.

Wissenschaftliche Forschung gewinnt in diesem Kontext nochmals neue Bedeutung, wenn es darum geht, Qualitätsentwicklungen und Qualitätssicherung auch unter betriebswirtschaftlichen Gesichtspunkten betreiben zu müssen. Der notwendige Diskurs über Qualität, über ihre Überprüfbarkeit und die Unterstützung der Praxis bei der Entwicklung von Qualitätsmerkmalen ist eine wichtige Aufgabe zukünftiger Forschungsprojekte. Dabei zeigt sich im Dialog zwischen den unterschiedlichen Projekten und auch ihren unterschiedlichen Forschungsansätzen, daß auch hier nicht ein Entweder/Oder erforderlich ist, sondern künftig sehr viel enger auch zwischen den einzelnen Forschungsbereichen kooperiert werden muß und Sonderinteressen überwunden werden sollten.

Der im DJI-Projekt praktizierte Handlungsforschungsansatz hat sich für die Weiterentwicklung von Praxis und die Politikberatung in ganz besonderer Weise bewährt. Allerdings wird es in Zukunft darum gehen, auch andere Wissenschaftsbereiche stärker in die Entwicklung von sozialer und pädagogischer Arbeit einzubeziehen. Unter dem Druck, meßbare Ergebnisse aufzuzeigen, wird der langfristigen Beobachtung von Entwicklungsprozessen von Kindern und der Wirkung pädagogischer Praxis eine große Bedeutung zukommen, aber auch volkswirtschaftlichen und betriebswirtschaftlichen Untersuchungen. Nur dann, wenn eine Vernetzung auch der wissenschaftlichen Begleitstrukturen stattfindet, können sie für eine effektive Sicherung der sozialpädagogischen Praxis genutzt werden.

Fazit: Überall da, wo Sonderinteressen den Blick für das gesamte System der Erziehung, Bildung und Betreuung von Kindern und der Begleitung von Familien versperren, kann innovative, kreative und effektive Arbeit sich nicht entwickeln. Nur wenn es gelingt, die unterschiedlichen Blickwinkel auf ein und dasselbe Ganze miteinander zu vernetzen, wird auch zukünftig eine Entwicklung von Kindern und eine Unterstützung von Familien möglich sein.

Fachgespräch 2
Was geschieht mit Kindern?

Das zweite Fachgespräch war ausgerichtet auf die Frage „Was geschieht mit Kindern?“ Als zentrale Diskussionsgrundlage war der Bericht des Forschungsprojektes „Evaluation des Erprobungsprogramms“ vorgesehen. Zu diesem Zweck berichtete Frau Dr. Christa Preissing von der Freien Universität Berlin einleitend über das Forschungsvorhaben, ausgewählte Ergebnisse sowie Problemfelder des Forschungsprozesses und der -resultate des Projektes, die der folgenden Darstellung entnommen werden können.
An dem sich anschließenden Fachgespräch nahmen auf dem Podium desweiteren Vertreterinnen und Vertreter der beiden anderen Forschungsprojekte teil: Herr Dr. Bernhard Nagel vom Staatsinstitut für Frühpädagogik in München vertrat das Projekt „Neue Konzepte für Kindertageseinrichtungen“, Frau Kornelia Schneider vom Deutschen Jugendinstitut in München das Projekt „Orte für Kinder.
Die Moderation führten Jochen Müller, Jugendamt Düsseldorf und Bernd Hausmann vom Landesjugendamt Baden.

Die Reform des Kindergartens
Ein Programm und seine Folgen (Evaluation des Erprobungsprogramms)

Christa Preissing

Der Abschluß des überregionalen Erprobungsprogramms 1978/79 kennzeichnete das vorläufige Ende der Kindergartenreform. Fast 15 Jahre danach wurde die Freie Universität Berlin vom Bundesministerium für Bildung und Wissenschaft beauftragt, mittels einer empirischen Studie herauszufinden, welche der mit den Reformzielen der siebziger Jahre intendierten Veränderungen heute noch Bestand haben, wie sie in der Praxis umgesetzt werden, welche Veränderungen oder Erweiterungen sie erfahren haben und welche an Bedeutung verloren haben oder in Vergessenheit geraten sind.
Zudem wiesen die damaligen Umstände bzw. die Reformansätze selbst offenbar entscheidende Mängel auf, da sie die Fortführung der Reform, ihre weitere Ausbreitung und die jeweilige Aktualisierung der reforme-

rischen Anliegen nicht sicherstellen konnten. Somit erlangte auch die Frage Relevanz, unter welchen Bedingungen sich Reformansätze fortsetzen. Der damalige Reformansatz „Erprobungsprogramm" sollte daraufhin untersucht werden, was aus ihm im Hinblick auf künftige Reformstrategien zu lernen sei. Die Durchführung der Evaluation sollte so angelegt sein, daß alle Verantwortlichen im Elementarbereich – Bund, Länder, Trägerverbände, Einrichtungen der Aus- und Fortbildung sowie die Beratungssysteme – daraus Nutzen ziehen können und die gewonnenen Erfahrungs- und Wissensbestände für die Verbesserung der Situation vorschulischer Erziehung in den neunziger Jahren beitragen.
Die leitenden Fragestellungen bei der Untersuchung waren:

- **Wie sah die Implementationsstrategie des Erprobungsprogramms aus?**

  Weiterentwicklung und -verbreiterung der erprobten Curricula; Erleichternde/erschwerende Bedingung bei der Weiterentwicklung wie z.B. Unterstützung durch Forschung oder administrative Hemmnisse; Welcher Gewinn ist für alle Beteiligten zu benennen; Wie hat sich das politische Interesse entwickelt; Welche regionalen und länderspezifischen Verschiedenheiten lassen sich herausheben?

- **Wieweit hat das kommunikative, qualifizierungsfördernde und praxisunterstützende System im Erprobungsprogramm die Innovation gefördert?**

  Rolle des Fachberatungs- und Fortbildungssystems sowie der im Erprobungsprogramm initiierten einrichtungsübergreifenden Arbeitskreise im Reform- und Implementationsprozeß; Wie hat sich die Zusammenarbeit zwischen Praxis und Ausbildungseinrichtungen entwickelt?

- **Wieweit gelang es, Veränderungen der gesamtgesellschaftlichen Situation, gewandelte Lebensverhältnisse in Familie und sozialer Umwelt, veränderte Anforderungen und Interessen von Eltern und Erzieherinnen in die pädagogische Arbeit zu integrieren?**

  Wie paßten Reformanspruch und Interessen von Kindern, Eltern, Erzieherinnen zueinander und wie haben sich die Anforderungen der Eltern bzw. die institutionellen Rahmenbedingungen verändert? Welche Veränderungen haben sich im Berufsbild der Erzieherinnen ergeben und welche neuen Schlüsselsituationen haben sich herauskristallisiert?

Insgesamt zielen die drei Fragenkomplexe auf die Analyse von Stärken und Problemzonen des damaligen Erprobungsprogramms sowie der Implementationsstrategie und – daraus folgend – auf die Gewinnung reformstrategischer Vorstellungen und Vorschläge für künftige, langfristig wirksame Innovationen.
Als reformstrategische Schlüsselprobleme werden benannt:

- Das Reforminstrument des Bundes und der Länder – die Modellversuche – enthält gravierende Konstruktionsmängel. Im schwachverfaßten Elementarbereich wurden damit nur temporäre innovative Infrastrukturen geschaffen, die abrupt endeten und in keinen sytematischen überregionalen Implementations- und Disseminationsstrategien mündeten. Dem Elementarbereich fehlt bis heute eine dauerhafte innovative Infrastruktur, wie sie der Bildungsrat seinerzeit gefördert hat.
- In der jüngsten Geschichte des Elementarbereichs sind Reformen/Veränderungen im wesentlichen nicht aus eigenem Interesse, sondern durch äußere Anlässe (Streit um die Fünfjährigen, Paragraph 218, Bedarf an Ganztagsplätzen und an Plätzen für Kinder unter drei bzw. über sechs Jahren, Geburtenrückgang) eingeleitet worden, also eher extrinsisch als intrinsisch motiviert. Fiel diese extrinsische Motivation fort, wurden auch die Bemühungen politischer Instanzen deutlich schwächer, eingeschlagene Wege der Innovation weiterzugehen.
- Dem Verwaltungshandeln stand vielfach kein politisches Handeln zur Seite. Auf Bundesebene wie auch in der Mehrzahl der Länder fehlte der politische Wille zur Sicherung und Verbreitung erarbeiteter qualitativer Standards.
  Es mangelt an einem produktiven, mit Anreizen verbundenen Wettbewerb. Gute Arbeit wird nicht belohnt, Erzieherinnen, die sich an Reformstandards orientieren, sind über Jahre vielfach alleingelassen worden. Wir sind bei lokalen Trägern, Jugendämtern, zuständigen Verwaltungsressorts und Fachschulen z.T. auf eine Inkompetenz gestoßen. Es fehlen eine interne und externe Evaluierung.
- Der weiteren Verelendung und dem Statusverlust des Berufs der Erzieherin ist bisher nicht mit der Ausarbeitung und Durchsetzung eines attraktiven, perspektivenreichen Berufsprofils entgegengewirkt worden.
- Die Abkopplung der Ausbildung vom Reformgeschehen erwies sich als ein kontraproduktiver Faktor ersten Ranges. Es ist nicht erkennbar, daß die Reform der Ausbildung – nimmt man zwei, drei Bundesländer aus – auf wirklich breiter Ebene und mit der nötigen Entschiedenheit nachgeholt wird.

- Die Teilsysteme Ausbildung, Fortbildung, Fachberatung und Fachaufsicht sind nicht miteinander vernetzt und aufeinander abgestimmt worden. Mancherorts führt dies – im Quervergleich – zu einer weitgehenden thematischen und konzeptionellen Beliebigkeit.
- Auffällig ist der Mangel an Verbindlichkeit im Elementarbereich, was die Formulierung und Gewährleistung von qualitativen Standards in den Einrichtungen anbelangt. Diese Beliebigkeit führt in vielen Fällen zur deutlichen Unterschreitung einer Qualität, über die – folgt man den Verlautbarungen von Trägern, Fachverbänden und Landesressorts – eigentlich Konsens bestehen müßte. Bemerkenswert ist auch die Geschichtslosigkeit und damit zusammenhängende diskontinuierliche Entwicklung innerhalb tragender Teilsysteme des Elementarbereichs.
- Für am Reformgeschehen beteiligte Wissenschaftler/innen bestehen nach dem Auslaufen von Modellversuchen keine ausreichende Chancen, sich auf finanzierter Grundlage noch offenen Fragen zuzuwenden.

Hinsichtlich der Projektbeteiligung wurden nach überwiegend pragmatischen Gesichtspunkten 39 Einrichtungen ausgewählt, die möglichst umfassend regionale bzw. institutionsspezifische Unterschiedlichkeiten repräsentieren und in ihrer Gesamtheit die Vielfalt der Arbeitsbedingungen abdecken. Es wurde darauf geachtet, daß einerseits Einrichtungen an der Studie teilnehmen, die am damaligen Erprobungsprogramm beteiligt waren und aus dieser Zeit dort noch mindestens eine Erzieherin beschäftigt ist (insgesamt 32). Andererseits wurden Einrichtungen ausgewählt, die am Erprobungsprogramm nicht beteiligt waren (insgesamt 7).
Hinsichtlich der Datenerhebung wurden verschiedene Methoden kombiniert. Im Vordergrund standen ein standardisierter Fragebogen, mit dem die Grunddaten der Einrichtung erhoben wurden, freie Interviews mit den Leiterinnen, Erzieherinnen und ggf. den Praktikantinnen, die einem Fragenkatalog folgten, Hospitationen in den Kindergruppen, von denen Beobachtungsprotokolle angelegt wurden sowie regionale Hearings, Expertengespräche und Dokumentenanalysen.

Die auf Grundlage des Forschungsvorgehen erstellten Einrichtungsporträts wurden entlang der u.g. Dimensionen ausgewertet, deren Vorhandensein bzw. deren Ausprägung die Kindergärten, die nach Merkmalen des Situationsansatzes arbeiten, von anderen unterscheiden:

- Bezug zu Lebenssituationen
- Verbindung von sozialem und sachbezogenem Lernen

- Altersmischung
- Mitwirkung von Eltern und anderen Erwachsenen
- Balancierte Kommunikation zwischen Erzieherinnen und Kindern
- Gemeinwesenorientierung
- Raumgestaltung, -ausstattung und -nutzung
- Integration behinderter Kinder
- Interkulturelle Erziehung
- Übergang zur Schule
- Teamarbeit
- Fachberatung und Fortbildung
- Ausbildung des pädagogischen Fachpersonals

Die inhaltliche Definition dieser Dimensionen orientierte sich an den im Erprobungsprogramm intendierten Zielen und Ansprüchen. In Form einer Bestandsaufnahme gibt der Abschlußbericht die vorgefundene Kindergartenpraxis wieder.

Ergebnisse aus diesem Bericht sind u.a.:

- Obwohl heute die meisten Erzieherinnen behaupten, daß sie ihre pädagogische Arbeit an den Interessen und Bedürfnisen der Kinder orientieren würden, zeigen die Ergebnisse, daß nur in seltenen Fällen die jeweiligen Interessen und Bedürfnisse durch eine gründliche Erhebung der Lebensumstände von Kindern ermittelt werden. Es fehlt offensichtlich an Hilfestellungen zur Erstellung einer Situationsanalyse. Es werden Themen aufgegriffen, die gerade modern sind bzw. die pädagogische Arbeit bleibt der sogenannten „Spontaneität" überlassen.
- Es scheint, als habe die mit der Kindergartenreform intendierte Abkehr vom isolierten Training kognitiver Fähigkeiten und funktionaler Fertigkeiten in der überwiegenden Anzahl von Kindergärten zu einer Abkehr von sachbezogenem Lernen überhaupt geführt.
- Durch Transparenz der Planung werden Eltern als Mitgestalter und kompetente Partner angesprochen. Hierzu wurden diverse Formen vorgefunden. Kindergarten als Ort der Begegnung hat zu alternativen Möglichkeiten des Kontaktes wie etwa Elterncafes, Stammtischen oder Wochendausflügen geführt.
- Die Auswertung der Hospitationsprotokolle zeigt einen Zusammenhang zwischen einer kindorientierten Zugewandheit im Erziehungsverhalten der Erzieherinnen und dem Klima und „Stil" des Hauses. Es kann die Schlußfolgerung gezogen werden, daß es einen Zusammenhang zwi-

schen partnerschaftlichem Erziehungsverhalten der Gruppenerzieherinnen und kollegial-fachlichem Austausch der Erzieherinnen untereinander sowie einem eher hierarchiefreien Arbeitsthema gibt.

- Die Öffnung des Kindergartens wird als wichtiges Ziel der pädagogischen Arbeit gesehen, um Kindern neue Erfahrungsfelder zu eröffnen. Die Umsetzung wird jedoch eher zögernd angegangen.
- Die Bedeutung einer offenen und differenzierten Raumgestaltung, die Einbeziehung des gesamten Hauses und all seiner Verkehrsflächen als Erlebnis- und Erfahrungsraum für Kinder hat sich in nahezu allen besuchten Einrichtungen umgesetzt.
- Die Aufnahme behinderter Kinder hat in einigen Einrichtungen zur Weiterentwicklung der pädagogischen Konzeption bzw. zur Reflexion des Situationsansatzes geführt. Darüberhinaus wurden im Zuge der Entwicklung eines Integrationskonzeptes personelle und bauliche Erweiterungen möglich. Wichtig war dabei die fachliche Unterstützung durch Fachberatung und entsprechende Fortbildungsmaßnahmen.
- In den Befragungen und Hearings wurde deutlich, daß interkulturelle Erziehung im Alltag der Einrichtungen offenbar Fuß gefaßt hat, kulturelle Unterschiede als Bereicherung aufgegriffen und zum Thema der pädagogischen Planung gemacht werden.
- Aus der Sicht der Befragten ist die Schule heute stärker als früher auf leistungs- und funktionsorientierten Anforderungen abgestellt und die Kooperation beider Institutionen wird in der Rückschau der befragten als „früher besser“ eingeschätzt. Durchweg enttäuschend wird es von den Erzieherinnen erlebt, daß entsprechende Initiativen zur Kooperation meist von ihnen ausgehen müssen.
- Die während des Erprobungsprogramms vorhandenen Verfügungszeiten und Besprechungstermine – notwendige Voraussetzung für eine fruchtbare Kooperation und gemeinsame pädagogische Planung im Team – haben sich bundesweit nicht umsetzen lassen und gehören auch für die damals beteiligten Einrichtungen der Vergangenheit an.
- Aus der Sicht der Praktiker/innen stehen Fortbildungs-/Beratungsbedarf und die tatsächlichen Möglichkeiten Fortbildung und Beratung in Anspruch zu nehmen, häufig im Mißverhältnis. Bedarf und Angebot passen häufig nicht zueinander.
- Hinsichtlich der Rolle und Bedeutung des Situationsansatzes und seiner Vermittlung in der fachschulischen Ausbildung ergibt sich folgendes Bild: die befragten Erzieherinnen bewerten mehrheitlich, zwar mal „etwas davon gehört zu haben“, aber die Prinzipien und die Methoden zur Umsetzung des Situationsansatzes nicht zu kennen.

Jochen Müller

Zusammenfassung des Fachgesprächs zum Thema: Was geschieht mit Kindern?

1. Oberstes Erziehungsziel der Fachkräfte, deren Einrichtungen am Erprobungsprogramm teilgenommen haben, war die Erziehung der Kinder zur Selbständigkeit. Dieses Ziel war jedoch in erster Linie dahingehend definiert worden, daß die Kinder in den Einrichtungen Selbständigkeit nur in einem instrumentellen, funktionalen Zusammenhang erlernen sollten dergestalt, daß die Kinder ihren Alltag selbständig bewältigen können, weniger jedoch dahingehend, daß die Kinder eigenständige Ideen entwickeln, querdenken, kreativ sein, eigenen Interessen nachgehen, auch wenn diese nicht in das Konzept der Erzieherinnen passen.

2. Die Erzieherinnen haben bemängelt, daß sie zuwenig Reflexionsmöglichkeiten nach der Teilnahme am Erprobungsprogramm hatten.

3. Auf die Frage nach den Fortschritten durch das Erprobungsprogramm wurde wie folgt geantwortet:
   - es wurden andere Angebotsarten diskutiert und auch eingeführt
   - es wurden Einrichtungen für integrative Gruppen geöffnet
   - Eltern-Kind-Gruppen wurden gefördert
   - es wurde die Frage nach dem Sinn der bisher üblichen Gruppenformen gestellt
     es wurde die Frage nach dem Sinn der bisherigen Alterszusammensetzung in den Gruppen gestellt
   - es wurde geprüft, ob die Ausstattung und Nutzung der vorhandenen Räumlichkeiten zeitgerecht ist
   - es wurde geprüft, ob die bisherigen Strukturen den Bedürfnissen der Kinder entsprechen
   - es wurde festgestellt, daß eine positive Entwicklung in der Kommunikation zwischen Fachkräften und Eltern und zwischen Fachkräften-Kindern-Eltern einsetzte
   - Räume und Materialien wurden differenzierter genutzt durch freie Zugänglichkeiten

Als negatives Ergebnis wurde geschildert:

- die wenigsten Erzieherinnen sind in der Lage Situationsanalysen zu stellen, in der die „kulturellen Bestände und Wissensbestände erkennbar sind, die sich Kinder in den sozialen Kontexten der Analyse auch aneignen können." Die Verbindung von sachbezogenem und sozialem Lernen wird oftmals als Erziehungsziel genannt, das sachbezogene Lernen jedoch geschieht weniger, während soziales Lernen gefördert wird. Das Kind in den verschiedenen Altersstufen erhält zu wenig Wissen.
  Von Teilnehmern wurde darauf hingewiesen, daß zunächst die Eltern die Verantwortung für ihre Kinder haben, es sei nicht alles Erforderliche von den Kindertagesstätten leistbar, diese haben sehr wohl jedoch eine die Eltern unterstützende Aufgabe. Dieser Aussage wurde zwar zugestimmt, es wurde dennoch darauf hingewiesen, daß die Erzieherinnen Ansprechpartnerinnen im Stadtteil sein sollten, da sie Kontakte zu einer Vielzahl von Einrichtungen (Schule, Jugendamt, Jugendfreizeiteinrichtungen etc.) haben.

4. Es wurde die Frage nach der Stellung, die Kinder in der Gesellschaft haben, gestellt und hiermit verbunden die Frage nach der Qualität von Erziehung, die ohne ausreichende finanzielle Mittel nicht leistbar sei. Es wurden folgende Vorschläge gemacht:
   - neue Ressourcen suchen
   - neue Konzepte entwickeln
   - zur Unterstützung der Fachkräfte in den Einrichtungen andere Fachkräfte (Honorarkräfte) einbeziehen
   - die Kommunen müssen dergestalt „in die Pflicht" genommen werden, daß statt Mehrbelegungen in den Gruppen neue „Räume" für Kinder geschaffen werden
   - durch Interaktionen starre Strukturen aufbrechen

5. Von Teilnehmern wurde darauf hingewiesen, daß nicht immer wieder neu geforscht werden muß, sondern daß die vorhandenen Erkenntnisse gebündelt werden müssen, um dann mit den sogenannten Entscheidungsträgern Gespräche führen zu können.

   Von den Vertreterinnen des Erprobungsprogramms wurde darauf hingewiesen, daß bei stetig abnehmenden finanziellen Mitteln für die Kindertagesstätten folgendes erforderlich sei:

- Erfahrungen von Stabilität für Kinder
- Eigeninitiative
- Hartnäckigkeit
- hohe Frustrationstoleranz
- Querdenken
- Stehvermögen
- Neugierde
- Sukzessive Integration neuer Formen
- kritische Analyse „globaler Probleme"
- Aushalten von Unsicherheiten
- Widersprüche als Chance wahrnehmen
- neue Perspektiven entwickeln
- Solidarität einfordern und üben

Ein weiterer Beitrag ist das Erlernen in sogenannten „Ernst-Situationen" vor allem für ältere Kinder, dieses erlernen kann dahin führen, daß notwendige Mittel selbst erwirtschaftet werden. Für Erzieherinnen kann es sinnvoll sein, Kindertagesstätten in eigener Regie zu führen.

Es müssen auch verstärkt diejenigen Menschen angesprochen werden, die bisher weniger mit Kindern zu tun hatten, wie z.B. Betriebe.

Von Teilnehmerinnen wurde die Frage geäußert, ob Kinder mit den genannten Vorschlägen bereits das Überleben trainieren sollen. Der Wirtschaft fehle der politische Blick. Außerdem entstehe der Eindruck, daß mit der Schilderung der Komplexität der Herausforderungen diese nur deshalb so komplex dargestellt würden, damit die Wissenschaft ihre Existenzberechtigung hieraus wiederum ableiten könne. Erforderlich sei eine arbeitsteilige Erarbeitung der Probleme und anschließende Zusammenfassung der Ergebnisse.

6. Die Frage nach der Wirksamkeit des Erprobungsprogramms in den beteiligten und nicht beteiligten Einrichtungen wurde wie folgt beantwortet:

   In den beteiligten Einrichtungen war zu verzeichnen:
   - eine hohe personelle Kontinuität insbesondere in den Leitungsstrukturen
   - Beteiligung der Leiterinnen bei der Auswahl der Mitarbeiterinnen
   - starke inhaltliche Unterstützung der Fachkräfte durch Träger

- fachliches Interesse des Trägers
- enge Kommunikation zwischen Träger und Praxis (mit Schwierigkeiten bei großen Trägern und großen Kommunen)
- vorhandene Fachberatung
- Fortbildung und Fachberatung in engem Zusammenhang

In NRW und Hessen wurden die Ergebnisse aus dem Erprobungsprogramm fortgeführt, beide Länder haben entsprechende Institute.
In allen anderen Bundesländern hat es nach Beendigung des Erprobungsprogramms keine Verbindung mehr zwischen den beteiligten Einrichtungen gegeben. Es hat keine Fortentwicklung des Fachberaterteams und der Fortbildung stattgefunden. Es hätte ein Zusammenspiel zwischen allen Beteiligten stattfinden müssen (Einrichtungen, Träger, Spitzenverbände). Die Ergebnisse sind „versandet".

Fachgespräch 3
Wer befaßt sich mit Kindern?

Das dritte Fachgespräch mit der Leitfrage „Wer befaßt sich mit Kindern? stellte die Ergebnisse des Forschungsprojektes „neue Konzepte für Kindertageseinrichtungen" in den Mittelpunkt der Erörterungen.
Da es sich bei diesem Forschungsprojekt um eine vergleichende Studie handelt, wurden zunächst aus der jeweiligen Sicht der drei beteiligten Bundesländer, Bayern, Nordrhein-Westfalen (NRW) und Brandenburg die wichtigsten Ergebnisse der Untersuchung referiert.
Herr Dr. Nagel vom Staatsinstitut für Frühpädagogik, München gab zu Beginn eine Einführung in das Setting des Forschungsprojektes und stellte – länderübergreifend – die wichtigsten Ergebnisse dar. Herr Dr. Strätz, Sozialpädagogisches Institut für Kleinkind- und außerschulische Erziehung, Köln, stellte ergänzend spezifische Ergebnisse der Untersuchung in Nordrhein-Westfalen dar, und anschließend resümierte Herr Dr. Sturzbecher vom Institut für angewandte Familien-, Kindheits- und Jugendforschung e.V., Golm und Vehlefanz relevante Forschungsergebnisse der Untersuchung in Brandenburg.
An dem Fachgespräch beteiligten sich die Teilnehmerinnen und Teilnehmer der Fachtagung „KINDERSTANDORT DEUTSCHLAND" und – auf dem Podium – diskutierten Vertreterinnen der beiden anderen Forschungsprojekte, für „Orte für Kinder" Gisela Dittrich, Deutsches Jugendinstitut, München und für „Evaluation des Erprobungsprogramms" Dr. Christ Preissing, Freie Universität Berlin.
Die Moderation hatte Sigrid Ebert, Vorsitzende des Pestalozzi-Fröbel-Verbandes und Studiendirektorin der Fachschule für Sozialpädagogik des Pestalozzi-Fröbel-Hauses, Berlin.

Neue Konzepte für Kindertageseinrichtungen – Eine empirische Studie zur Situations- und Problemdefinition der beteiligten Interessengruppen

Bernhard Nagel

Diese Studie wurde von Anfang 1993 bis 1995 auf Initiative und mit Mitteln des Bundesministeriums für Bildung, Wissenschaft, Forschung und Technologie in den Ländern Bayern, Brandenburg und Nordrhein-Westfalen durchgeführt. Sie erfolgte unter Federführung des Staatsinstituts für Frühpädagogik (IFP), München, in Kooperation mit dem Sozialpädagogischen Institut für Kleinkind- und außerschulische Erziehung des Landes Nordrhein-Westfalen (SPI), Köln, und dem Institut für angewandte Familien-, Kindheits- und Jugendforschung e.V. (IFK), Golm und Vehlefanz. Ziel dieser Befragung – in diesem Umfang die erste ihrer Art – war eine Bestandsaufnahme der aktuellen Situation auf den verschiedenen Ebenen des Elementarbereichs unter Einbeziehung der Familien.

Das in den 70er Jahren eingeführte sogenannte „Erprobungsprogramm" (Situationsansatz) wurde nicht in der erwarteten Weise in der Praxis ausgebaut, darüber hinaus wurde in den 80er Jahren der Wandel der Entwicklungsbedingungen und des Erziehungskontextes von Kindern immer deutlicher. So stellten beispielsweise Veränderungen in Familie und Arbeitswelt wie die Erwerbstätigkeit der Frauen, die Zunahme von Eineltern- und Einkindfamilien und der Wunsch der Eltern nach einer mit ihrer individuellen Lebenslage in Einklang stehenden Kindertagesbetreuung neuartige Anforderungen an das Erzieherpersonal, das diesen Ansprüchen gerecht werden soll. Diese unterschiedlichen Entwicklungstrends erfordern eine modifizierte Sicht auf die Arbeit im Elementarbereich. Die Studie rückte deshalb Aspekte ins Zentrum der Aufmerksamkeit, die bis dato zwar von kursorischen Eindrücken her bereits bekannt waren, die nun aber empirisch und systematisch untersucht werden sollten. Die Aus- und Fortbildung von Erzieherinnen, die Zusammenarbeit mit Eltern, die Situation der Träger, der Fachberatung oder der Praktikantenanleitung, die Vernetzung mit anderen kind- und familienbezogenen Einrichtungen oder Diensten und die Bereitschaft zu Innovation und Veränderung sind einige Sektoren der Elementarerziehung, die mit repräsentativen Daten ausgeleuchtet wurden.

Dies erfolgte durch eine Analyse der verschiedenen Ebenen des Kindergartenbereichs – von den betroffenen Eltern bis hin zum Fachpersonal innerhalb und außerhalb der Einrichtungen, den Einrichtungsträgern und den Ausbildungsstätten.

Im einzelnen wurden zwei Themenkomplexe mit den folgenden Schwerpunkten unterschieden, wobei die befragte Zielgruppe zu Komplex 1 die Eltern waren:

1. Kinder in familialen und außerfamilialen Umwelten

- *Soziodemographische Daten*
  (Grunddaten zur Person, Beruflicher Werdegang, Angaben zum Wohnumfeld, Angaben zu einzelnen Kindern)
- *Familiale Entwicklungsbedingungen*
  (Familienklima: Erziehungsziele, Lern- u. Anregungspotential, familiäre Belastungen;
  Familiale Betreuungssituation: Zeit mit Kindern, Struktur der Betreuungsumwelt)
- *Soziales Umfeld der Kinder/Wohnumfeld*
- *Erwartungen der Eltern an Kindertageseinrichtungen*
  (Einstellungen zur Erziehung in Kindereinrichtungen, Auswahl der Kindereinrichtung, Einzelaspekte, Zusammenarbeit Kindereinrichtung – Eltern, Pädagogische Arbeit in der Kindereinrichtung)

2. Fachpersonal: Berufspraxis und damit zusammenhängende Aspekte/Situationen und Sichtweisen der Einrichtungsträger/Aus, Fort- und Weiterbildung

- *Soziodemographische Daten*
  (Grunddaten zur Person, Beruflicher Werdegang, Aktuelle Arbeitssituation, Spezifische Arbeitssituation, Angaben zu einzelnen Gruppen, Grunddaten zur Einrichtung, Einrichtungsumfeld)
- *Berufspraxis*
  (Tätigkeitsprofil: Ist-Zeit/Soll-Zeit, Belastungen; Ressourcen, Verfügungszeit, Zusatzaufgaben/-funktionen;
  Berufsgruppenspezifische Aspekte: Planung der erzieherischen Arbeit, Organisation und Verwaltung, Pädagogische Konzeption, Kooperation mit anderen, Trägern/Verbänden, Selbstverständnis, Personalauswahl/-einstellung, Personalentwicklung, Fachaufsicht (durch Regierung, Kreisaufsicht), Akzeptanz, Transparenz, Stellenbesetzung/Qualifikation, Führung, Aufgaben einer Gruppenerzieherin, Zusammenarbeit mit der Kindergartenleiterin, Kontaktaufnahme bei Beratungsgesprächen, Schwerpunkte der Fachberatung/Praxisberatung, Fachberatung und KJHG bzw. Praxisberatung nach der Wiedervereinigung, Zukunft der Fachberatung/Praxisberatung, Fortbildungangebote der Fachberatung/Praxisberatung, Übernahme der Aufgabe, Praktikantinnen anzuleiten, Vermittlung von Qualifikation an Praktikantinnen, Anleitungspraxis, Probleme der Praktikantenanleitung, Beginn des Berufspraktikums, Probleme während des

Berufspraktikums, Gestaltung des Berufspraktikums;
Bewältigungskapazität/Unterstützung: Unterstützungssysteme und -modi, Copingmodi, Qualitätskriterien, Qualitätsmerkmale der Einrichtung intern, Stellung der Einrichtung extern, Rückmeldung über die Arbeit als Fachberaterin/Praxisberaterin)

- *Ausbildung der Erzieherin*
  Ausbildungsstätten: Angaben zur Schule, Zugangswege, Externenprüfung, Ausbildungsreformen, berufsbegleitende Ausbildung;
  Ausbildungsstruktur/Ausbildungsinhalte: Ausführlichere Behandlung von Einzelthemen in Abhängigkeit von Veränderungen im Elementarbereich, Ziele der pädagogischen Arbeit in Kindertagesstätten, Unterrichtsangebot, Teilnahme am Unterricht, Lehrkräfte, Persönliche Befähigung/Schlüsselqualifikation, Berufspraktikum und Ausbildungsstätte
  Ausbildung und Beruf: Vorbereitung auf den Beruf, Abstimmung Arbeitgeber/Ausbildungsstätte, Sozialpädagogische Praxis;
  Ausbildung und Einrichtung: Anstellung von Vorpraktikantinnen und Berufspraktikantinnen, Einarbeitung von Berufsanfängern, Kooperation zwischen Schule und Einrichtung;
  Reform der Erzieherinnenausbildung
- *Eigene Fort- und Weiterbildung, Supervision*
  (Fortbildung/Weiterbildung/Zusatzausbildung: Erwartungen an Fort- und Weiterbildung, Stellenwert, Themen, Angebote, Organisation, Didaktik/Methodik, Inanspruchnahme, Zusatzausbildung;
  Supervision)
- *Fachberatung*
  (Zufriedenheit, Beratungsbedarf; Häufigkeit; Themen; Aufgaben)
  Zusammenarbeit mit Eltern
  (Kriterien für die Auswahl einer Kindertagesstätte; Inhalte der Zusammenarbeit;
  Formen des Kontakts zu Eltern: Quellen der Information über die familiäre Situation der Kinder, Formen der Zusammenarbeit mit Eltern;
  Fremd- und Selbstwahrnehmung des Fachpersonals: Die Eltern aus Sicht der Gruppenleiterin, Rollenverständnis der Kindergartenleitung bzw. Einrichtungsleitung;
  Stellenwert der Zusammenarbeit mit Eltern: Ausmaß der Elternbeteiligung, Schwierigkeiten, Ausbildung;
  Räumlichkeiten für Eltern in der Kindereinrichtung)
- *Arbeitszufriedenheit*
  (Allgemeine Arbeitszufriedenheit; Entfaltung und Anwendung eigener Fähigkeiten; Wechselbereitschaft; Betriebsklima, Arbeitsbelastung)

- *Berufsbiographie*
  (Berufsauswahl; Lebenslange Berufstätigkeit: Wiederaufnahme der Berufstätigkeit, Beruf und Familie;
  Berufliche Perspektiven)
- *Innovationspotential*
  (Impulsgeber; Innovative Ansätze/Modellversuche: Kenntnis innovativer Ansätze, Dringlichkeit innov. Ansätze, Kenntnis von Modellversuchen; Quellen der Information über neue Entwicklungen; Bedeutung von Forschung und Wissenschaft; Konkrete Innovationsvorhaben)
- *Vernetzung*
  (Funktion der Vernetzung; Vernetzungspartner)

Instrument der Datengewinnung war die standardisierte Befragung der folgenden Zielgruppen:

- Eltern
- Kindergartenleiter/innen
- Gruppenleiter/innen
- Praktikantenanleiter/innen
- Berufspraktikant/inn/en
- Fachberater/innen bzw. Praxisberater/innen
- Träger
- Ausbildungsstätten (Bayern, Brandenburg)

Mit der Einbeziehung fast aller in diesem Feld tätigen Gruppen sollte dem Systemcharakter des Elementarbereiches entsprochen und isolierten Problemlösungsversuchen vorgebeugt werden. Mit der Bestandsaufnahme in Bayern, Brandenburg und Nordrhein-Westfalen sollte der Unterschiedlichkeit der Rahmenbedingungen der Elementarerziehung in der Bundesrepublik Deutschland Rechnung getragen werden. Zugleich wurde die besondere Situation und der besondere Stellenwert des Kindergartenwesens in einem neuen Bundesland berücksichtigt sowie eine historische Chance genutzt, den Prozeß der Wiedervereinigung auch in diesem Bereich zu dokumentieren.
Um eine möglichst breite Nutzung der Erhebungsergebnisse zu erreichen, ist es beabsichtigt, interessierten Forschungseinrichtungen bzw. Institutionen die erhobenen Daten für weitergehende Auswertungen verfügbar zu machen.
Die Ergebnisse der Untersuchung zeigten einerseits zahlreiche – wegen der unterschiedlichen landesspezifischen Regelungen oder wie im Falle

Brandenburgs wegen der besonderen Situation nach der Wiedervereinigung zu erwartende – Unterschiede zwischen den Bundesländern, andererseits jedoch auch viele Gemeinsamkeiten zwischen den Bundesländern Bayern und Nordrhein-Westfalen und dem neuen Bundesland Brandenburg.
Aufgrund der sehr umfangreichen Fragebögen werden hier nur beispielhaft einige markante Einzelergebnisse aufgeführt, wobei die Hervorhebungen sich auf die jeweilige Fragestellung beziehen:

Einrichtungsträger

- In allen drei Bundesländern beteiligen sich die Träger der Einrichtungen im Regelfall an der **Festlegung der zentralen Ziele der Einrichtungen.** Deutliche Unterschiede gibt es jedoch bei der Beteiligung der anderen Gruppen (Gesamtteam, Leitung, Fachberatung, Eltern, Trägerverband).
- *Im allgemeinen wollen Träger, daß sich das pädagogische Personal* **beruflich fort- und weiterbildet.** Fast alle Träger in Bayern, aber nur rd. die Hälfte der Träger in Brandenburg **unterstützen dies finanziell.**

Einrichtungsleiterinnen

- Jede zweite Einrichtungsleiterin in Nordrhein-Westfalen findet, daß ihr **zuwenig Zeit für die pädagogische Arbeit mit Kindern** bleibt. Gleichzeitig ist jede fünfte der Ansicht, daß sie **zuviel Zeit für Verwaltung und Betriebsführung** aufwendet. Die Leiterinnen in Bayern und Brandenburg fühlen sich durch diese Bereiche zwar **am meisten belastet,** was jedoch nicht unbedingt etwas mit dem Zeitaufwand für diese Tätigkeit zu tun hat.
- Was den Umgang mit ihren Mitarbeiterinnen betrifft, sehen die Leiterinnen es als ihre „Schwächen" an, **Klarheit von Unter- und Überordnung zu schaffen, Grenzen zu setzen** und **Verantwortung zu teilen bzw. zu übergeben.**

Gruppenleiterinnen

- Die **fachliche und persönliche Kompetenz der Erzieherinnen** als Qualitätskriterium der pädagogischen Arbeit rangiert sowohl bei Trägern, Leiterinnen als auch bei den Gruppenleiterinnen in der Bewertung ganz oben. Hingegen werden die **Zusammenarbeit mit Eltern, die Gruppengröße, die pädagogische Konzeption** oder auch **die Vernetzung** mit anderen Organisationen hinsichtlich ihrer qualitativen Bedeutung für die pädagogische Arbeit unterschiedlich eingestuft.

- Rund die Hälfte der Gruppenleiterinnen gibt an, **zuwenig Zeit für die Zusammenarbeit mit Eltern und Familien** zu haben. Noch mehr haben **zuwenig Zeit mit anderen Einrichtungen** zu kooperieren.

Praktikantenanleiterinnen

- Etwa die Hälfte der Praktikantenanleiterinnen gibt an, **nicht auf die Anleitungsaufgabe vorbereitet** worden zu sein. Dies wird in Bayern von 60%, in Brandenburg von 70% und in Nordrhein-Westfalen von rd. 45% der Befragten als **schwerwiegendes Problem** betrachtet.
- Knapp die Hälfte der Berufspraktikantinnen führt außerhalb des Gruppengeschehens weniger als einmal die Woche **Gespräche zur Auswertung und Reflexion der eigenen Arbeit** mit der Praxisanleiterin.

Fach- bzw. Praxisberaterinnen

- Besonders in Bayern und Brandenburg sehen Fachberaterinnen und Praxisberaterinnen ihre **Aufgaben als wenig klar definiert** an. Teilweise mehr als die Hälfte der Befragten gibt an, daß es für ihre Stelle **keine Arbeitsplatzbeschreibung** gibt.
- Während Fachberaterinnen in Bayern und Nordrhein-Westfalen die **Qualifizierung des Personals von Kindereinrichtungen organisieren,** sind Praxisberaterinnen in Brandenburg zu einem großen Teil damit befaßt, das **Personal selbst zu qualifizieren.**

Mütter

- Häufige familiäre Belastungssituationen für das Kind sind nach Angaben der Mütter **nervliche Überlastung, hohe Arbeitsbelastung und häufiger Zeitmangel der Eltern** sowie **heftige Konflikte des Kindes mit seinen Geschwistern.** In Brandenburg nennen rd. 18% der Befragten Arbeitslosigkeit als wichtige Belastungssituation.
- Rund zwei Drittel geben an, daß neben den Eltern und der Kindereinrichtung weitere Personen ihr Kind regelmäßig betreuen. Am wichtigsten sind die **Geschwister,** die **Großeltern, Nachbarn/Kindermädchen/ Au-pair-Mädchen** sowie **Spiel- und Arbeitskreise.**

Ausbildung

- Über alle Grenzen hinweg ist man am ehesten in **Brandenburg** der Meinung, daß die **Ausbildung zur Erzieherin den Anforderungen im Beruf entspricht.**
- Im Vergleich von Einrichtungsträgern, Kindergarten- bzw. Einrichtungsleiterinnen, Gruppenleiterinnen und Fachberaterinnen **beurteilen Einrichtungsträger die Ausbildung am positivsten, Fachberaterinnen am negativsten.**
- Die am häufigsten genannten Defizite bei Berufsanfängerinnen sind kritische Situationen **richtig einschätzen, Einbindung von Eltern in die pädagogische Arbeit** und **Gesprächsführung mit Eltern.**
- Als Ziele für eine Reform der Erzieherinnenausbildung werden am häufigsten die stärkere Gewichtung **der Persönlichkeitsbildung, z.B. Selbstvertrauen, selbstkritische Reflexion** und die Verbesserung der **Abstimmung zwischen Ausbildungsstätte und Praxisstelle** genannt.

Kriterien für die Auswahl einer Kindertageseinrichtung

- Die wichtigsten Kriterien für die Auswahl einer Kindertageseinrichtung durch die Eltern sind aus Sicht der Kindergarten- bzw. Einrichtungsleiterin **Öffnungszeiten, Wohnortnähe, Eindruck vom Personal** und – in Brandenburg – **ganztägige Essensversorgung.**
- Die Mütter selbst nennen zusätzlich die **Größe der Kindergruppe, Schulvorbereitung** und die **Gestaltung der Eingewöhnungsphase (z.B. Spielnachmittage in der Einrichtung, stundenweises Eingewöhnen)** als wichtige Auswahlkriterien.
- In allen drei Ländern spielt die **Art der Trägerschaft (z.B. kirchliche Einrichtung, kommunale Einrichtung, Elterninitiative)** weder für die Mütter selbst noch in dem Bild, das sich Leiterinnen von den Eltern machen, eine wesentliche Rolle bei der Auswahl einer Kindertageseinrichtung.
- Kindergarten- bzw. Einrichtungsleiterinnen halten die Bedeutung des Auswahlkriteriums **Meinung anderer Eltern** für sehr viel wichtiger als die Mütter selbst.

Zusammenarbeit mit Eltern

- Für das **Fachpersonal** in allen drei Länder ist es wichtigster Inhalt der Zusammenarbeit mit den Eltern, **für Gespräche über Erziehungsfragen**

und -schwierigkeiten zur Verfügung zu stehen.

- Den **Müttern** kommt es in der Zusammenarbeit mit der Kindereinrichtung vor allem darauf an, daß **die Eltern regelmäßig über Entwicklung und Verhalten ihres Kindes informiert werden.**
- Für wichtiger als die Mütter selbst hält es das Fachpersonal, **die Eltern bei Bedarf dabei zu unterstützen, mit anderen Einrichtungen, z.B. Erziehungsberatung, Kontakt aufzunehmen und die Meinung der Eltern bei den wesentlichen Grundentscheidungen der Einrichtung (z.B. Einrichtungskonzept, Aufnahmekriterien) zu berücksichtigen.**
- Der **Zusammenarbeit mit der verfaßten Elternschaft (Elternbeirat, KITA-Ausschuß, Elternrat)** wird vom Fachpersonal erheblich mehr Bedeutung beigemessen als von den Müttern.
- Eine besonders wichtige Form der Kooperation mit der Kindereinrichtung sind für die Mütter **Gespräche beim Bringen bzw. Abholen des Kindes.**
- Gruppenleiterinnen sehen sich in ihrer Arbeit **von den Eltern vor allem unterstützt und anerkannt.**
- Nach Auskunft der Gruppenleiterinnen gibt es in Bayern mit 53% der **Väter,** in Brandenburg mit 31% und in Nordrhein-Westfalen mit 42% **keine Zusammenarbeit.**
- Was Gruppenleiterinnen für die Zusammenarbeit mit Eltern brauchen, haben sie nach eigener Aussage überwiegend **nicht in der Ausbildung gelernt,** sondern mußten es sich selbst erarbeiten.
- In allen drei Ländern sind die **Mütter mit der Zusammenarbeit mit der Kindereinrichtung** überwiegend bis völlig **zufrieden.**

Berufsbiographische Aspekte

- In Bayern und Nordrhein-Westfalen können Kindergarten-bzw. Einrichtungsleiterinnen und Gruppenleiterinnen **Beruf und Familie/Privatleben** im Durchschnitt „eher gut“ **miteinander vereinbaren.** In Brandenburg ist diese Vereinbarkeit noch besser.
- In allen drei Bundesländern sehen nur ganz wenige Kindergarten- bzw. Einrichtungsleiterinnen und Gruppenleiterinnen ihre **Zukunft in einem Familienleben ohne Berufstätigkeit.**
- Die Perspektive einer **ganztägigen Berufstätigkeit** ist in Brandenburg beim Fachpersonal der Einrichtungen am weitesten, in Bayern am wenigsten verbreitet. In Bayern überwiegt der Wunsch, den Beruf in einer Teilzeitbeschäftigung auszuüben.
- Wichtigste **berufliche Alternative von Kindergarten- bzw. Einrichtungs-**

leiterinnen ist in Bayern eine Zusatzausbildung (z.B. Heilpädagogik, Rhythmik), in Brandenburg die Erziehertätigkeit in einem anderen Bereich (z.B. Heim, Klinik) und in Nordrhein-Westfalen die Arbeit als Fachberaterin.

- Für **Gruppenleiterinnen** ist die wichtigste **berufliche Alternative** in Bayern eine Erziehertätigkeit mit neuem Arbeitsschwerpunkt (z.B. Integration), in Brandenburg die Erziehertätigkeit in einem anderen Bereich und in Nordrhein-Westfalen eine Zusatzausbildung.
- Knapp ein Drittel der Gruppenleiterinnen in Bayern und Nordrhein-Westfalen und rund zwei Drittel in Brandenburg möchten ihre **jetzige Tätigkeit als Gruppenleiterin beibehalten.**

Erziehungsziele

- Zwischen Gruppenleiterinnen und Müttern besteht ein hohes Maß an Übereinstimmung im Hinblick auf die allgemeinen Erziehungsziele, die für besonders **wichtig** erachtet werden, z.B. **glücklich sein, Vertrauen haben.**
- Noch höher ist die Übereinstimmung bei den Erziehungszielen, die für relativ unwichtig gehalten werden, z.B. **beliebt sein bei Erwachsenen, still sein, religiös sein.**
- Von den Müttern für wichtiger gehalten als von den Gruppenleiterinnen **wird tüchtig, strebsam sein, ehrgeizig sein, Familiensinn haben** und **gehorchen.**
- Bei den folgenden Zielen der pädagogischen Arbeit in den Kindereinrichtungen bestehen die deutlichsten Unterschiede zwischen den Gruppenleiterinnen in den Bundesländern:
  – **aufgeschlossen sein für fremde Kulturen und tolerant sein gegenüber Kindern, die aus diesen Kulturen kommen:** relativ hohe Priorität in Nordrhein-Westfalen, niedrigere in Bayern, sehr niedrige in Brandenburg
  – **auf andere Kinder, insbesondere die kleineren und schwächeren, Rücksicht nehmen und ihnen von sich aus helfen:** relativ hohe Priorität in Brandenburg, niedrigere in Bayern, deutlich niedrigere in Nordrhein-Westfalen.
  – **Vertrauen in die eigenen Fähigkeiten haben:** relativ hohe Priorität in Nordrhein-Westfalen und Bayern, niedrigere in Brandenburg.

- Träger, Kindergarten- bzw. Einrichtungsleiterinnen, Gruppenleiterinnen und Fach- bzw. Praxisberaterinnen **weisen der Kindergarten- bzw. Einrichtungsleiterin eine zentrale Rolle als Impulsgeberin für Innovationen im Elementarbereich zu.**
- Was die Kenntnis neuer Ansätze im Bereich Tageseinrichtungen für Kinder betrifft, ist das Fachpersonal am besten über **bedarfsgerechte Öffnungszeiten** und **gruppenübergreifendes Arbeiten in der Einrichtung,** am wenigsten über die **Einrichtung von Funktionsstellen, z.B. für die Praktikantinnenanleitung,** und **interkulturelle Erziehung informiert.**
- Zu den dringlichsten Neuansätzen im Elementarbereich gehören nach Ansicht des Fachpersonals **gruppenübergreifendes Arbeiten in der Einrichtung, integrative Erziehung behinderter Kinder und Zusammenarbeit mit anderen Einrichtungen im Umfeld („Vernetzung").**
- In allen drei Ländern sind Fach-bzw. Praxisberaterinnen überwiegend, z.T. sogar ausschließlich für den **Ausbau altersübergreifender Angebote in der Kinderbetreuung.** Dabei werden meist **Einrichtungen für Kinder im Alter von 1-12 Jahren präferiert.**
- Fachzeitschriften und Gespräche mit Kolleginnen sind für Kindergarten- bzw. Einrichtungsleiterinnen, Gruppenleiterinnen und Fach- bzw. Praxisberaterinnen die zwei am häufigsten genützten **Quellen der Information über neue Entwicklungen im Arbeitsfeld.**
- **Die Bedeutung von Forschung und Wissenschaft für das Arbeitsfeld Tageseinrichtungen für Kinder** wird im allgemeinen für wichtig bis sehr wichtig gehalten.
- Während Einrichtungsträger die geringste **Bereitschaft zu Neuerungen** in den nächsten zwei bis drei Jahren aufweisen, zeigen sich Fach- bzw. Praxisberaterinnen als besonders innovationsfreundlich.

Rainer Strätz

Kurzdarstellung der Forschungsergebnisse in Nordrhein-Westfalen

Vorbemerkungen:
Die Befragung hat sehr umfangreiches Material zu den verschiedenen Themen erbracht. Die Versuchung für uns Beteiligte besteht darin, möglichst viel davon zu referieren, weil wir eigentlich alle Ergebnisse für interessant halten. Bitte zeigen Sie uns rechtzeitig die gelbe Karte.
Zahlen gelten als objektiv, als eindeutig. Sie sind es nicht. Ein und dieselbe Zahl hält der eine für überraschend hoch, die andere für erstaunlich niedrig, die dritte für uninteressant. Erst recht unterschiedlich können die Folgerungen sein, die verschiedene Personen aus denselben Zahlen ableiten.
Der Titel des Projektes bedarf einer Klarstellung: Es konnten und sollten keine „neuen Konzepte für Kindertageseinrichtungen" entwickelt werden. Ziel war nach meinem Verständnis vielmehr, Informationen und Einschätzungen aus der Sicht der verschiedenen Beteiligtengruppen zu erheben, die bei der vielerorts laufenden Diskussion „Neue Konzepte" mitbedacht werden sollten.

Bei den Ergebnissen aus Nordrhein-Westfalen ist zu bedenken, daß ausschließlich Einrichtungen in freier Trägerschaft sich an der Befragung beteiligt haben. Zwar befinden sich bei uns mehr als drei Viertel aller Einrichtungen in freier Trägerschaft, aber Daten aus kommunalen Einrichtungen hätten das Bild vielleicht doch an manchen Stellen modifiziert oder differenziert.

Viele Daten sind besonders im Licht der landesspezifischen Entwicklungen der letzten Jahre interessant. **Dies gilt in NRW zum Beispiel für die Daten der Öffnungszeiten der Tageseinrichtungen und zur Betreuung einzelner Kinder ganztags über Mittag:**
In der zweiten Hälfte der 80er Jahre war es ausgesprochen schwierig, mit Erzieherinnen über die Frage zu sprechen, ob nicht auch der „Kindergarten um die Ecke" Kinder ganztags, d.h. auch über Mittag, betreuen sollte, wenn entsprechender Bedarf bestand. Im Jahr 1994 fanden wir, daß mehr

als vierzig Prozent der Einrichtungen über Mittag nicht mehr schlossen, also zumindest einige Kinder auch über Mittag betreuten.
Aber auch bei den Kindergärten, die weiterhin mittags schließen, hat sich manches verändert:
Im Jahr 1991 wurde der Entwurf des „Gesetzes über Tageseinrichtungen für Kinder" beraten, der für Kindergärten, die über Mittag schließen, Regelöffnungszeiten von sieben Stunden vorsah, davon fünf Stunden – vormittags – „am Stück".
Damals war eine vieldiskutierte Frage, ob so lange Öffnungszeiten überhaupt landesweit gebraucht würden. Drei Jahre später fanden wir bei unserer Befragung unter den Kindergärten schon 17 Prozent, die über sieben Stunden noch hinausgingen. Dabei geht es meist „nur" um eine Viertel- oder halbe Stunde, aber das ist vielleicht für die Eltern/die Mütter der Unterschied zwischen einem Wettrennen gegen die Uhr über zwanzig rote Ampeln und einem einigermaßen erträglichen Tagesablauf.
So schnell hat sich also die Angebotsstruktur von Tageseinrichtungen verändert. Gleichwohl herrscht in der breiten Öffentlichkeit noch die Meinung vor, daß sich die Einrichtungen nicht oder kaum bewegten. Es scheint, als ob die Kindergärten von ihrem Auftrag „Tue Gutes und rede darüber" nur den ersten Teil erfüllt hätten.

Besonders überraschend war für **mich die große Streubreite der Antworten bei vielen erhobenen Themenfeldern.** Bei den meisten Antworten zur beruflichen Praxis, zur Fortbildung, zur Fachberatung oder zur Berufsbiographie sind die Unterschiede viel interessanter als der Durchschnittswert.

Große Einigkeit herrschte allerdings bei der sehr kritischen Einschätzung der Qualität der Erzieherinnenausbildung zum Zeitpunkt der Befragung. Hier wurden von Einrichtungs- und Gruppenleiterinnen, von Trägern und von der Fachberatung übereinstimmend erhebliche Mängel konstatiert.

Drei Bundesländer waren einbezogen. Damit stellt sich die Frage nach einem Ländervergleich fast automatisch. Es zeigte sich aber, daß in vielen Variablen die Gemeinsamkeiten wesentlich größer waren als die Unterschiede – sofern überhaupt Differenzen bestanden. Wenn Länderspezifika eine deutliche Rolle spielen, dann hebt sich – verständlicherweise – meist Brandenburg von den beiden anderen Ländern ab.

Dietmar Sturzbecher, Beate Ueberschär

Ausgewählte brandenburgische Ergebnisse der Studie „Neue Konzepte für Kindertageseinrichtungen"

Im folgenden soll ein Einblick in die brandenburgischen Untersuchungsergebnisse gegeben werden. Zur Einordnung dieser Ergebnisse und zur Vermeidung von Fehlinterpretationen seien einige Informationen über die Rahmenbedingungen der Kindertagesbetreuung in Brandenburg vorausgeschickt.

Im Bereich der Kindertagesbetreuung gab es in Brandenburg nach der Wende eine Fülle von Veränderungen. Diese Veränderungen betrafen beispielsweise gesetzliche Bestimmungen, Finanzierungsmodalitäten der Einrichtungen, die Pluralisierung der Trägerlandschaft wie auch damit verbunden der pädagogischen Konzepte; die Neustrukturierung der Erzieherausbildung und der Praxisberatung sowie nicht zuletzt den Rückgang der Kinderzahlen und die dadurch notwendige Schließung von Kindertagesstätten. So wurden im Zeitraum von 1990 bis 1994 von ursprünglich 4600 Kindertageseinrichtungen ca. 2000 Einrichtungen geschlossen. Trotzdem erreicht das Land Brandenburg eine Versorgungsquote, die bezogen auf die Nachfrage einer Vollversorgung nahekommt; und zwar nicht nur für Kinder im Vorschulalter, sondern auch für Kinder im Krippen- und Hortalter.

Brandenburgische Kitas befinden sich zu ca. 80% in kommunaler Trägerschaft; die Trägerverantwortung ist meist von den Kreisverwaltungen an die Städte und Gemeinden übergegangen. Der Hort, der vormals als Schulhort fungierte, wurde aus dem Zuständigkeitsbereich des Bildungswesens herausgelöst und in den Jugendhilfebereich integriert.

Die Ausbildung der Erzieherinnen war in der DDR auf die verschiedenen Altersstufen der Kinder ausgerichtet und unterschied zwischen Erzieherinnen für Krippen, Kindergärten und Horte. Dieser auf die verschiedenen Altersgruppen ausgerichtete Ausbildungsansatz behinderte nach der Wende das Zusammenwachsen der vormaligen Kinderkrippen, Kindergärten und Horte zu Kindertageseinrichtungen. Eine Angleichung der Ausbildungsvoraussetzungen war also dringend geboten. Ein 100 Stunden umfassendes Qualifizierungsprogramm, die sogenannte „Anpassungsqualifizierung", wurde deshalb mit dem Ziel angeboten, den Erzieherinnen pädagogisches Wissen und Können bezüglich der Entwicklungsbesonderheiten der Altersgruppen anzubieten, für die sie keine Ausbildung erhalten hatten. Am Beispiel dieser „Anpassungsqualifizierung" läßt sich auch gut zeigen, wie schnell ein formaler Vergleich der Ergebnisse aus drei beteiligten Ländern in die Irre führen kann. Betrachtet man nur die im Bundesbericht des Forschungsprojektes ausgewiesenen, von den Erzieherinnen des jeweiligen Landes in Anspruch genommenen Fortbildungstage, so liegt Brandenburg mit durchschnittlich 3,1 Tagen hinter Bayern mit 5,5 Tagen und NRW mit 5,7 Tagen. Bezieht man aber die durchschnittlich 12tägige „Anpassungsqualifizierung", an der ca. 80% der Erzieherinnen teilgenommen haben, in die Betrachtung ein, so haben die Erzieherinnen aus Brandenburg die höchste Fortbildungsquote im Ländervergleich.

Diese hier nur exemplarisch beschriebenen Veränderungen hatten auch Auswirkungen auf das professionelle Selbstverständnis der Erzieherinnen. In der DDR war die vorschulische Kindertagesbetreuung Teil eines ganzheitlichen Bildungssystems. Die Erzieherinnen nahmen sich eher als pädagogische Experten wahr, besaßen einen hohen sozialen Status, und ihre Arbeit war eher auf die Förderung kognitiver Fähigkeiten ausgerichtet. Heute steht dagegen die familienergänzende bzw. -unterstützende Betreuung und Bildung im Vordergrund der Arbeit der Kindertagesstätten; soziales Lernen wurde im Rahmen vielfältiger konzeptioneller Ansätze aufgewertet.

Diese weitreichenden Veränderungen waren für die Erzieherinnen auch mit erheblichen Unsicherheiten in bezug auf ihre Berufs- und Lebensplanung verbunden, denken wir nur an die durch Einrichtungsschließungen oder -zusammenlegungen bedingten Kündigungen. Trotzdem schätzen die meisten der Befragten ihre Arbeitszufriedenheit hoch ein: 75% der Erzieherinnen möchten gern in ihrem Beruf weiterarbeiten oder haben zumindest keine konkreten Pläne für einen Berufswechsel. Diese positive Einschätzung korrespondiert mit dem geringen Belastungserleben der Erzieherinnen. Lediglich 15% von ihnen erleben die pädagogische Arbeit mit den Kindern als Belastungsmoment; 75% der Erzieherinnen empfinden aber gerade diese Aufgabe als besonders befriedigend und angenehm. Die oben beschriebenen strukturellen und organisatorischen Veränderungen und die damit verbundenen größeren Freiräume zur Ausgestaltung der Arbeit scheinen die Arbeitszufriedenheit der Erzieherinnen nur mittelbar beeinflußt zu haben, denn nur 55% der Erzieherinnen und 44% der

Leiterinnen sehen in diesen Veränderungen eine Verbesserung ihrer Arbeitsbedingungen.

Im Rahmen der Untersuchung wurden sowohl die Eltern als auch die Erzieherinnen hinsichtlich ihrer Erziehungsziele befragt. Dieser Untersuchungsteil diente dazu, die Ansprüche und Erwartungen von Eltern und Erzieherinnen an die Gestaltung der pädagogischen Arbeit in der Kindertagesstätte abzubilden und zu vergleichen.
Die Erziehungsziele der brandenburgischen Erzieherinnen unterscheiden sich teilweise von denen ihrer westlichen Kolleginnen wie auch von denen der Eltern; bei den Eltern gibt es hingegen kaum Länderunterschiede. Auf Lebenserfolg gerichtete Eigenschaften finden wir in der Wertehierarchie der Eltern an erster Stelle; soziale Kompetenz, Verantwortungsbewußtsein und Durchsetzungsfähigkeit stehen im Vordergrund, nicht unbedingt dagegen die soziale Akzeptanz durch andere. Auch Intelligenz und Individualität werden von den Eltern in allen drei Ländern als sehr bedeutend eingeschätzt.

Nun zu den Unterschieden:
Ein aus unserer Sicht besonders wichtiger Unterschied besteht darin, daß Individualität, also Selbständigkeit, Selbstbewußtsein, Durchsetzungsvermögen und Kritikfähigkeit von den Erzieherinnen in Brandenburg im Vergleich zu den Eltern wie auch zu ihren Kolleginnen im Westen als weniger bedeutsam eingeschätzt werden.
Die größten Diskrepanzen treten im Vergleich zwischen Erzieherinnen und Eltern hinsichtlich der Ziele „Zuverlässigkeit“, „Verantwortungsbewußtsein“ und „Durchsetzungsvermögen“ auf. Vergleichen wir die Erzieherinnen in Brandenburg mit denen der anderen Länder, finden wir die größten Diskrepanzen hinsichtlich der Ziele „Selbständigkeit“ und „Selbstbewußtsein“.
Anscheinend haben sich also die brandenburgischen Eltern schneller als die Erzieherinnen mit ihren erzieherischen Wertorientierungen an gesellschaftliche Entwicklungstrends adaptiert. Erzieherinnen beharren offensichtlich stärker auf die in der Vergangenheit erworbenen Erziehungsbilder, die stark auf Solidarität und Kollektivität, nicht aber auf Individualität ausgerichtet waren. Aus diesem Ergebnis erwächst die Frage, ob die Erzieherinnen in Ost und West, entsprechend ihrer unterschiedlichen Wertschätzung für Individualität, den ihnen anvertrauten Kindern auch unterschiedliche Entscheidungsfreiräume oder Aushandlungsmöglichkeiten bei sozialen Konflikten einräumen, ob sie flexibel mit ihrem pädagogischen

Führungsanspruch umgehen. Die vorliegende Untersuchung kann hierüber keine Auskunft geben, da ihr Schwerpunkt auf den strukturellen Bedingungen der Kindertagesbetreuung liegt und aus der Wertschätzung von Erziehungszielen nicht allein auf die pädagogische Qualität der Erziehungspraxis geschlossen werden kann. Hier erscheinen Folgeuntersuchungen notwendig.

Die Untersuchungsergebnisse weisen auch darauf hin, daß die Erzieherinnenaus- und -fortbildung gerade im Bereich der Förderung sozialer Kompetenz bei Kindern zu optimieren ist. Beispielsweise betrachten 35% der Berufspraktikantinnen beim Berufseinstieg Aggressivität zwischen Kindern als größtes Anfangsproblem. Lediglich das Führen von Elterngesprächen über negative und kritische Sachverhalte wird von einer noch größeren Anzahl von Berufspraktikantinnen (40%) als problematisch empfunden. Während sich aber offensichtlich beim Führen solcher kritischen Elterngespräche Kompetenz und eine gewisse „Routine" einstellen, verschärfen sich die Probleme beim Umgang mit aggressiven Kindern in der Berufspraxis noch: Nach einem Jahr Berufspraktikum beschreiben 41% der Berufspraktikantinnen den Umgang mit aggressiven Kindern als äußerst problematisch. Hier deuten sich Ausbildungsdefizite an; in der Ausbildung sollte verstärkt auf die Befähigung der zukünftigen Erzieherinnen zur entwicklungsstandgerechten Gestaltung und Förderung sozialer Beziehungen eingegangen werden. Tatsächlich empfinden die angehenden Erzieherinnen in der Ausbildung der Fachschulen auch Defizite in den pädagogischen und psychologischen Ausbildungsanteilen. 44% von ihnen beurteilen die pädagogische Ausbildung als mangelhaft, und fast 30% erleben die psychologische Ausbildung als unzureichend.

Die Probleme der Berufspraktikantinnen mit verhaltens- und entwicklungsauffälligen Kindern scheinen auch dem pädagogischen Personal der Kitas nicht fremd zu sein. Das Thema „Verhaltensauffälligkeiten von Kindern" führt bei Erzieherinnen und Leiterinnen die Rangreihe gewünschter Fortbildungsmaßnahmen an; über 60% von ihnen besitzen hier Fortbildungsbedarf.

Zusammenfassend kann eingeschätzt werden, daß in Brandenburg ein hoher Bedarf in der Aus- und Fortbildung in Hinblick auf das Thema „Förderung sozialer Kompetenz" und insbesondere zum Umgang mit Konflikt- und Problemsituationen besteht.

Betrachten wir die Anleitung der Berufspraktikantinnen in den Einrichtungen, so können erhebliche Differenzen festgestellt werden. Mehr als 20% der Praktikantenanleiterinnen können nur über eine Stunde pro Woche oder noch weniger Zeit zur Anleitung verfügen; mehr als 30% hingegen stehen 4,5 Stunden und mehr zur Anleitung der Berufspraktikantinnen zur Verfügung. Insgesamt beurteilen 40% der Praktikantenanleiterinnen die ihnen für die Anleitung zur Verfügung stehende Zeit als nicht ausreichend. Diese enormen Differenzen deuten auf eine sehr unterschiedliche Betreuungsintensität und -qualität hin. Grundsätzlich stellt aus unserer Sicht das Berufspraktikum einen sehr wichtigen Ausbildungsbestandteil dar, deshalb sollten im Interesse der Professionalisierung des pädagogischen Nachwuchses günstige Voraussetzungen für die Anleitung und Betreuung der Berufspraktikantinnen in allen Kindertageseinrichtungen geschaffen werden.

Sigrid Ebert

Zusammenfassung des Fachgesprächs zum Thema: Wer befaßt sich mit Kindern?

In der anschließenden sehr lebhaft geführten Auseinandersetzung zwischen Plenum und Podium über die vorgetragenen Ergebnisse des Forschungsprojektes bezogen auf die Leitfrage „Wer befaßt sich mit Kindern?" focussierten die Beiträge der Diskutanten sehr bald auf Qualitätsfragen der Erzieher/innenausbildung. Denn nicht nur im Forschungsprojekt „Neue Konzepte für Kindertageseinrichtungen" wird ländervergleichend übereinstimmend die Unzulänglichkeit der Ausbildung beklagt, auch die diesbezüglichen Ergebnisse der beiden anderen Forschungsprojekte „Orte für Kinder" und „Evaluation des Erprobungsprogramms" gehen in diese Richtung.
Hinsichtlich der Betreuungsangebote für Kinder ist also ohne Frage die Qualifikation der Fachkräfte einer der umstrittensten Standortfaktoren in Deutschland. Übereinstimmend wurde – ohne die Reformbemühungen einzelner Ausbildungsstätten diskreditieren zu wollen – festgestellt, daß die Erzieher/innenausbildung in Deutschland nicht das leistet, was sie leisten soll bzw. was die pädagogische Praxis von ihr erwartet.
Aber: Was soll die Ausbildung leisten?
Eine Verständigung darüber, was Ausbildung leisten soll, setzt voraus,

- daß verbindliche Aussagen zum Fachlichkeitsanspruch gemacht werden; daß verbindlich festgeschrieben wird, wofür ausgebildet werden soll, daß in einem Berufsleitbild die Schlüsselqualifikationen definiert werden und ausformuliert wird, worin sich pädagogische Professionalität ausweist, wenn Erzieher/innen den Anforderungen des Berufsfeldes gewachsen sein sollen,
- daß die Ausbildung strukturell und inhaltlich so konzipiert wird, daß sie diesem so definierten Fachlichkeitsanspruch auch entsprechen kann; hier ist insbesondere die Forschung gefordert, denn, was wissen wir denn eigentlich über die beruflichen Lernprozesse von Erzieher/innen? wie sollen diese organisiert sein bzw. systematisiert werden?
- daß Konsens darüber besteht, daß pädagogische Professionalität sich duch Ausbildung allein nicht herstellen läßt, sondern auch das Ergebnis berufsbiografischer Lernprozesse ist. Zu fordern ist deshalb eine auf wissenschaftlicher Erkenntnis beruhende Systematisierung der Qualifi-

kationswege im Sinne einer berufsbiografischen Progression, die Weiterbildung und Aufstiegschancen für Erzieher/innen integriert. Das formale Niveau der Ausbildung und der Ausbau eines Stützsystems allein sind keine Garanten für die Qualitätssicherung der pädagogischen Praxis. Pädagogische Dienstleistungen sind personenbezogene Dienstleistungen. Kompetent sein in der Anwendung von Methoden der Qualitätssicherung wie Evaluation und Controlling gehört deshalb ebenso zur pädagogischen Professionalität einer Erzieherin bzw. eines Erziehers wie Methoden pädagogischen Handelns.

Hinweis:
Ausführlich dargestellt sind die länderspezifischen Ergebnisse des Forschungsprojektes „Neue Konzepte für Kindertageseinrichtungen" in den jeweiligen Länderberichten, die über die Forschungsinstitute berichten in Bayern, Nordrhein-Westfalen und Brandenburg zu beziehen sind.

Freitag, 29. März 1996

Von der Zukunft des „kulturellen Kapitals“

Kathrin Bock, Dieter Timmermann

Vom Nutzen der Kinder – Zur Ökonomie der Erziehung Kinder, Wirtschaft, Zukunft

1. Einleitung

Seit längerem ist eine Renaissance bildungsökonomischen Denkens beobachtbar, das sich zunächst auf die berufliche Aus- und Weiterbildung und Hochschulbildung konzentrierte, dann sogar die Debatte um die Schulautonomie erfaßte und nun nicht einmal mehr vor der Elementarerziehung Halt macht, wobei noch nicht ganz klar ist, wodurch das Interesse daran begründet sein könnte außer durch den allseitig durch ökonomische Stagnation und enge öffentliche Budgets erzeugten Sparzwang.
Das politische Interesse an einer bildungsökonomischen Analyse der Elementarerziehung jedenfalls hat uns seit Anfang 1996 ein Projekt beschert, das die Kosten der Elementarerziehung ein wenig durchleuchten soll, und nach nicht einmal drei Monaten soll bereits über Ergebnisse berichtet werden. Es gilt, gleich zu Beginn vor allzugroßen Erwartungen über die bisherigen Ergebnisse zu warnen: wer heute – nach gerade 10 Wochen der konzeptionellen Arbeit und der Feldarbeit – bereits Ergebnisse eines abgeschlossenen Projektes erwartet, hat selbst niemals empirische Feldforschung betrieben.

Der Beitrag gliedert sich wie folgt: Zunächst werden ein paar allgemeine Ausführungen zu dem gestellten Thema vorangestellt, und dabei wird vor allem auf grundlegende Aspekte einer Ökonomie der Elementarerziehung eingegangen. Sodann wird über Erfahrungen berichtet, die auf den Pfaden durch dieses abenteuerliche und fallenreiche Forschungsfeld bislang gemacht werden durften und die sicherlich noch nicht abgeschlossen sind. Darüber hinaus wird der Versuch unternommen, die Leser und Leserinnen mit den Kostenstrukturen und Finanzierungsmodalitäten vertraut zu machen, welche die institutionalisierte Elementarerziehung im Lande Nordrhein-Westfalen regieren. Ein Blick auf andere Bundesländer war aus Zeitgründen bisher nicht möglich gewesen. Es wird aber auch ein kleiner nicht repräsentativer Einblick in die Kosten- und Finanzierungsstrukturen der Elementarerziehung am Beispiel Nordrhein-Westfalens gewährt.

2. Aspekte einer Ökonomie der Elementarerziehung

Das Thema enthält einerseits eine verengte Perspektive, insofern als die Frage nach dem Nutzen der Kinder aufgeworfen wird und damit offenläßt, ob es nicht auch andere Nutznießer der Elementarerziehung gibt. Haben z.B. nicht auch die Eltern und Geschwister der Kinder, die spätere Schule, die Erzieherinnen selbst, die späteren Arbeitgeber der Kinder, vielleicht auch die Träger der Einrichtungen und schließlich die Gesellschaft insgesamt Nutzen von Prozessen, in denen Kinder erzogen werden?

Das Thema entwirft andererseits eine sehr weite bildungsökonomische Perspektive, insofern als das Ökonomische an der Erziehung nicht auf den Nutzenaspekt reduziert werden kann. Vielmehr verweist der Ökonomiebegriff darauf, daß dem Nutzen durch Erziehung der Verbrauch und Gebrauch von Ressourcen gegenübersteht, die im Zuge der Erziehungsprozesse von den beteiligten Subjekten, Institutionen und von der Gesellschaft als Ganzes bereitgestellt werden. Dabei werden unter Ressourcen alle Güter und Dienstleistungen verstanden, die wegen ihrer Knappheit einen Preis haben und die der Bereitstellung anderer Güter und Dienstleistungen dienen, die ihrerseits den Zweck haben, menschliche Bedürfnisse – in diesem Falle Lern-, Erziehungs-, Entwicklungs- und Bildungsbedürfnisse – zu befriedigen. In dem Maße, in dem sie dieses tun, stiften diese Güter Nutzen. Man kann Erziehung als ein solches Gut oder eine solche Dienstleistung bezeichnen. Damit Erziehung stattfinden kann, bedarf es des Einsatzes von Arbeitskraft der Erzieherinnen, ihrer Zeit, der Zeit der Kinder und der Eltern, des Geldes, des Materials, der Räumlichkeiten, der Einrichtungen und Ausstattungen, oder anders ausgedrückt: Erziehung verursacht auch Kosten, und zwar für die einzelnen beteiligten Personen, für die Einrichtungen, die Träger, für die Gesellschaft. Hierbei werden unter **Kosten der bewertete Verzehr von Gütern und Dienstleistungen zur Erstellung einer bestimmten Leistung** (in diesem Falle der Erziehungsleistung) verstanden.

Ökonomie der Erziehung heißt folglich: nicht nur erstens nach dem Nutzen fragen, sondern auch zweitens den Kosten der Erziehung nachzuspüren, Kosten und Nutzen der Erziehung ins Verhältnis zu setzen und sie gegeneinander abzuwägen, und zwar aus der Sicht des einzelnen Kindes, seiner Eltern, der in den Institutionen Tätigen, aus der Sicht der Träger und schließlich aus der Sicht der Gesellschaft. Kosten und Nutzen der Elementarerziehung ins Verhältnis setzen heißt nichts anderes als die **Effizienz** der Erziehung bzw. genauer der unterschiedlichen Erziehungsarrangements zu prüfen, der institutionalisierten wie der nicht-institutionalisierten Formen. Es könnte dann z.B. gefragt: Welches Erziehungsarrangement gewährt bei gleichem Nutzen die kostengünstigere und damit effizientere Erziehung, oder: welches Erziehungsarrangement erzeugt von allen Alternativen bei gleichen Kosten den höchsten Nutzen?

Ökonomie der Erziehung bedeutet aber nicht nur, auf die Effizienz von Erziehungsarrangements zu achten, sondern verlangt auch, die **Gerechtigkeit** von Erziehungsformen zu prüfen, d.h. zu analysieren, wer die Kosten der Elementarerziehung trägt und wer die Nutznießer sind, in welchem Verhältnis Kosten und Nutzen der Erziehung bei Familien oder bei gesellschaftlichen Gruppen stehen und ob einkommensschwache Gesellschaftsmitglieder von der Partizipation an institutionalisierter Elementarerziehung ausgeschlossen werden oder ob ihnen die gleichen Partizipationsrechte und -möglichkeiten durch spezifische Finanzierungsmodalitäten eingeräumt werden. Hieraus wird deutlich, daß eine Ökonomie der Erziehung sich drittens mit Fragen der **Erziehungsfinanzierung** auseinanderzusetzen hat, die sehr eng mit Gleichheits- und Gerechtigkeitsfragen zusammenhängt.

Schließlich gehört zu einer Ökonomie der Erziehung die **Marktanalyse,** und zwar in einem doppelten Sinn. Zum einen die ökonomische Analyse des Angebots an Erziehungsarrangements und der Angebotspreise sowie der Analyse der Nachfrage nach Erziehungsarrangements und deren Determinanten, zum anderen die Analyse des Arbeitsmarktes für Erziehungspersonal und seiner Funktionsweise einschließlich der Qualifizierungswege und Qualifizierungskosten.

In diesem Beitrag kann nicht das gesamte Spektrum bildungsökonomischer Analysen ausgebreitet werden, sondern es soll der Effizienzaspekt im Vordergrund stehen. Dabei wird sehr schnell ein Mißverhältnis deutlich werden insofern, als wir zwar Kosten und Nutzen der Erziehung diskutieren, die empirischen Meßversuche aber auf die Kosten beschränken werden. Oben wurde gesagt, daß eine Effizienzanalyse Kosten- und Nutzenvergleiche anstellt. Solche Vergleiche setzen voraus, daß es etwas zu vergleichen gibt. Im Fall der Elementarerziehung bieten sich zum Vergleich die verschiedenen Erziehungsarrangements oder die institutionellen Arrangements unterschiedlicher Träger zum Vergleich an. Auf die Trägervielfalt wird später eingegangen werden, hier soll nur kurz auf die verschiedenen

Erziehungs- bzw. Betreuungsarrangements eingegangen werden, deren Kostenstrukturen über eine Elternbefragung ebenfalls beleuchtet werden sollen.

3. Institutionalisierte und nicht-institutionalisierte Erziehungs- bzw. Betreuungsarrangements

Der Blick auf die Kosten institutionalisierter Elementarerziehung läßt schnell übersehen, daß es nicht nur unterschiedliche institutionalisierte Erziehungsarrangements gibt, sondern daß Eltern sich darüber hinaus eine Vielzahl von z.T. konkurrierenden, z.T. aber komplementären Betreuungsarrangements geschaffen haben, in denen ebenfalls Erziehungsleistungen erbracht werden, die Nutzen stiften und die Kosten der Elementarerziehung verursachen, die nicht immer monetärer Art sein müssen. Es können mindestens elf idealtypische Erziehungsarrangements unterschieden werden, wie die folgende Übersicht 1 veranschaulicht:

Übersicht 1:

Idealtypische Erziehungsarrangements

1. Eigenbetreuung durch ein Elternteil
2. Betreuung in einer Eltern-Kind-Gruppe
3. Betreuung in einer Krabbelstube
4. Betreuung in einer Kinderkrippe
5. Betreuung durch verwandte Personen (Großeltern, Geschwister u.a.)
   a) im Elternhaus
   b) außer Haus
6. Betreuung durch Babysitter
   a) im Elternhaus
   b) außer Haus
7. Betreuung durch eine Kinderfrau
8. Betreuung durch eine Tagesmutter
9. Betreuung in einem Kindergarten
10. Betreuung in einer Kindertagesstätte
11. Betreuung in einem Kinderladen / Elterninitiative

4. Nutzen der Elementarerziehung

Die Themenstellung dieses Beitrags drückt die allgemeine Erwartung aus, daß Elementarerziehung zumindest dem einzelnen Kind Nutzen bringt. Der Gedanke, daß in diesem Teil des Erziehungswesens der Altruismus vorherrsche, scheint allerdings utopisch. Vielmehr ist anzunehmen, daß auch die übrigen Beteiligten sich Nutzen oder Vorteile aus der Inanspruchnahme oder Finanzierung eines oder mehrerer der Erziehungsarrangements versprechen. Das Nutzenproblem besteht allerdings darin, daß mit ein wenig Phantasie eine ganze Reihe von Nutzen und Nutznießern hypothetisch aufgelistet werden können, daß aber die empirische Fundierung derartiger Hypothesen außerordentlich schwierig ist. Angesichts auch international fehlender Meßergebnisse des Erziehungsnutzens verbleibt die Nutzendiskussion im Reich der Hypothesen, manchmal auch der Spekulation. Es erscheint aber eben nicht unplausibel anzunehmen, daß die Kinder selbst, möglicherweise ihre Geschwister, ihre Eltern und vor allem ihre Mütter, vielleicht auch ihre Großeltern, die Erzieherinnen und Babysitterinnen, aber auch die Träger und schließlich die Gesellschaft Nutzen aus der Elementarerziehung ziehen können (vgl. dazu die spärliche Literatur: Barnett 1995; Strober 1995). Die Übersicht 2 faßt diese Hypothesen zusammen.

In der Übersicht wird zwischen monetärem, d.h. in Geld ausdrückbarem, und nicht-monetärem, d.h. nicht in Geld bewertbarem Nutzen unterschieden. Die in der Übersicht enthaltenen Aussagen können nicht auf empirische Ergebnisse über etwaigen Nutzen der Elementarerziehung verweisen, sie stellen reine, theoretisch begründete Plausibilitätsüberlegungen dar. Danach erscheint es allerdings als sehr wahrscheinlich, daß nicht nur die Kinder selbst, um die es geht, sondern auch die anderen genannten Subjektgruppen bzw. Institutionen aus der Kindergartenerziehung monetären und nicht-monetären Nutzen ziehen. Interessant ist dabei insbesondere, daß die institutionalisierten Erziehungsarrangements Müttern die Gelegenheit zu eigener Berufstätigkeit und gleichzeitig Erwerbsarbeit für Erzieherinnen schafft, das Sozialprodukt also gleich zweifach erhöht, indem unbezahlte Erziehungsarbeit von Müttern durch bezahlte Erzieherinnenarbeit und bezahlte Erwerbstätigkeit von Müttern substituiert wird. Sind darunter z.B. alleinerziehende Mütter, die Sozialhilfe beziehen, so entlastet eine durch Erziehungsarrangements ermöglichte Erwerbstätigkeit dieser Mütter den Gemeindehaushalt, die Gemeinden haben also die Chance auf Opportunitätserträge in Form eingesparter Sozialhilfe.

Übersicht 2:

Nutzen der Elementarerziehung

Nutznießer	*monetärer Nutzen*	*nicht-monetärer Nutzen*
die Kinder	kein direkter bzw. unmittelbarer monetärer Nutzen, wegen des kumulativen Charakters von Lernen, Entwicklung und Bildung Optionserträge	Schutz- und Schonraum, Hilfe zur Entwicklung, Vermittlung von Normen, Freundschaften, Anregungen, Feste, Teilhabe an Kultur, nicht-monetäre Optionserträge, stabile Persönlichkeit, Kompensation von familialer Unterinvestition in Erziehung
die Geschwisterkinder	kein monetärer Nutzen	ältere Geschwister: Ruhe, mehr Aufmerksamkeit durch Eltern/Mutter; jüngere Geschwister: Anregungen durch Kindergartenkind, mehr Aufmerksamkeit durch Eltern/ Mutter
die Eltern /Mütter	Berufstätigkeit, eigenes Einkommen und Erwerb von Rentenansprüche	Ruhe, Zufriedenheit in Erwerbs- oder Hausarbeit, Entlastung, Zeit für sich, eigene Interessen, Zeit für andere
die Großeltern	kein monetärer Nutzen	Gefühl der Nützlichkeit, Selbstwertgefühl, Zufriedenheit
die Erzieherinnen / Tagesmütter / Babysitterinnen / Kinderfrauen	Beruf, Erwerbstätigkeit, Einkommen	Spaß, Zufriedenheit
die Träger	staatliche Zuschüsse	soziales Image, Reputation, Transport sozial- und familienpolitischer Bilder
die Schulen	keine monetären Nutzen	lernfähige, anschlußfähige, motivierte Schulanfänger
die Gesellschaft	höheres Produktivitätsniveau, höheres Sozialprodukt durch Erwerbstätigkeit von Müttern und der Erzieherinnen, durch die Kinder später	Normenstabilität, soziales Klima, nicht-monetäre Optionserträge: politische Stabilität, soziales Klima, vermiedene Kosten (Kriminalität)

5. Kosten und Kosteneinflußgrößen der institutionalisierten Elementarerziehung

Kosten der Elementarerziehung – dies wurde bereits gesagt – sind der bewertete Verzehr von Gütern und Dienstleistungen zur Bereitstellung von Erziehungsleistungen im Elementarbereich. Wir werden sehen, daß dieser Kostenbegriff erheblich weitergefaßt ist als der Begriff der Betriebskosten nach dem nordrhein-westfälischen Gesetz über Tageseinrichtungen für Kinder, der nur die über monetäre Transfers vermittelten Ressourcenverbräuche als Kosten definiert. Der weiter gefaßte Kostenbegriff, der herrschende Betriebswirtschaftslehre darstellt, umfaßt und bewertet auch Ressourceneinsatz, der nicht über Markttauschvorgänge vermittelt wird, wie z.B. die Elternmitarbeit, die in der Regel nicht bezahlt wird, gleichwohl aber einen Verbrauch von Zeit repräsentiert und daher ökonomisch bewertet werden sollte, und zwar mit dem Wert der Aktivität, die anstelle der Elternmitarbeit hätte getan werden können. Die Bildungsökonomen sprechen hier von sog. **Opportunitätskosten** der Erziehung. Aus der Kostendefinition geht ferner hervor, daß Kosten ein **Mengen-** und ein **Wertgerüst** haben, d.h. daß sie sich immer aus einer Mengenangabe und dem Preis der Menge des Gegenstandes zusammensetzen (z.B. Zeit in Stunden mal Stundensatz, Spielgegenstände mal Preis pro Gegenstand). Hieraus folgt die einfache Einsicht, daß die sog. Faktorpreise und Faktormengen (Ressourcenpreise und Ressourcenmengen) die Höhe der Erziehungskosten beeinflussen. Die Ressourcenmengen und damit die Höhe der Kosten hängen ihrerseits von anderen Einflußgrößen ab (wir sprechen in diesem Fall von Kosteneinflußgrößen). Die wichtigsten Einflußgrößen der Erziehungskosten sind neben den Ressourcenmengen und -preisen: die Öffnungsdauer der Einrichtungen, d.h. die Betreuungsdauer, die Nutzungsintensität der Einrichtungen während der gesamten Öffnungszeiten (interessant ist hier das Ergebnis einer schwedischen Untersuchung, die für schwedische Einrichtungen erheblich höhere Kosten feststellte als für dänische oder norwegische Kindergärten, da die schwedischen Einrichtungen länger geöffnet waren, aber in den Morgen- und Abendstunden kaum genutzt wurden), die Gruppengrößen, die Relation zwischen Zahl der Erzieherinnen und Zahl der Kinder, die Alterstruktur der Kinder, die formalen Qualifikationsanforderungen an die Erzieherinnen, die Zusammensetzung der Kinder nach sozialer Herkunft, Nationalität und mentalen oder körperlichen Beeinträchtigungen, Alter und Familienstand sowie Kinderzahl der Erzieherinnen, Raumgröße und damit Miethöhe. Übersicht 3 faßt die Kosteneinflußgrößen zusammen.

Übersicht 3:

Kosteneinflußgrößen der institutionalisierten Elementarerziehung

- Ressourcenmengen
- Ressourcenpreise
- Öffnungsdauer
- Nutzungsintensität
- Gruppengrößen
- Kinder pro Erzieherin
- Alterstruktur der Kinder
- soziale oder nationale Herkunft der Kinder
- mentale oder körperliche Beeinträchtigungen von Kindern
- Alter, Familienstand und Zahl der eigenen Kinder der Erzieherinnen
- Größe der Räumlichkeiten

6. Das „fiktive" Betriebskostenmodell des Landes Nordrhein-Westfalen und die „wahren" Erziehungskosten

Das Projekt, über das im folgenden berichtet wird, hat zum Ziel, die Kosten der Elementarerziehung und ihre Finanzierung bei unterschiedlichen Betreuungsarrangements transparent zu machen. Begonnen wurde mit dem Versuch, die Kosten der institutionalisierten Erziehung zu erheben, und zwar bei den Einrichtungen der verschiedenen Träger, aber auch über die Eltern, um dort nach weiteren Kosten zu forschen, die im Betriebskostenmodell des Landes und damit in den Betriebskostenabrechnungen der Einrichtungen nicht enthalten sind. Die Analyse anderer Betreuungsarrangements soll später über weitere Elternbefragungen erfolgen. Wir hatten uns die Kostenerhebung aufgrund der selbst erfahrenen Abrechnungsmodalitäten Mitte der achtziger Jahre schön einfach vorgestellt: gedacht war an Stichproben bei den Landesjugendämtern, die Mitte der 80er Jahre über die detaillierten Betriebskostenabrechnungen der Einrichtungen verfügten. Da aber der gesamte Abrechnungsmodus in den späten 80er Jahren geändert worden war, war dieses Erhebungsverfahren nicht mehr durchführbar. Statt dessen Klinkenputzen und das Waten durch Erhebungssumpf, bei dem es galt, den vielfältigen Fußfallen empirischer Erhebungen zu entgehen, was uns nicht immer gelungen ist. Man fragt sich nach diesen Erfahrungen: Was haben manche Träger zu verbergen? Verlangt nicht die größtenteils öffentliche Finanzierung der Träger aus den Steuertöpfen eine transparente öffentliche Rechenschaftslegung? Warum blocken Träger Untersuchungen wie die unsrige, die immerhin vom Bundesministerium für

Bildung, Wissenschaft, Forschung und Technologie initiiert wurde und finanziert wird, ab?

Das wachsende Interesse an den Kosten für die Elementarerziehung korrespondiert bisher noch nicht mit einer Zunahme von Untersuchungen, die die Transparenz in diesem Bereich erhöhen. Unser Projekt „Kosten der Elementarerziehung" muß auch insofern „Pionierarbeit" leisten, als sich die wenigen vorhandenen Studien in erster Linie auf die öffentlichen Ausgaben für den Elementarbereich beschränken. Die Konzeption unseres Projektes ist Ergebnis der oben dargestellten theoretischen Überlegungen zur Ökonomie der Kindererziehung, d.h. Ausgangspunkt ist ein „komplexes" Kostenverständnis. Die unterschiedlichen gesetzlichen Regelungen des Elementarbereiches in den einzelnen Bundesländern sind der Grund dafür, daß wir uns – vor allem vor dem Hintergrund des begrenzten Zeithorizontes unseres Projektes – zunächst auf die Situation in Nordrhein-Westfalen und hier auf vier Kommunen konzentrieren. Deshalb wird zunächst die gesetzliche Grundlage für den Elementarbereich in Nordrhein-Westfalen skizziert. Im Anschluß daran werden die Konzeption sowie erste – vorläufige – Ergebnisse unserer Studie dargelegt.

Seit 1994 ist in Nordrhein-Westfalen das Gesetz über Tageseinrichtungen für Kinder (GTK)[3] in Kraft, welches ein Ausführungsgesetz zum Kinder- und Jugendhilfegesetz (KJHG) auf Bundesebene ist. Das GTK formuliert einen gesetzlichen Rahmen für Tageseinrichtungen für Kinder, die in Kindergärten, Horten und anderen Einrichtungen für einen Teil des Tages oder ganztägig betreut werden. Je nach Einrichtungsart variiert das Alter der Kinder zwischen 4 Monaten bis zur Schulpflicht und in Horten werden Kinder bis zur Vollendung des 14. Lebensjahres betreut.
Im GTK sind Regelungen und Standards für Zuständigkeitsbereiche, Planung, Bau- und Betriebskosten, Personalstandards etc. definiert. Im folgenden werden primär die Bestimmungen zu den Betriebskosten sowie für die Finanzierung der Betriebskosten betrachtet[4]. Für die Diskussion um die Betriebskosten für Kinderbetreuung nach dem GTK sei vorausgeschickt, daß im wesentlichen 6 Gruppenarten unterschieden werden: die Krippe und Krabbelgruppe, die Kindergartengruppe, die Kindertagesstättengruppe, die kleine altersgemischte Gruppe, die große altersgemischte Gruppe sowie der Hort. Übersicht 4 zeigt exemplarisch die wichtigsten Merkmale von vier Gruppen. Die wesentlichen Unterschiede bestehen im Alter der betreuten Kinder und dem Umfang der Betreuungszeit sowie in dem sich daraus ergebenden Personalschlüssel.

Übersicht 4:

Kindergartengruppe (Kiga)

- 25 Plätze für Kinder im Alter von 3 bis 6 Jahren
- Betreuung vor- und nachmittags, keine Mittagsbetreuung
- mindestens 7 Stunden, davon 5 Stunden ohne Unterbrechung pro Tag
- 1 Gruppenleiterin
- 1 Ergänzungskraft

Kindertagesstättengruppe (Kita)

- 20 Plätze für Kinder im Alter von 3 bis 6 Jahren
- Ganztagsbetreuung
- mindestens 8 ½ Stunden ohne Unterbrechung pro Tag
- 1 Gruppenleiterin
- 1 Ergänzungskraft

Kleine altersgemischte Gruppe (aG 4M / 6J)

- 15 Plätze für Kinder im Alter von 4 Monaten bis 6 Jahren
- Ganztagsbetreuung
- mindestens 8 1/2 Stunden ohne Unterbrechung pro Tag
- 1 Gruppenleiterin
- 1 Fachkraft
- 1 Ergänzungskraft

Große altersgemischte Gruppe (aG 3J / 14J)

- 20 Plätze für Kinder im Alter von 3 bis 14 Jahren
- Ganztagsbetreuung
- mindestens 8 1/2 Stunden ohne Unterbrechung pro Tag
- 1 Gruppenleiterin
- 1 Fachkraft

(Eigene Zusammenstellung nach Moskal / Foerster 1995)

Für die Betriebskosten ist eine Differenzierung der Betreuungsarten insofern bedeutsam, als aufgrund der definierten Standards anzunehmen ist, daß auch das Betriebskostenvolumen für diese Betreuungsarten divergiert, da die Standards als Kosteneinflußgrößen wirken. Die Standards für die unterschiedlichen Gruppenarten sind Mindeststandards, d.h. sie müssen für die Genehmigung des Betriebs einer Kindertagesstätte eingehalten werden. Das GTK bietet darüber hinaus zwar Spielraum für Varianten der Standards, z.B. erhöht sich bei der Betreuung von behinderten Kindern in den beschriebenen Gruppen der Personalschlüssel, gleichzeitig existieren auch Maximumstandards, denn nur die gesetzlich definierten Standards werden öffentlich bezuschußt.

Das GTK legt weiterhin fest, welche Institutionen das Angebot an Kindertagesstätten in Nordrhein-Westfalen stellen soll. Es wird unterschieden zwischen den öffentlichen Trägern, dies sind die örtlichen Träger der öffentlichen Jugendhilfe sowie sonstige kreisangehörige Gemeinden und Gemeindeverbände, und den anerkannten Trägern der freien Jugendhilfe. Letztere umfassen die Kirchen und Religionsgemeinschaften des öffentlichen Rechts sowie die auf Bundesebene zusammengeschlossenen Verbände der freien Wohlfahrtsverbände. In NRW sind dies primär:

- die Evangelischen Landeskirchen
- die Diözesen der katholischen Kirche
- der Deutsche Caritasverband
- der Paritätische Wohlfahrtsverband (Elterninitiativen[1])
- die Arbeiterwohlfahrt
- das Deutsche Rote Kreuz
- das Diakonische Werk
- die Zentrale Wohlfahrtsstelle der Juden in Deutschland

Die verschiedenen Träger weisen eine unterschiedliche Angebotsstruktur im Hinblick auf die Betreuungsarten auf. Ein Blick in die Angebotsstruktur von zwei Kommunen zeigt die unterschiedliche Schwerpunktsetzung der Träger.

Tabelle 1:

Kommune 1: Plätze	Kiga	Kita	Hort	aG 4M / 6J	aG 3J / 14J	Gesamt
Elterninitiative	85 (13,28%)	245 (38,28%)	40 (6,25%)	270 (42,19%)	-	640 (100%)
Ev. Kirche	3123 (82,18%)	297 (7,82%)	150 (3,95%)	150 (3,95%)	80 (2,10%)	3800 (100%)
Kath. Kirche	605 (84,03%)	95 (13,19%)	20 (2,78%)	-	-	720 (100%)
AWO	627 (76,74%)	100 (12,24%)	35 (4,28%)	15 (1,84%)	40 (4,9%)	817 (100%)
Stadt	1525 (50,83%)	775 (25,83%)	545 (18,17%)	75 (2,5%)	80 (2,67%)	3000 (100%)
Gesamt	5965 (66,45%)	1512 (16,84%)	790 (8,8%)	510 (5,68%)	200 (2,23%)	8977 (100%)

(eigene Berechnungen)

Tabelle 2:

Kommune 2: Plätze	Kiga	Kita	Hort	aG 4M / 6J	aG 3J/ 14J	Gesamt
EV. Kirche	675 (79,88%)	140 (16,57%)	-	30 (3,55%)	-	845 (100%)
Kath. Kirche	115 (58,98%)	65 (33,33%)	-	15 (7,69%)	-	195 (100%)
AWO	140 (35%)	100 (25%)	60 (15%)	60 (15%)	40 (10%)	400 (100%)
Stadt	355 (79,78%)	70 (15,73%)	20 (4,49%)	-	-	445 (100%)
DPWV	-	-	20 (47,62%)	-	22 (52,38%)	42 (100%)
Gesamt	1285 (66,68%)	375 (19,46%)	100 (5,19%)	105 (5,45%)	62 (3,22%)	1927 (100%)

(eigene Berechnungen)

In beiden Kommunen werden über 50% aller Plätze in Tageseinrichtungen für Kinder von kirchlichen Trägern angeboten. Die Angebotsschwerpunkte der kirchlichen Anbieter liegen in beiden Kommunen bei Kindergartenplätzen. In Kommune 2 werden von den kirchlichen Trägern keine Hortplätze sowie keine Plätze in großen altersgemischten Gruppen bereitgestellt.

In Kommune 1 werden von der katholischen Kirche keine Plätze in kleinen und großen altersgemischten Gruppen zur Verfügung gestellt. Demgegenüber ist die evangelische Kirche in Kommune 1 mit insgesamt 230 Plätzen in diesen beiden Gruppenarten ein wichtiger Anbieter. Insbesondere unter Berücksichtigung der Tatsache, daß die konfessionellen Träger die größten Anbieter in beiden Kommunen sind, fällt die offensichtliche Schwerpunktsetzung des Kinderbetreuungsangebotes bei Kindergartenplätzen deutlich ins Gewicht. Es ist zu berücksichtigen, daß Kindergartenplätze keine Betreuung über die Mittagszeit ermöglichen, das heißt es ist erforderlich, daß die Kinder in dieser Zeit entweder in ihrer Familie oder von anderen Personen betreut werden. Insbesondere für Alleinerziehende, aber auch für Familien, in denen beide Eltern erwerbstätig sind, bereitet diese Form der Betreuung erhebliche Probleme.

Die Stadt ist in beiden Kommunen der zweitgrößte Anbieter. Auffällig ist, daß die Stadt in Kommune 2 keine Plätze in kleinen und großen altersgemischten Gruppen zur Verfügung stellt, während Kommune 1 immerhin insgesamt 155 Plätze für diese Betreuungsformen bereit hält. In Kommune 2 liegt der Schwerpunkt des Angebotes bei den Kindergartenplätzen und immerhin fast 16% des Gesamtangebotes der Stadt sind Kindertagesstättenplätze. In Kommune 1 ist das Angebot der Stadt breiter gestreut. Zwar sind 50% (1525 Plätze) des Gesamtangebotes der Stadt Kindergartenplätze, aber immerhin fast 26% sind Tagesstättenplätze und fast 19% Hortplätze. Geringer fällt das Angebot mit insgesamt über 5% in den kleinen und großen altersgemischten Gruppen aus. In Kommune 1 stellt die Arbeiterwohlfahrt 9% (817 Plätze) des Gesamtangebotes. Der Schwerpunkt des Angebotes liegt ebenfalls bei Kindergartenplätzen. Allerdings stellt die Arbeiterwohlfahrt auch für die übrigen vier Betreuungsformen ein Angebot zur Verfügung. In Kommune 2 ist sie mit fast 21% des Gesamtangebotes ein wichtiger Anbieter. Zwar liegt der Schwerpunkt auch hier mit 35% bei Kindergartenplätzen, das Angebot in den übrigen Betreuungsformen ist jedoch breit gestreut.

Ein wichtiger Anbieter in Kommune 1 sind die Elterninitiativen, auch wenn sie insgesamt nur 7,13% des Gesamtangebotes dieser Kommune stellen. Der Schwerpunkt ihres Angebots liegt mit 42% im Bereich der kleinen altersgemischten Gruppen, damit stellen sie fast 53% aller Plätze in dieser Gruppenart in der Kommune bereit. Weiterhin sind 38% der Plätze in Elterninitiativen Kindertagesstättenplätze. Lediglich 13% des Angebotes dieser Anbieter sind im Bereich Kindergartenplätze. Insgesamt konzentriert sich das Angebot in Elterninitiativen auf Plätze, die eine Ganztagsbetreuung anbieten. Für die Gewährleistung der Vielfalt der Angebotsstruktur in Kommune 1 nehmen die Elterninitiativen demnach einen wichtigen Stellenwert ein.

Die Angebotsstruktur, die von den verschiedenen Trägern bereitgestellt wird, ist für die Betriebskostenthematik insofern relevant, als sich der Anteil der öffentlichen Finanzierung an Tageseinrichtungen für Kinder für die einzelnen Träger unterscheidet. D.h. die Höhe der öffentlichen Zuschüsse differiert in Abhängigkeit vom Träger und korrespondierend damit auch die Höhe des Trägeranteils.
Wenn ein Träger überwiegend „kostengünstigere" Plätze anbietet (z.B. Kindergartenplätze[2]), entsteht sowohl für den Träger als auch für die öffentliche Hand ein niedrigeres Kostenvolumen. Zudem ist das Kostenvolumen für die beiden „Finanzierungspartner" abhängig von dem gesetzlich definierten Anteil an der Finanzierung der Betriebskosten. So ist das Volumen des öffentlichen Zuschusses bei „kostengünstigen" Plätzen besonders niedrig, wenn der Trägereigenanteil, wie zum Beispiel bei den konfessionellen Trägern, höher ist. Wenn hingegen zum Beispiel Elterninitiativen „kostengünstigere" Plätze anbieten, ist für die öffentliche Hand das Kostenvolumen höher, da Elterninitiativen den gesetzlichen Höchstzuschuß erhalten.
Aus der Perspektive der öffentlichen Hand können Elterninitiativen als „teuer" eingestuft werden. Allerdings ist dies primär auf zwei Gründe zurückzuführen: Elterninitiativen scheinen einen hohen Anteil an „kostenintensiveren[3]" Plätzen bereitzustellen und der Betriebskostenzuschuß von der öffentlichen Hand ist mit 95% am höchsten. Aus diesem Grund sind die Elterninitiativen für die Kommune mit hohen Ausgaben verbunden.

Das Modell der fiktiven Betriebskosten des Landes Nordrhein-Westfalen

Betriebskosten sind nach dem GTK die angemessenen Personal- und Sachkosten, die durch den erlaubten Betrieb einer Tageseinrichtung für Kinder (nach § 45 Abs. 1 SGB III) entstehen, sofern sie die Voraussetzungen nach § 1 bis 4 erfüllt (GTK § 16 Abs.1) (Moskal / Foerster 1995). Voraussetzung für den Erhalt von Betriebskostenzuschüssen ist, daß die Errichtung der Tageseinrichtung gemäß § 13 GTK gefördert wurde (§ 18 Abs. 6 GTK)[4]. Die Betriebskosten umfassen nach dem GTK primär 4 Gruppen von Kostenarten: Personalkosten, Sachkosten, Kaltmiete, Vereins- und Trägerkosten.

Übersicht 5 zeigt eine genauere Untergliederung der Kostenartengruppen. Personalkosten umfassen lediglich die Kosten für pädagogisch tätiges Personal, hingegen werden Kosten für hauswirtschaftliche Kräfte als Sachkosten abgerechnet.

Übersicht 5:

Betriebskosten nach dem GTK (NRW)

Personalkosten des pädagogisch tätigen Personals

- die tatsächliche Vergütung
- Personalnebenkosten (0,7% der tatsächlichen Personalkosten)
- Fortbildungskosten (0,25% der tatsächlichen Personalkosten)
- Aufwendungen für eine Vertretung

Sachkosten

- pädagogischer Aufwand
- Büroaufwand der Einrichtung einschließlich Porto und Telefon
- Ausgaben für Elternarbeit
- Getränke für Kinder
- hauswirtschaftlicher Aufwand
- Erhaltungsaufwand
- Personalkosten für Reinigung
- Wäschereinigung
- Sanitärbedarf (Putzmittel etc.)
- Mitgliedsbeiträge an Fachverbände
- Energiekosten (Öl, Gas, Wasser, Fernwärme)
- Öffentliche Abgaben
- Versicherungen (nach der BKVO anerkannt)
- weitere Ausgaben, die nicht vom Träger beeinflußt werden können und die regelmäßig wiederkehren
- Rücklagen

Kaltmiete

Vereins- und Trägerkosten

- Trägeranteil zur anteiligen Betriebskostenfinanzierung
- nicht anerkennungsfähige Aufwendungen des Vereins, wie z.B.
  - Verwaltungsaufwendungen (Porto, Telefon, EDV-Gebühren, Steuerberater etc.)
  - Gerichts- und Notarkosten
  - besondere Versicherungsaufwendungen

Ausgehend von dieser Kategorisierung der Kosten könnte man annehmen, daß unter Verwendung dieser Betriebskostenarten eine Kalkulation der entstehenden Betriebskosten erfolgt. Durch das GTK wird jedoch ein anderer Weg der Ermittlung der Betriebskosten festgelegt. Dieses Modell zur Kalkulation der Gesamtbetriebskosten nach dem GTK wird nachfolgend dargelegt.

Grundlage für die Berechnung des gesetzlichen Betriebskostenzuschusses sind die zu ermittelnden Gesamtbetriebskosten. Ausgangspunkt der Kalkulation der Gesamtbetriebskosten (vgl. Grafik 1) sind die Personalausgaben für eine Einrichtung nach Angabe des Trägers. Unter Berücksichtigung der gesetzlich definierten Standards für den Personalschlüssel werden die anerkannten Personalkosten bestimmt, denn nur diese sind förderungsfähig. Ausgehend von den anerkannten Personalkosten wird eine Sachkostenpauschale bestimmt. Diese beträgt 19% der anerkannten Personalkosten, wenn das Gebäude, in dem sich die Kindertageseinrichtung befindet, gemietet wurde, und 22%, wenn der Träger Eigentümer des Gebäudes ist. Die Berechnung der Sachkosten erfolgt also pauschal und nicht durch Ermittlung der tatsächlich anfallenden Sachkosten. Übersteigt die Sachkostenpauschale die tatsächliche Höhe der Sachkosten, so sind nach dem GTK Rücklagen[5] aus dem Überschuß zu bilden. Diese Rücklagen können auch von mehreren Einrichtungen gepoolt werden.

Grafik 1:

Berechnung des gesetzlichen Betriebskostenzuschusses

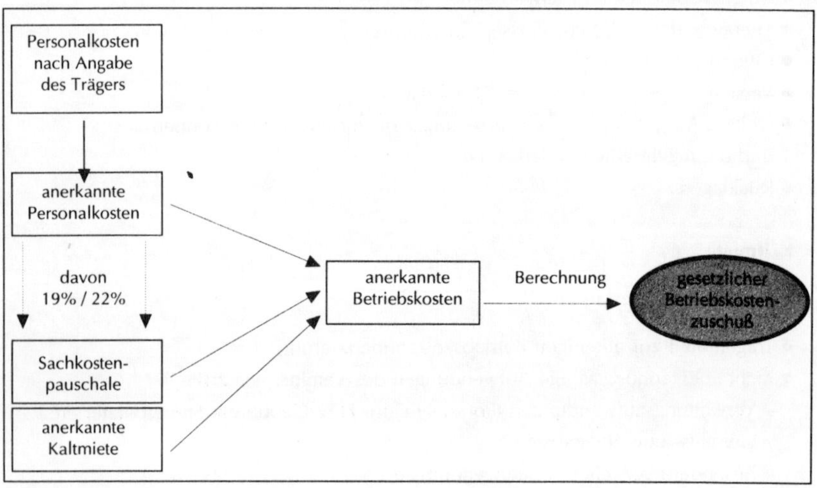

(eigene Darstellung)

Die Höhe der Sachkostenpauschale ist demnach abhängig von der Kosteneinflußgröße Personalkosten. Allerdings hat dieses Berechnungsverfahren ebenfalls zur Folge, daß Einrichtungen, die Mitarbeiterinnen beschäftigen, die aufgrund ihres Alters, Familienstandes etc. tariflich höher eingestuft sind und damit höhere Personalkosten verursachen, eine höhere Sachkostenpauschale erhalten als Einrichtungen mit einem identischen Personalschlüssel, deren Personal niedrigere Personalkosten verursacht. Dies heißt auch, daß Einrichtungen mit niedrigen Personalkosten weniger Mittel für Sachmittel zur Verfügung stehen. Es wird in unserer Untersuchung noch zu prüfen sein, wie groß die monetären Differenzen in einer solchen Situation real sind und welche Konsequenzen sich hieraus für die Sachmittelausstattung ergeben.
Zu den Betriebskosten wird weiterhin die förderungsfähige Kaltmiete gerechnet. Die Summe aus den anerkannten Personalkosten, Sachkostenpauschale und Kaltmiete ergibt die **anerkannten Betriebskosten.**

Ausgehend von den anerkannten Betriebskosten wird der gesetzliche Betriebskostenzuschuß als Prozentsatz berechnet, der durch den örtlichen Träger der öffentlichen Jugendhilfe an den Träger der Einrichtung gezahlt wird. Die Höhe des Prozentsatzes ist abhängig von der Trägerart. Die nach diesem Modell berechneten Betriebskosten können als **normierte Betriebskosten** bezeichnet werden, da ihr Volumen abhängig ist von den als förderungsfähig eingestuften Betriebskosten. Zudem werden die Sachkosten in diesem Modell lediglich als fiktive Sachkosten kalkuliert, d.h. die real entstehenden Sachkosten werden nicht ermittelt. Die Kaltmiete wird in der tatsächlichen Höhe anerkannt, allerdings unter Berücksichtigung des ortsüblichen Mietspiegels.

Zusammenfassend wird folgende These formuliert: Die nach dem im GTK formulierten Kalkulationsmodell ermittelten Betriebskosten für Kindertageseinrichtungen orientieren sich nur eingeschränkt an den real entstehenden Betriebskosten. Deshalb werden diese Betriebskosten nachfolgend als **fiktive Betriebskosten** bezeichnet, an denen sich die Höhe der Betriebskostenzuschüsse der Kommune an den Träger orientiert. In unserem Projekt wird versucht, nicht nur die fiktiven Betriebskosten, sondern auch die realen Betriebskosten zu erfassen.

Zunächst wird jedoch auf die Finanzierung der (fiktiven) Betriebskosten nach dem GTK eingegangen.

Grundsätzlich werden die Betriebskosten durch die Eigenleistung des Trägers sowie durch den örtlichen Träger der öffentlichen Jugendhilfe finanziert (Grafik 2).

Grafik 2:

Aufbringung der Betriebskosten nach GTK

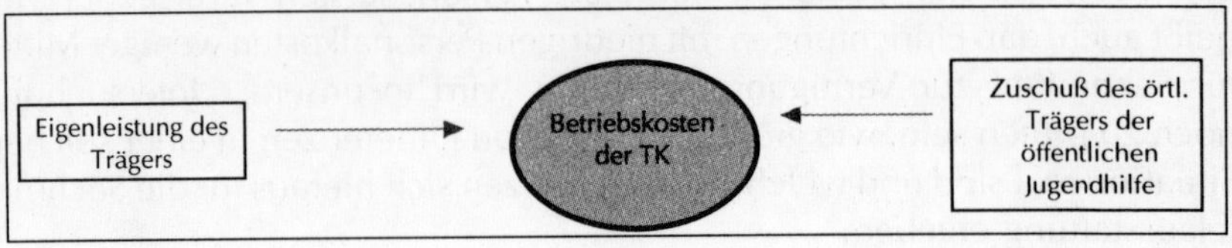

(eigene Darstellung)

Die Anteile der beiden Finanzierungspartner (Träger und örtlicher Träger der öffentlichen Jugendhilfe) sind im GTK festgelegt. Im wesentlichen werden drei Trägerarten unterschieden: die konfessionellen Träger, die finanzschwachen Träger sowie die Elterninitiativen[6]. Die im GTK definierten prozentualen Anteile des örtlichen Trägers der öffentlichen Jugendhilfe an den „fiktiven" Betriebskosten – die gesetzlichen Betriebskostenzuschüsse – sind Mindestanteile (vgl. Tabelle 3), d.h. es können freiwillig höhere Anteile gezahlt werden.

Tabelle 3:

Trägeranteile an der Finanzierung der gesetzlich definierten Betriebskosten

Träger	Eigenanteil	öffentlicher Zuschuß
konfessionelle Träger	27%	73%
finanzschwache Träger	10%	90%
Elterninitiativen	5%	95%

(eigene Darstellung)

Der gesetzliche Betriebskostenzuschuß, der durch die öffentliche Hand gezahlt wird, wird aus unterschiedlichen Haushalten finanziert. Beteiligt sind die Kommune, das Land Nordrhein-Westfalen sowie die Eltern durch die Elternbeiträge, die sie an das Jugendamt zu zahlen haben[7]. Die Berechnung der Anteile dieser drei „Partner" am gesetzlichen Betriebskostenzuschuß ist wie folgt im GTK definiert: es wird davon ausgegangen, daß durch die Elternbeiträge 19% der anerkannten Betriebskosten finanziert werden können. Von den anerkannten Betriebskosten werden der Trägeranteil sowie die Elternbeiträge subtrahiert. Die verbleibenden Betriebskosten werden zu 50% von der Kommune und zu 50% vom Land finanziert. Allerdings beträgt der Landesanteil nicht mehr als 34% von den anerkannten Betriebskosten. Die verbleibenden Betriebskosten sind zusätzlich von der Kommune zu tragen (vgl. auch Grafik 3).

Grafik 3:

Finanzierung des gesetzlichen Betriebskostenzuschusses

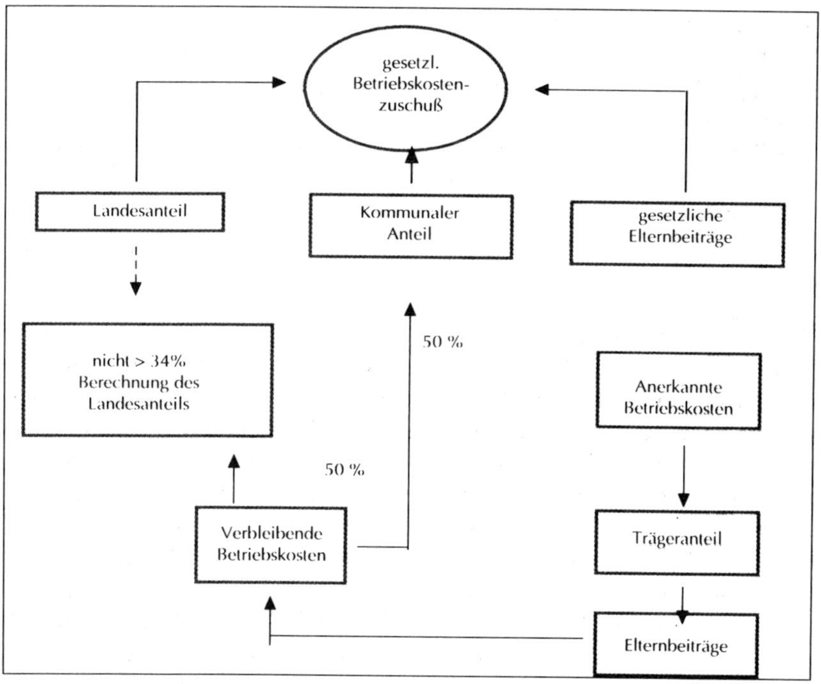

(eigene Darstellung)

Wie hoch sind nach dem GTK die prozentualen Anteile der Finanzierungspartner an den Betriebskosten, wenn man die unterschiedliche Höhe des Eigenanteils der Träger berücksichtigt?

Ausgehend von der Annahme, daß die Elternbeiträge 19% der anerkannten Betriebskosten abdecken, beträgt der kommunale Anteil mindestens 27% und höchstens 42% der anerkannten Betriebskosten. Mit sinkendem Trägereigenanteil erhöht sich der kommunale Anteil, während der Landesanteil 34% nicht übersteigt. Tabelle 4 zeigt die genaue Aufteilung der Finanzierung der Betriebskosten.

Tabelle 4:

Gesetzliche Aufteilung der Finanzierung der Betriebskosten

	Trägeranteil	Elternanteil	kommunaler Anteil	Landesanteil	Zuschuß insgesamt
Konfessioneller Träger	27%	19%	27%	27%	73%
Finanzschwacher Träger	10%	19%	37%	34%	90%
Elterninitiativen	5%	19%	42%	34%	95%

(eigene Darstellung)

Das beschriebene Kalkulationsmodell zur Berechnung der anerkannten Betriebskosten scheint primär ein Modell zur Bestimmung der Höhe der öffentlichen Ausgaben für Kindertageseinrichtungen sowie ein Finanzierungsmodell zu sein. Zwar wird auch der Eigenanteil des Trägers jeweils rechnerisch ermittelt, allerdings bleibt offen, ob dieser fiktive Anteil der realen Höhe des Betriebskostenanteils des Trägers entspricht. Zusammenfassend kann festgehalten werden: das im GTK zugrundegelegte Kalkulationsmodell für Betriebskosten ermittelt fiktive Betriebskosten auf deren Grundlage die Höhe der Zuschüsse der Kommune an den Träger bestimmt wird. Bei dieser Kalkulationsweise bleibt unbekannt, ob die fiktiven Betriebskosten identisch sind mit den realen Betriebskosten bzw. ob sie höher oder niedriger sind. Ausgehend von diesen Annahmen können zwei Thesen formuliert werden:

1. Es besteht eine Differenz zwischen der gesetzlich normierten Höhe der Betriebskosten und der Höhe der real entstehenden Betriebskosten.

2. In dem nach dem GTK definierten Kalkulationsmodell für Betriebskosten werden bestimmte Kosten ausgeklammert, die für die Ermittlung der volkswirtschaftlichen Kosten von Tageseinrichtungen für Kinder zu berücksichtigen wären. Gemeint sind jene Kosten, die durch den Verbrauch und Gebrauch von Ressourcen entstehen, welche für den Betrieb einer Kindertageseinrichtung erbracht werden. Zum Beispiel erbringen Eltern Arbeitsleistungen für den Betrieb einer Kindertageseinrichtung, die bisher kaum erfaßt noch monetär bewertet worden sind. Darüber hinaus ist zu prüfen, ob Eltern monetäre Kosten für die Kinderbetreuung über die gesetzlichen Elternbeiträge hinaus entstehen.

In unserem Projekt wird deshalb versucht, in der Konzeption des Erhebungsinstrumentariums dem Verständnis der real entstehenden Betriebskosten Rechnung zu tragen sowie die volkswirtschaftlichen Kosten von Elementarerziehung ins Blickfeld zu rücken. Zwar soll auch die Höhe der Zahlungen der gesetzlichen Betriebskostenzuschüsse ermittelt werden, unsere primäre Intention besteht allerdings in einer Annäherung an die volkswirtschaftlichen Kosten der Elementarerziehung.

7. Das Projekt zur empirischen Erfassung der Kosten der Elementarerziehung und die Mühen einer Kostenerhebung

Nach zehn Wochen Projektlaufzeit können nur vorläufige bzw. einige exemplarische Daten präsentiert werden.

Aus bereits erwähnten Gründen konzentriert sich die Studie auf Nordrhein-Westfalen, und zwar im speziellen auf vier Kommunen. Aufgrund des dargelegten Kostenverständnisses nähern wir uns der „empirischen Realität" aus drei Perspektiven durch Befragung:
- der Kommunen;
- der freien Träger;
- der Eltern.

Wir sind an **die Kommunen** herangetreten, um Auskunft zu erhalten über die an die freien Träger gezahlten gesetzlichen Betriebskostenzuschüsse, sowie über die Betriebskosten der kommunalen Kindertageseinrichtungen.

Die Zusammenarbeit mit den Kommunen erwies sich als relativ problemlos. Nach einigen Verhandlungen waren alle Kommunen bereit, uns Daten zur Verfügung zu stellen. Als besondere Schwierigkeit erwies sich die Aufbereitung der Datenpools. Eine Kommune erfaßt die Betriebskosten bereits durch den Computer, eine andere befindet sich im Prozeß der Dateneingabe in den Computer, und eine weitere Kommune stellte die Daten handschriftlich für unsere Untersuchung zusammen.

Es ist zu betonen, daß die Arbeitsbelastung in den kommunalen Verwaltungen zum Zeitpunkt unserer Erhebung besonders hoch ist. Zum einen werden im Frühjahr die Betriebskostenabrechnungen für das Vorjahr erstellt und zum anderen konzentriert sich gegenwärtig ein Großteil der Aktivitäten auf die Umsetzung des Rechtsanspruchs auf einen Kindergartenplatz. Die Zusammenstellung der Daten für unsere Untersuchung stellt deshalb für die Kommunen eine erhebliche Zusatzbelastung dar.

Trotz dieser generell positiven Erfahrungen soll allerdings nicht verschwiegen werden, daß bestimmte Daten uns nicht zugänglich gemacht wurden, wenngleich sie bei den Kommunen vorliegen. So sind die Landeszuschüsse nicht von allen Kommunen pro Einrichtung ausgewiesen worden. Desweiteren haben wir bei der Hälfte der befragten Kommunen keine Auskunft über die bestehenden Personalschlüssel in den kommunalen Kindertageseinrichtungen erhalten.

Im Zuge der Befragungen der freien Träger sind wir zunächst an die **konfessionellen Träger** herangetreten. Problematisch war es bereits herauszufinden, ob eine grundsätzliche Bereitwilligkeit besteht, Daten zur Verfügung zu stellen. In einem Fall erhielten wir schließlich nach 8 Wochen eine schriftliche Absage ohne Begründung. In einem weiteren Fall wurde bisher keine Entscheidung getroffen. Lediglich für eine Region ist uns vom konfessionellen Träger eine Zusage für die Bereitstellung von Daten gemacht worden, die allerdings gegenwärtig noch zusammengestellt werden. Wir haben für die Erfassung der Betriebskosten Kontenpläne angeboten bzw. jene Kategorien aufgelistet, die uns interessieren.

Die in der betrachteten Region angesprochenen Verbände der **Arbeiterwohlfahrt** haben nach telefonischen und schriftlichen Anfragen erklärt, daß sie uns keine Auskunft über die Betriebskosten der Kindertageseinrichtungen in ihrer Trägerschaft geben.

Zur Erfassung der Betriebskosten in Tageseinrichtungen unter der Organisation von **Elterninitiativen** haben wir einen Fragebogen erstellt, in dem wir unter anderem mit Hilfe eines Kontenplans die (realen) Betriebskosten abfragen. Dieser Kontenplan muß jährlich für eine – alle drei Jahre beim Finanzamt einzureichende – Körperschaftssteuererklärung erstellt werden, um einen Körperschaftsfreistellungsbescheid zu erhalten und so die Anerkennung der Gemeinnützigkeit aufrechtzuerhalten. Zudem haben wir in diesem Fragebogen erfragt, ob und mit welchem Zeitvolumen sich Eltern an Aktivitäten in den Tageseinrichtungen beteiligen.

Für die Verteilung der Fragebögen haben wir „Betriebskostenseminare"die vom DPWV für Elterninitiativen angeboten werden, genutzt. An die übrigen Elterninitiativen wurde jeweils ein Fragebogen verschickt. Insgesamt wurden 120 Elterninitiativen angesprochen. Nach ca. 8 Wochen sowie einem zwischenzeitlich verschickten „Erinnerungsschreiben" haben wir bisher erst 10 Fragebögen zurückerhalten. Die Gründe hierfür sind vielfältig. Elterninitiativen führen die Verwaltungstätigkeiten in der Regel selbst durch, so daß das Ausfüllen des Fragebogens eine zusätzliche Belastung darstellt. Zudem werden zum Zeitpunkt der Befragung die Betriebskostenabrechnungen für 1995 erstellt. Allerdings haben einige Elterninitiativen auch Vorbehalte gegenüber einer Offenlegung ihrer Betriebskosten geäußert.

Wir haben weiterhin einen **Elternfragebogen** entworfen, in dem wir schwerpunktmäßig erfragen, welche monetären Ausgaben Eltern für die Betreuung in einer Kindertageseinrichtung haben. Dabei fragen wir nach den gesetzlichen Elternbeiträgen, nach zusätzlichen Elternbeiträgen, die an die Einrichtung gezahlt werden müssen, Vereinsbeiträgen etc. Zudem fragen wir nach der zeitlichen Beteiligung an Aktivitäten in den Kindertageseinrichtungen, differenziert nach Art der Tätigkeit sowie dem Stundenvolumen. Außerdem erfragen wir, ob neben der institutionellen Betreuung noch andere Betreuungsformen in Anspruch genommen werden und welche monetären Kosten diese verursachen; oder ob zum Beispiel Nachbarschaftshilfe durch gegenseitige Betreuung der Kinder im Rahmen von Nachbarschaftshilfe geleistet wird. Von 500 verteilten Fragebögen haben wir bisher 60 zurückerhalten.

Unser Vorhaben, die Kosten der Elementarerziehung zu erheben, ist aus zwei Gründen besonders schwierig:

1. Aufgrund unseres erweiterten Verständnisses von Kosten sind wir in besonders hohem Maße auf die Kooperation der Befragten angewiesen. Wir sind uns bewußt, daß die zeitliche Belastung durch die Beteiligung an unserer Untersuchung groß ist. Dennoch bleibt unklar, warum zum Teil so wenig Bereitwilligkeit besteht, Auskunft über die „wahren" Betriebskosten zu geben.

2. Die Betreuung von Kindern in Tageseinrichtungen ist gegenwärtig ein besonders brisantes Feld. Denn durch die Notwendigkeit der Umsetzung des Rechtsanspruchs auf einen Kindergartenplatz stehen die Kommunen, aber auch die freien Träger, unter zeitlichem und finanziellem Druck. Zudem werden gegenwärtig zähe Verhandlungen zwischen Kommunen und freien Trägern geführt, um Lösungen zu finden. Dabei geht es primär um die Frage, wie und wo Kosten gespart werden können.

Unser Forschungsprojekt fällt offensichtlich in eine Zeit, in der das Interesse an Informationen über Kosten der Elementarerziehung besonders groß ist. Auf der anderen Seite bestehen jedoch aufgrund der angespannten Situation zum Teil große Vorbehalte, eigene Daten zur Verfügung zu stellen. Die Entscheidung einiger Träger, trotz ausführlicher Erläuterung unseres Untersuchungsauftrages keine Daten zur Verfügung zu stellen, ist zwar frustrierend, besonders unverständlich bleibt aber, warum solche Absagen in der Regel ohne jegliche Begründung erfolgten und der Umgangston in diesen Fällen das gemeinsame öffentliche Anliegen vergessen machte. Eine Bewertung unserer bisherigen Erhebungsergebnisse muß deshalb auch unter Berücksichtigung der beschriebenen Rahmenbedingungen erfolgen.

8. Vorläufige Erhebungsergebnisse

8.1 Die Kommunen

Die uns gegenwärtig zur Verfügung stehenden Daten über Betriebskostenzuschüsse, die die Kommunen an die Träger zahlen, weisen folgende Trends aus:

In keiner der befragten Kommunen wird durch die gesetzlich festgelegten Elternbeiträge der gesetzlich „erwartete" Anteil von 19% der anerkannten Betriebskosten abgedeckt. Unsere Daten lassen vermuten, daß ein Anteil von durchschnittlich 10 bis 12% realistisch ist. Dieser Wert bezieht sich jeweils auf eine Kommune insgesamt, d.h. der Ausgleich zwischen den verschiedenen Einrichtungen in einer Kommune ist bereits berücksichtigt. Betrachtet man die Elternbeiträge pro Einrichtung, werden nach unseren Untersuchungen 5 bis 15% der anerkannten Betriebskosten durch Elternbeiträge abgedeckt.

Die vorliegenden Daten zeigen, daß die Kommunen zum Teil zusätzlich zu den gesetzlich definierten Zuschüssen freiwillige Zuschüsse an einige Träger zahlen. Deren Höhe variiert nach den uns vorliegenden Daten in Abhängigkeit von der Kommune und dem Träger. So erhalten konfessionelle Träger zusätzliche Zuschüsse bis zu 10%, d.h. die Gesamtbezuschussung kann 83% erreichen. Ebenfalls höher bezuschußt werden einige Einrichtungen der Arbeiterwohlfahrt, zum Teil erhalten sie 100% der anerkannten Betriebskosten.

Die Entscheidung der Kommune, höhere freiwillige Zuschüsse an den Träger zu zahlen, ist gleichzeitig der Grund dafür, daß sich der Landesanteil an der Betriebskostenfinanzierung erhöht. Das absolute Kostenvolumen erhöht sich für die öffentliche Hand zudem, weil die gesetzlichen Elternbeiträge insgesamt nicht 19% der anerkannten Betriebskosten abdecken. Tabelle 5 zeigt die prozentualen Anteile an der Finanzierung der Betriebskosten, wenn durch die gesetzlichen Elternbeiträge lediglich 10% der anerkannten Betriebskosten finanziert werden können. Ausgehend von den gesetzlich festgelegten Trägeranteilen erhöht sich zum Beispiel der Anteil der Kommune bei den Elterninitiativen auf 56%. Zahlt eine Kommune zusätzliche freiwillige Betriebskostenzuschüsse, erhöhen sich lediglich die kommunalen Anteile bzw. bei den konfessionellen Trägern wird der maximale Landesanteil von 34% ausgeschöpft (vgl. Tabelle 6).

Tabelle 5:

Betriebskostenanteile bei reduzierten Elternanteilen

	Trägeranteil	Elternanteil	kommunaler Anteil	Landesanteil	Zuschuß insgesamt
Konfessioneller Träger	27%	10%	33%	30%	73%
Finanzschwacher Träger	10%	10%	46%	34%	90%
Elterninitiativen	5%	10%	51%	34%	95%

(eigene Darstellung)

6:

Betriebskostenanteile bei reduzierten Eltern- und Trägeranteilen

	Trägeranteil	Elternanteil	kommunaler Anteil	Landesanteil	Zuschuß insgesamt
Konfessioneller Träger	17%	10%	39%	34%	83%
Finanzschwacher Träger	0%	10%	56%	34%	100%
Elterninitiativen	0%	10%	56%	34%	100%

(eigene Darstellung)

Nachfolgend wird eine fiktive Betriebskostenabrechnung für zwei Kindertageseinrichtungen exemplarisch vorgestellt (Tabelle 7). Die Beispiele zeigen die Berechnung der Betriebskosten nach dem GTK. Dargestellt sind die gesamten Betriebskosten für ein Jahr pro Einrichtung. Jede Einrichtung verfügt über 50 Kindergartenplätze sowie den entsprechenden Personalschlüssel von einer Leiterin, einer Gruppenleiterin und zwei Ergänzungskräften. Es wird angenommen, daß die Einrichtungen unter konfessioneller Trägerschaft stehen und deshalb der Betriebskostenzuschuß 73% der anerkannten Betriebskosten beträgt.

Tabelle 7:

Zwei Beispiele für eine „fiktive" Betriebskostenberechnung
– Betriebskosten pro Einrichtung für ein Jahr –

Einrichtung	Einrichtung 1	Einrichtung 2
Gruppenstruktur	2 Kiga	2 Kiga
Anzahl Plätze	50	50
Personalkosten	248.075 DM	261.654 DM
Sachkostenpauschale (22%)	54.576 DM	57.564 DM
BK insgesamt	302.651 DM	319.218 DM
BK pro Platz	**6.053 DM**	**6.384 DM**
BKZuschuß gesetzlich (73%)	220.935 DM	233.029 DM
BKZuschuß pro Platz	**4.418 DM**	**4.660 DM**
Personalsituation	1 L/GL 1 GL 2 EK	1 L/GL 1GL 2 EK

Die Personalkosten beider Einrichtungen unterscheiden sich nur geringfügig. Da der Personalschlüssel und die Vergütungseinstufungen in beiden Einrichtungen identisch sind, können die Differenzen lediglich aus den individuellen Merkmalen der Erzieherinnen resultieren, die das Einkommen beeinflussen. Hierzu zählen zum Beispiel Alter, Familienstand, Anzahl der Kinder usw.
Ausgehend von den Personalkosten wird die Sachkostenpauschale für beide Einrichtungen berechnet. Die Differenz der Sachkostenpauschalen beträgt ca. 3000 DM. Diese Berechnung zeigt, daß Einrichtungen, die über identische Standards verfügen, in Abhängigkeit von den Personalkosten unterschiedlich hohe Sachkostenpauschalen erhalten.

Diese Beispiele zeigen, daß Unterschiede in der Höhe der Betriebskosten von Kindertageseinrichtungen bei diesem Kalkulationsmodell nur bedingt Ergebnis real divergierender Betriebskosten sind.

Über die Konsequenzen, die die unterschiedliche Höhe der Sachkostenpauschalen für den Betrieb dieser Einrichtungen haben, kann nur spekuliert werden. Wenn Einrichtung 1 die gleiche Sachmittelausstattung erhalten soll wie Einrichtung 2, muß der Träger selber für die höheren Sachkosten aufkommen. Wenn ein solcher Ausgleich nicht vorgenommen werden kann, ist zu vermuten, daß sich die Unterschiede der finanziellen Ressourcen für Sachmittel auf die Ausstattung der Einrichtung auswirken. Davon können zum Beispiel folgenden Sachmittel betroffen sein: pädagogisches Material, Einrichtungsgegenstände, hauswirtschaftliche Kräfte etc. Es wäre zu überprüfen, inwieweit sich entsprechende Differenzen auf die Qualität der pädagogischen Arbeit auswirken.

8.2 Befragung der Elterninitiativen

Aufgrund des bisher zähen Rücklaufs der Fragebögen, die an Elterninitiativen verteilt wurden, werden exemplarisch Daten von zwei Einrichtungen vorgestellt. Diese Daten können nicht als repräsentativ bewertet werden. Wir konzentrieren uns nachfolgend auf die Berechnung der „fiktiven" und „realen" Betriebskosten.

Berechnet wurden die fiktiven Betriebskosten für ein Jahr für eine Kindertageseinrichtung mit 50 Kindergartenplätzen (Einrichtung A) (vgl. Tabelle 8). Grundlage für die Berechnung ist das Kalkulationsmodell nach dem GTK. Enthalten in dieser Berechnung sind der Zuschuß des örtlichen Trägers der öffentlichen Jugendhilfe sowie der Trägereigenanteil. Für die betrachtete Einrichtung ergeben sich 354.760 DM Betriebskosten für das betrachtete Jahr (pro Platz 7095 DM). Demgegenüber stehen nach unseren Berechnungen „reale" Betriebskosten in Höhe von 375.202 DM (pro Platz 7504 DM).

Die Differenz zwischen fiktiven und realen Betriebskosten pro Platz beträgt 409 DM pro Platz im betrachteten Jahr. Damit entsteht für die Einrichtung eine Differenz von 20.450 DM für das betrachtete Jahr zwischen den fiktiven und realen Betriebskosten.

Ausgehend von der Annahme, daß diese Einrichtung einen Zuschuß von 95% zu den anerkannten Betriebskosten erhält, beträgt der Zuschuß 6.740 DM pro Platz. Der Trägeranteil beträgt bei dieser Kalkulation 355 DM pro Platz bzw. 17.750 DM für die gesamte Einrichtung. Legt man die realen Betriebskosten zugrunde, beträgt der Trägereigenanteil 764 DM pro Platz bzw. 38.200 DM insgesamt.

Tabelle 8:

Gegenüberstellung „fiktiver" und „realer" Betriebskosten

Einrichtung A mit 2 Gruppen, 50 Kindergartenplätze
Betriebskosten insgesamt pro Jahr

Fiktive BK	354.760 DM	pro Platz	7.095 DM
gesetzl. BK-Zuschuß	337.022 DM	pro Platz	6.740 DM
Reale BK	375.202 DM	pro Platz	7.504 DM

(eigene Berechnungen)

Für Einrichtung B (vgl. Tabelle 9) ergibt sich „lediglich" eine Differenz zwischen den fiktiven und realen Betriebskosten von 86 DM pro Platz im betrachteten Jahr. Die realen Betriebskosten für die gesamte Einrichtung liegen damit 5590 DM über den fiktiven Betriebskosten.

Tabelle 9:

Gegenüberstellung „fiktiver" und „realer" Betriebskosten

Einrichtung B mit 3 Gruppen und insgesamt 65 Plätzen, 40 Kindergartenplätze und 25 Kindertagesstättenplätze
Betriebskosten insgesamt pro Jahr

Fiktive BK	561.703 DM	pro Platz	8.641 DM
gesetzl. BK-Zuschuß	533.608 DM	pro Platz	8.209 DM
Reale BK	567.259 DM	pro Platz	8.727 DM

(eigene Berechnungen)

Die Berechnung der fiktiven und realen Betriebskosten bezieht sich auf zwei Einrichtungen und ist damit in keinerlei Hinsicht repräsentativ und verallgemeinerbar. Festzustellen ist, daß sich für diese beiden Einrichtungen die These bestätigt, daß eine Differenz zwischen fiktiven und realen Betriebskosten besteht. Allerdings kann sich erst im weiteren Verlauf der Untersuchung erweisen, ob die realen Betriebskosten tatsächlich immer höher sind als die fiktiven Betriebskosten.

8.3 Befragung der Eltern

Die Befragung der Eltern kann mit bisher 55 zurückgesandten Fragebögen unter Berücksichtigung der bisherigen Laufzeit des Projektes als erfolgreich bewertet werden. Allerdings ist zu betonen, daß bisher lediglich Eltern, deren Kinder[8] in einer Elterninitiative betreut werden, Fragebögen zurückgesandt haben. Deshalb beziehen sich die nachfolgenden Ergebnisse primär auf diese Gruppe.

Eltern, deren Kinder in Elterninitiativen betreut werden, zahlen neben dem gesetzlichen Elternbeitrag an das Jugendamt noch einen Elternbeitrag an die Initiative oder den dazugehörigen Verein. Häufig ist zusätzlich noch ein Vereinsbeitrag zu zahlen. Diese Kosten entstehen nicht für Eltern, deren Kinder eine Tageseinrichtung in anderer Trägerschaft besuchen. Lediglich den gesetzlichen Elternbeitrag müssen alle Eltern bezahlen, unabhängig von dem Träger der Einrichtung.

Von 55 Eltern zahlen 35 nach eigenen Angaben einen Elternbeitrag an das Jugendamt. Die Höhe des Beitrags bewegt sich zwischen 4,00 und 450,00 DM monatlich pro Eltern, d.h. durchschnittlich ca. 190 DM[9]. Von diesen Eltern zahlen 32 einen zusätzlichen Elternbeitrag an die Elterninitiative. Die Höhe bewegt sich zwischen 1,60 und 400,00 DM monatlich pro Eltern. Im Durchschnitt sind dies 95 DM[10] monatlich pro Eltern. Zusätzlich bezahlen 29 Eltern einen Vereinsbeitrag in einer Höhe zwischen 2,00 bis 65,00 DM monatlich, durchschnittlich 16,64 DM pro Eltern[11]. Hinzu kommen bei 21 Eltern weitere Ausgaben für Sonstiges (zum Beispiel Bastelmaterial) in Höhe von 1,00 bis 60,00 DM monatlich, durchschnittlich 16,24 DM[12].

40 Eltern zahlen für das Mittagessen ein Entgelt zwischen 4,00 und 90,00 DM pro Monat, durchschnittlich 63,45 DM[13].

Die Kosten der Eltern bewegen sich damit insgesamt pro Eltern pro Monat zwischen 30,00 und 680,00 DM, durchschnittlich 240,14 DM[14].

Diese Aussagen über die Kosten, die Eltern monatlich zu tragen haben, sind aufgrund der kleinen Population nicht repräsentativ. Die Daten können lediglich Tendenzen aufzeigen. Besonders auffällig ist, daß der Mehrzahl der Eltern zusätzlich zu den gesetzlichen Elternbeiträgen weitere Kosten entstehen. Diese Kosten treten für Eltern, deren Kinder eine Tageseinrichtung unter anderer Trägerschaft besuchen, nicht auf. Unsere vorläufigen Untersuchungsergebnisse weisen insgesamt auf eine deutliche höhere monetäre Belastung der Eltern hin, deren Kinder Elterninitiativen besuchen.

Neben der monetären Belastung befragen wir Eltern nach ihrer Beteiligung an Aktivitäten in der Kindertageseinrichtung. Unsere bisherigen Ergebnisse zeigen, daß alle 55 Eltern sich zwischen 1 Stunde und 56 Stunden pro Monat an Aktivitäten beteiligen, durchschnittlich sind dies 15,16 Stunden. Schwerpunkte der Aktivitäten der Eltern liegen bei Vorstandsarbeit, pädagogischer Arbeit sowie Reinigung. Die Tätigkeiten im Vorstand umfassen nach unseren bisherigen Interviews überwiegend Verwaltungstätigkeiten, die von den Eltern für den Betrieb der Einrichtung erbracht werden müssen.

Die vorläufigen Ergebnisse können lediglich Hinweise auf die zeitliche Beteiligung von Eltern in Elterninitiativen geben. Insgesamt deuten diese Daten darauf hin, daß die Eltern deren Kinder Elterninitiativen besuchen, sowohl in monetärer als auch in nicht-monetärer Hinsicht größeren Belastungen ausgesetzt sind als Eltern, deren Kinder eine Kindertageseinrichtung der Arbeiterwohlfahrt oder der konfessionellen Träger besuchen. Diese Annahme wird im weiteren Verlauf unserer Untersuchung zu prüfen sein.

Die Auswertung der Fragebögen gibt auch Hinweise auf die Gründe, warum Eltern sich diesen zusätzlichen Belastungen aussetzen. Von den 55 Eltern sind 45 sehr zufrieden bzw. zufrieden mit der Betreuung ihrer Kinder. Besonders auffällig ist, daß diese Eltern den Stellenwert der Kindertageseinrichtung für die Entwicklung des Sozialverhaltens ihrer Kinder, ihres Selbstbewußtseins und ihrer Selbständigkeit besonders betonen. Unabhängig von den realen pädagogischen Konsequenzen kann man feststellen, daß Eltern Elterninitiativen als wichtige Organisationsform für institutionelle Kinderbetreuung in eigener Trägerschaft einschätzen. Elterninitiativen nehmen deshalb einen wichtigen Stellenwert in der Trägervielfalt ein.

9. Ausblick

Das vorgestellte Projekt hat zum Ziel, einen Beitrag zur Ermittlung der Kosten der institutionellen Elementarerziehung zu leisten. Der bisherige Verlauf der Untersuchung hat deutlich gezeigt, daß die gegenwärtige Kostendiskussion nicht zuletzt auch darunter leidet, daß ein differenziertes Kostenmodell für den Bereich der Elementarerziehung fehlt. Es wird im Projekt „Kosten der Elementarerziehung" versucht, einen Beitrag zur Konzeption eines solchen Kostenmodells zu leisten sowie die Kosten der Elementarerziehung nach diesem Modell zu ermitteln. Diese Absicht kann aus zwei Perspektiven bewertet werden.

Das Kostenmodell, welches der Untersuchung zugrundegelegt wird, muß sich insofern an der empirischen Realität orientieren, als berücksichtigt werden muß, welche Kosten tatsächlich erfaßt werden können. Ein Blick in das Feld der „Kindertageseinrichtungen" zeigt, daß die Ermittlung bestimmter Kosten zumindest gegenwärtig mit einem hohen Aufwand verbunden ist. Erfolgreich scheint der Versuch zu sein, zum Beispiel die zeitlichen Ressourcen, die Eltern einsetzen, zu erfassen. Diese können in einem zweiten Schritt auch monetär bewertet werden.

Demgegenüber werden gegenwärtig zum Beispiel nicht die Verwaltungskosten, die für das „Management" von Kindertageseinrichtungen beim örtlichen Träger der öffentlichen Jugendhilfe entstehen, für jede einzelne Einrichtung errechnet. Auch im Rahmen unserer Untersuchung konnten diese Kosten bisher nicht ermittelt werden. Weiterhin bleibt unbeantwortet, wie hoch die Verwaltungskosten für das Jugendamt für die kommunalen Einrichtungen sind.

Die Erfassung dieser Kosten ist nach dem GTK nicht erforderlich und wird deshalb in der Regel nicht durchgeführt. Möglicherweise wird das Interesse an diesen Kosten in naher Zukunft steigen, wenn mit der Einführung des „neuen Steuerungsmodells" in vielen Kommunen eine größere Transparenz der Kosten für einzelne Produkte herzustellen ist.

Neben der Ermittlung der Kosten haben wir die Finanzierung der Betriebskosten der Elementarerziehung ins Blickfeld gerückt. Die Analyse des Finanzierungsmodells zeigt, daß durch die definierten Standards ein Kostenrahmen für Kindertageseinrichtungen vorgegeben wird. Die ermittelten fiktiven Betriebskosten weisen deshalb nur jene Kosten der

Elementarerziehung aus, die finanziert werden. In dieser Perspektive ist die Höhe der Kosten der Elementarerziehung keine objektive Größe, die durch die institutionalisierte Elementarerziehung per se entsteht. Vielmehr spiegelt die Höhe dieser Kosten die politischen Entscheidungen für die Ressourcenallokation auf einzelne Gesellschaftsbereiche wider. Theoretisch ist vorstellbar, daß die Kosten der Elementarerziehung höher oder niedriger sind als die jeweils ermittelten bzw. finanzierten.

Die Kosten der Elementarerziehung müssen somit auch immer in Relation zu den jeweiligen Kosteneinflußgrößen, das heißt den definierten Standards, bewertet werden. Die Betrachtung der Beziehung zwischen diesen beiden Faktoren wird insbesondere dann wichtig, wenn die Kosten der Elementarerziehung in verschiedenen Bundesländern verglichen werden sollen. Denn die unterschiedlichen Standards der Elementarerziehung können sich auf die Höhe der Kosten auswirken und müssen beim Vergleich berücksichtigt werden. Die Aussage, daß Kindergartenplätze in Bundesland X teuerer sind als in Bundesland Y, sollte deshalb in Relation zu den Kosteneinflußgrößen gesetzt werden. Aufschlußreich dürfte zudem die Untersuchung der Kosteneinflußgrößen auch in Verbindung mit Qualitätsfragen der Elementarerziehung sein.

10. Literatur

Barnett, W.S. (1995): Economics of Preschool Education. In: International Encyclopedia of Economics of Education. Martin Carnoy (Ed.). Second Edition. New York, S. 313-317.

Eggerer, T. (1992): Tageseinrichtungen für Kinder im Deutschen Paritätischen Wohlfahrtsverband – Landesverband Nordrhein-Westfalen. In: Der Kindergarten. Politische, pädagogische, familiale Konzepte im Zeichen neuer politischer Rahmenbedingungen. Hein Behnken und Hein-Otto Schaaf (Hrsg.). Loccumer Protokolle 2/91. Loccum.

Moskal, E. / Foerster, S. (1995): Gesetz über Tageseinrichtungen für Kinder in Nordrhein-Westfalen. Kommentar. 15., überarbeitete und erweiterte Auflage. Kommunale Schriften für Nordrhein-Westfalen. Köln.

Strober, M.H. (1995): Economics of Childcare. In: International Encyclopedia of Economics of Education. Martin Carnoy (Ed.). Second Edition. New York, S. 344-348.

Voßhans, K.-H. (1995): Elternbeiträge für Kindertageseinrichtungen. DVP-Schriftenreihe: Deutsche Verwaltungspraxis. Hamburg.

[1] Alter der Kinder zwischen 4 Monaten und 6 Jahren
[2] Standardabweichung: 128,60 DM
[3] Standardabweichung: 100,23 DM
[4] Standardabweichung: 16,49 DM
[5] Standardabweichung: 15,96 DM
[6] Standardabweichung: 23,52 DM
[7] Standardabweichung: 162,55 DM
[8] Alter der Kinder zwischen 4 Monaten und 6 Jahren
[9] Standardabweichung: 128,60 DM
[10] Standardabweichung: 100,23 DM
[11] Standardabweichung: 16,49 DM
[12] Standardabweichung: 15,96 DM
[13] Standardabweichung: 23,52 DM
[14] Standardabweichung: 162,55 DM
[15] Standardabweichung: 14,14 Stunden

Jutta Wilhelmi

Bericht über und Betrachtungen der Podiumsdiskussion: Kinder – Zinsen des kulturellen Kapitals?

„Im Jahr 2000 wird es hoffentlich Politiker geben, die ihre Versprechen auch halten. Die etwas für die Umwelt tun und nicht nur darüber reden. Denn ich hoffe, daß meine Kinder nicht mit einer Gasmaske zur Schule gehen müssen und ich ihnen erzählen muß, wie man in den Flüssen angeln konnte, wie es war, als die Vögel noch sangen und die Tiere über die Wiese voller Blumen liefen. Daß man im Garten Gemüse ernten und auch essen konnte."

Das wünscht sich die elfjährige Sören Eikermann. Doch fast resigniert klingt, was die gleichaltrige Kerstin Fahrland anmerkt: „Gerade beim Schreiben fällt mir auf, ich habe ja wohl doch schon über die Zukunft nachgedacht, und ich denke auch weiterhin darüber nach. Doch wer, außer Euch, will das schon von Kindern wissen? Wir sind eben Kinder."

Im 4. Schreibwettbewerb der IG Metall: „So soll die Welt nicht werden" schreiben Kinder über ihre Ängste und Sorgen und ihre Not, noch keine Stimme zu haben, die Gewicht hat. Kinder sind aufmerksame Beobachter der Erwachsenen und sie sind im wahrsten Sinn des Wortes Leidtragende einer Welt, die wir für sie geschaffen haben. Wenn wir Erwachsene uns darüber bewußt werden, was wir Kindern zumuten, dann könnte sich vielleicht etwas in uns und um uns ändern. Noch aber liegt diese Einsicht zugedeckt unter vielen Manien, unserer Egomanie und ihrer zerstörenden Wirkung auf Kinderseelen, unserer Wachstumsmanie mit ihren Wahnsinnsfolgen, unserer mangelnden Solidarität für die nächste Generation, die ja auch noch leben – nicht nur überleben – will.

Das Thema der Podiumsdiskussion lautete offiziell: „Kinder – Zinsen des kulturellen Kapitals?" Einfacher ausgedrückt: Was sind uns unsere Kinder wert? Was brauchen sie? Also eine Blick- und Sichtverschiebung weg von den Erwachsenenbefindlichkeiten hin zu den Bedürfnissen von Kindern nach einer lebbaren Umwelt, nach Verläßlichkeit und Vorbild. Gewalt von Kindern und Jugendlichen ist ein Signal dafür, daß der „Kinderstandort" Deutschland erhebliche Mängel aufweist. Wenn denn überhaupt schon von einem „Kinderstandort" die Rede sein kann.

Teilnehmer des Podiums waren Uta Altevogt (ÖTV), Rolf Grönig (Volkswagenwerk), Dr. Ingo Richter (Deutsches Jugendinstitut), Dr. Gerd Schäfer (Erziehungswissenschaften) und Leonhard Spitzer (Stadtkämmerer). Es moderierte Jutta Wilhelmi.

Kein Politiker, keine Politikerin war nach Wolfsburg gekommen, was auch etwas aussagt über den Stellenwert, den der Elementarbereich insgesamt in der Politik einnimmt und Kinder im Besonderen. An ihren Taten sollt ihr sie erkennen, nicht an den großen Sprüchen. Kinder sind kein Wahlvolk und deshalb keine wirklich ernst zu nehmende Größe im Spiel um die Macht. Aus Politikersicht zumindest. Immerhin waren ein Kommunalvertreter und ein Manager aus dem nahen VW-Werk zur Diskussion bereit, was durchaus bereichernd wirkte.

Es gab Zeiten, da kamen Erzieher und Erzieherinnen zu Tausenden zusammen, um für diesen wichtigen Bildungs- und Erziehungsbereich zu streiten, Modelle zu entwerfen, ihre eigene Praxis zu überprüfen und Verbesserungen einzufordern. Der Elementarbereich wurde als zunehmend bedeutsam für den gesamten Bildungsweg eines Kindes gesehen, mehr noch, die Entwicklung seiner Fähigkeiten im Zusammenleben und -lernen mit anderen Kindern als Grundlage für diese 2. Demokratie betrachtet.

Hier, bei den Drei- bis Sechsjährigen, wurde das Fundament gelegt für das, was man soziale Tugenden nennen kann: Solidarität, Freiheit, die ihre Grenzen an der Freiheit des anderen findet, Sensibilität für die Verletzung von Menschenwürde, für Kommunikationsfähigkeit und Konfliktfähigkeit ohne Gewalt. Vielversprechend waren damals die Modellversuche, war der Aufbruch insgesamt zu einer anderen Erziehung, Möglichkeiten und Unmöglichkeiten wurden erprobt. Eine Zeit der Neugier also und der Wagnisse. Aus der Bewahranstalt Kindergarten wurde das soziale Trainingsfeld Kindergarten. Verglichen mit dieser kreativen Zeit ist heute Stille eingekehrt. Der Kindergarten ist kein Thema mehr in Medien und Politik. Resignation herrscht bei denen, die ihn tagtäglich erleben. Burn-out ist keineswegs auf Schule begrenzt.

Naheliegend deshalb die Frage an die Podiumsteilnehmer: Warum der Eros der Endsechziger und der 70er Jahre verloren gegangen ist und sich eher so etwas wie Mutlosigkeit in der Zunft breitmacht?

Da tröstete kaum der Hinweis, daß doch in 25 Jahren einiges erreicht worden sei. Der Kindergarten hat seine breite Akzeptanz. Auch wenn Plätze fehlen, ist er unumstritten. Erziehung hat sich verändert, positiv verändert. Doch zu vieles sei damals versprochen worden, was nicht zu halten war, meint Dr. Ingo Richter. Und vielleicht habe man sich etwas überhoben in der Einschätzung, die Gesellschaft durch Erziehung verän-

dern zu können. Die Macht des Erziehungswesens sei nie so stark gewesen, wie viele geglaubt haben. Was ist geblieben? Kleine Kinder sind nicht mehr der „Inbegriff des Privaten". Erziehung ist auch eine öffentliche Angelegenheit geworden. Damals war die Vielfalt der Trägerschaften ideologisch umstritten. Heute wird die Angebotsvielfalt begrüßt. Damals ging es um Ideen, heute um Geld. Das aber verengt den Blick.
Ist die Bundesrepublik ein Kinderstandort oder eine Zumutung? Uta Altevogt findet, daß diese Gesellschaft eher eine Zumutung ist für Kinder, und daß „wir ums Geld jammern", sei richtig, denn die Lage hat sich in Zeiten rigiden Sparens auch im Kindergarten, in den Kindertagesstätten, wieder verschlechtert. Was erreicht worden ist, scheint gefährdet. Der Kampf ums Geld wird härter. Stadtkämmerer Leonhard Spitzer sieht erhebliche Verteilungskämpfe voraus. Der Ressourceneinsatz in den Kommunen müsse neu überdacht werden. Daß es Kindern in dieser Gesellschaft schlecht geht, das unterschreibt er so pauschal nicht. Vieles sei geschehen in den letzten 30 Jahren.
Kindheit war schon immer eine Zumutung. So sieht es der Erziehungswissenschaftler Dr. Gerd Schäfer. Aber es fehle der Vergleichsmaßstab, wie Kindheit gestern und vorgestern war. Mangel an „ernsthaften Anstrengungen in den Erziehungswissenschaften, Kindheit aus der Sicht des Kindes zu untersuchen", beklagt er. Zwar gebe es Jugendbefragungen, aber nur wenige Kinderbefragungen. Wie sehen sie die Erwachsenenwelt? Was wünschen sie sich? Was ist für sie unerträglich? Also eine Bringschuld seiner Zunft, macht der Erziehungswissenschaftler aus. Vielleicht ist auch das ein Symptom für die Randständigkeit des Elementarbereichs?

Rolf Grönig (VW) findet dieses Land nicht besonders kinderfreundlich. Es sein ein Kinderstandort des Überflusses einerseits, der Kinder mit Konsummüll zudeckt und der Armut andererseits, in der Kinder nur zusehen dürfen. Aus dem Publikum kamen eindeutige zustimmende Äußerungen dazu. Den Kindern in Tageseinrichtungen in Berlin-Wedding geht es nicht sehr gut, klagt ein Tagungsteilnehmer. Und er meinte damit sicher nicht nur das Sparen einer überschuldeten Stadt an Personal und Ausstattung in Horten und Kindergärten, sondern auch die Lebensumstände für Kinder heute, die sich drastisch verschlechtert haben: Hohe Arbeitslosigkeit in den Familien, Armut, Scheidungen, Orientierungslosigkeit und Verlust an Wärme insgesamt. Kindertagesstätten müssen das alles mitverkraften. Können sie es unter den Bedingungen, unter denen sie derzeit arbeiten müssen?

Am Abend zuvor war es über den Äther gelaufen. Der VW-Konzern hat Millionengewinne gemacht. Naheliegend die Frage, ob davon nicht etwas für Kinder abgezweigt werden könnte. Der Firmenvertreter verwies auf die vielen tausend Arbeitsplätze, die VW mit Zustimmung der Arbeitnehmer retten konnte. Die hatten bei der Arbeitszeitverkürzung auf den Lohnausgleich verzichtet. Deshalb habe VW Tausende von Mitarbeitern nicht „freisetzen" müssen und so Familien unterstützt und damit auch Kindern eine Perspektive gegeben. Ganz selbstlos war das sicher nicht.
Neueinstellungen sind notwendig, weil der Konzern junge Arbeitskräfte braucht. Der Retortenstadt Wolfsburg fehlt die gemischte Arbeitsstruktur. Schon zeigen sich Symptome der Überalterung in der Vielzahl von Seniorentreffs und Altenheimen. Neue Beschäftigungsmodelle werden im Konzern bereits erprobt: Die Älteren arbeiten weniger, dafür werden Jüngere eingestellt.
Doch was tut die Wirtschaft darüber hinaus für Kinder und tut sie genug für sie? Die Idee der Tagung war es ja wohl, die Kooperation zwischen zwei sich völlig fremden Lebensbereichen zu fördern, zwischen dem Bildungssektor und dem Sektor Arbeit. Vor dreißig Jahren wäre eine solche Diskussion kaum möglich gewesen. Die Vorbehalte gegen „das Kapital" waren damals zu groß. Das Fachpublikum in Wolfsburg 1996 aber zeigte sich keineswegs berührungsängstlich, war zu einer sachlichen Diskussion darüber durchaus bereit. Annäherungen also, Zusammenarbeit, auch mit dem Hintergedanken, daß die Betriebe sich als Sponsoren ihrer künftigen Klientel und ihrer künftigen Mitarbeiter betätigen könnten. Um welchen Preis? Vorsichtige Frage nur: Ist es Sache von Bildung und Erziehung, Kinder stromlinienförmig auf den Arbeitnehmerstatus vorzubereiten? Gibt es Berührungspunkte, gibt es Ausgrenzungen, die notwendig sind? Wir erziehen nicht für die Wirtschaft, sondern für die Demokratie. Welche Hilfestellung aber ist die Industrie bereit zu bieten? Und ist sie dazu überhaupt bereit?

Kinder sind nicht nur die Zinsen des kulturellen Kapitals. Sie sind das Kapital für die Zukunft dieser Gesellschaft, sagt Dr. Gerd Schäfer. Innovationspotentiale würden nicht nur durch „Jugend forscht" gesichert. Die Förderung dieser Potentiale beginne sehr viel früher, schon im Kindergarten. Hier müßte die Wirtschaft Einfluß auf die Politik nehmen. Denn ihre Zukunft liege in der Zukunft der Kinder. Er erinnert an die Waldorf-Pädagogik, die von dem Unternehmer der Zigarettenfabrik Waldorf-Astoria nach dem 1.Weltkrieg auf den Weg gebracht wurde: Durch Schulgründung. Warum sollte es nicht auch eine VW-Pädagogik geben? Auf Genies wie

Rudolf Steiner kann man nicht warten. Hier müßten die von Sparzwängen geplagten Stadtkämmerer aktiv werden und Sponsoren suchen.
Der Angesprochene freilich findet die Resonanz bei den großen Firmen in Nordrhein-Westfalen etwa „gar nicht so doll". Es wäre schön, wenn Großkonzerne wie VW hier andere Firmen zur Nachahmung animieren könnten. Aus dem Publikum kam Widerspruch: Man sei kein Bittsteller. Über Steuern wäre die Industrie in die Pflicht zu nehmen. So weit, so gut, aber nicht ausreichend. Der Stadtkämmerer fordert, daß in den Kommunen selbst erst einmal mit der Diskussion begonnen werden müßte, ob diese Straße oder diese Grünanlage so wichtig sei, oder ob nicht der Kindergarten Vorrang haben müßte. Da tobe nun der Kampf der Schullobby gegen die Sportlobby usw.
Von Visionen ist längst nicht mehr die Rede. Um die quantitative Einlösung des Rechtsanspruches geht es: Jedem Kind im Kindergarten einen Platz zu sichern. Was Fortschritt sein könnte, entpuppt sich in Sparzeiten als Gefahr, daß alles nur noch in purem Versorgungsdenken endet. Das schwang in vielen Redebeiträgen mit: Der Verlust an Qualität, die gerade errungen, nun in Masse und Mangel wieder ersticken könnte. Statt Fortschritt also Rückschritt.
Deshalb zog sich auch immer wieder das Thema Visionen durch die Diskussion, Visionen, auf die man nicht verzichten will, z.B. auf die grundlegende Idee der Chancengleichheit in dieser Basiseinrichtung und durch sie. Chancengleichheit, mehr Bildungsgerechtigkeit, deren Grundlage schon in frühen Lebensjahren gelegt wird. Unter diesem Aspekt jedenfalls wird die Versorgung mit Kindergartenplätzen gegenwärtig nicht diskutiert, sondern eher unter ökonomischen Prämissen und rein quantitativ: Wie schaffen wir ausreichend viele Kindergartenplätze zum Stichtag Mitte diesen Jahres? Größere Gruppen sind durchaus im Gespräch, längere Belegzeiten auch. Ob dann die einstigen pädagogischen Ziele noch zu erreichen sind, ist für viele Praktiker zweifelhaft. Von Inhalten ist derzeit wenig zu hören. Jeder ist mit der Sicherung von Besitzständen beschäftigt und der Sorge um ihren Verlust. Ist Chancengleichheit überhaupt noch ein Problem in den Köpfen von Pädagogen, Finanzministern, Eltern, Trägern, Politikern?

Das Interesse habe sich von der Idee der Chancengleichheit verlagert auf das Leben mit Kindern, sagt Dr. Ingo Richter. Und der Erziehungswissenschaftler Schäfer kritisiert, daß damals zu viel von oben dekretiert und zu wenig vom Kind aus gedacht worden ist. Die Visionen hatten keine Füße. Mehr Bescheidenheit sei geboten. Perspektiven müßten sich aus der Arbeit mit Kindern entwickeln. Dies sei der Trend: Mehr zu fragen, was Kinder wollen und keine Zieldefinitionen von vornherein vorzugeben. Da sieht Uta Altevogt auch eine wohltuende Distanz zur „allmächtigen Pädagogik" und meint damit wohl ein Stück Freiheit, die sich Erzieher und Erzieherinnen heute nehmen könnten im Zusammenleben mit Kindern, wenn denn die Arbeitsbedingungen besser wären. Anders sieht es der Stadtkämmerer, der auf die große Bedeutung der Tageseinrichtung gerade für die Bildungswege von Ausländerkindern hinweist. Es gebe einen eindeutigen Zusammenhang zwischen dem Besuch eines Kindergartens und dem Schulabschluß. So gesehen sei dringender Handlungsbedarf im Elementarbereich geboten, schon aus diesem Grund, der Chancengleichheit nämlich.

Dennoch warnte eine Tagungsteilnehmerin aus den neuen Bundesländern grundsätzlich vor Visionen. 40 Jahre lang habe man in der DDR versucht, die Erziehung von Kindern im Sinne einer übergeordneten Staatsideologie zu steuern. „Wir brauchen keine Visionen." Jetzt käme es darauf an, den Standort Deutschland einfach „kinderfreundlich zu machen". Viel Applaus, wie um sich selbst anzutreiben in einer wachsenden resignativen Grundstimmung, die aus der Sorge und Angst kommt, daß mit dem Rechtsanspruch auf einen Kindergartenplatz in sparsamen Zeiten die mühsam erkämpften Standards wieder verloren gehen.
Die Hoffnung freilich, daß die Wirtschaft sich hier nun heftig engagieren würde, dämpfte der Vertreter des VW-Konzerns Rolf Grönig. Kindergarten, das sei nicht ihre Profession: „Wir bauen Autos." Wenn der Betrieb immer mehr gesellschaftliche Aufgaben übernähme, „dann haben wir zum Schluß keinen Gewinn mehr." Immerhin arbeite VW mit einigen Einrichtungen wie Jugendämtern, Schulaufsicht, Alleinerziehendeninitiative, Evangelische Familienbildungsstätte z.B. zusammen, um den Mitarbeitern, vor allem Frauen mit Kindern im Konzern durch eine Art Servicecenter zu helfen. Frauen, die früher entlassen wurden, vermitteln „wir als Tagesmütter." Für firmeneigene Einrichtungen zahle man sechsstellige Beträge. Mehr sei nicht drin.

Mit dem Handaufhalten und der Aufforderung: zahlt uns mal was, sei das Problem auch nicht vom Tisch, meint Dr. Gerd Schäfer. Klagen aus dem Publikum, „ob wir nicht selber Schuld sind, daß der Eros verlorengegangen ist?" Eltern hätten heute andere Erziehungsziele, denen sich Erzieher und Erzieherinnen auch mehr oder weniger willig unterwerfen. Der Leistungsdruck auf Kinder wachse. Eine möglichst gute Plazierung der Kinder in der Leistungsgesellschaft, das sei heute das Thema. Kompensationsräume für überforderte Kinder sind deshalb dringend notwendig. Pädagogen sind nicht Erfüllungsgehilfen einer Staatsideologie, aber sie könnten Erfüllungsgehilfen eines unreflektierten Leistungsdrucks werden. Das Profil der Elementareinrichtungen ist heute unklarer denn je. Rückkehr zum Leistungsprinzip insgesamt macht auch Ingo Richter aus. Gleichzeitig aber sei auch eine Bewegung entstanden, die auf Ganzheitliches, auf Emotion und soziales Engagement ziele. Beides laufe gleichzeitig. Die Leistungsidee sei stark, weil sie der einzig verbliebene anscheinend objektive Maßstab zur Chancengleichheit in unserer Gesellschaft sei, nachdem Geld und Herkunft nicht mehr greifen. Daher fordern Eltern Leistung ein schon im Kindergarten und vor allem in der Schule. Zugleich aber wird auch der Leistungsbegriff unklar. Was ist eigentlich Leistung? Problematisch, nun „alles aus dem Bauch entscheiden zu wollen" und das Soziale und Emotionale vom Leistungsprinzip abkoppeln zu wollen. Daß beides notwendig ist, zeigen die Forderungen der Wirtschaft nach besonderen Schlüsselqualifikationen wie Teamarbeit, Kooperationsfähigkeit, Flexibilität, Phantasie. Der Vertreter von VW bestätigt, daß eben diese Fähigkeiten neben der Fachleistung zunehmend wichtiger werden. Immer mehr sei das „360 Grad-Prinzip" gültig, sei bei Führungskräften also nicht nur Fachkenntnis, sondern Persönlichkeit, soziale Fähigkeiten erwünscht. Wie man miteinander umgeht, das müsse deshalb schon im Kindergarten eingeübt werden. Hier aber sei es wieder notwendig, dies nicht von oben zu dekretieren als abstrakte Ziele, die sich Erwachsene wieder einmal für die Kleinen ausgedacht haben, sondern Solidarität und Hilfsbereitschaft einzubetten in erlebte Szenen, wie es der Pädagoge Schäfer ausdrückt.

Kinder in ihrem Spiel mehr zu beobachten, das wäre sinnvoll. Doch auch das Spiel sei „von der Funktionsbetrachtung so pervertiert, daß wenn wir Kinder spielen sehen, wir uns gleich fragen, was wird denn da gefördert?" Was in Kindern sei und sich im Spiel schon ausdrücke, „herauszudeklinieren", das sei besser, als die großen Ziele von oben „herunterzudeklinieren" auf das Kind, meint der Erziehungswissenschaftler. Beobachten. Jedes Kind. Sich Zeit nehmen für jedes Kind. Gerade das sei Auftrag der Erzieher und Erzieherinnen. Dem stimmt Uta Altevogt zu. Aber das werde eben auch immer schwieriger bei 25 Kindern in der Gruppe. Dazu braucht man gute Standards in den Einrichtungen. Also nicht weniger, sondern mehr Zeit für Kinder.
Aus dem Publikum kam die Frage: „Was geschieht mit all den schönen Ansätzen, wenn ich ab 1.8.96 Doppelbelegungen im Haus habe? Wenn

die Kinder nachmittags zerstören, was die Kinder am Vormittag aufgebaut haben." Das bleibe doch alles halbherzig, Mann/Frau müsse „irgend etwas bewegen." So geht es nicht weiter. Wie also könne man Tendenzen entgegen wirken, die erreichten Standards abzubauen? Eine Stimme aus dem Publikum: „Wenn sie die will, muß sie etwas dafür tun".

In Ost wie West ist der Kinderwunsch ungebrochen. Heiraten, Zusammenleben, Familie, haben einen hohen Stellenwert. Das belegen Studien. Die Frage ist, welche gesellschaftlichen Leistungen zur Verwirklichung dieses Wunsches erbracht werden müssen, meint Dr. Ingo Richter. Noch gibt es keinen politischen Leitbegriff. Vielleicht könnte ein Generationenvertrag zugunsten der Jüngeren in der Gesellschaft ein solcher Leitbegriff werden. Jetzt geht es darum, die Renten für die Alten zu erarbeiten. Ein 2. Generationenvertrag zugunsten der Kinder, müßte ins öffentliche Bewußtsein gerückt werden. Das aber bedeute Einschnitte im 1. Generationenvertrag.
Das wäre eine Lösung. Die andere wäre, über mehr Verteilungsgerechtigkeit in der Bildungsfinanzierung nachzudenken. Ist es nötig, daß nach dem Prinzip Gießkanne Vergünstigungen gestreut werden und auch der Ministerialrat sein Kind kostenlos zur Schule fahren läßt? Ist es notwendig, die Universität für den Arztsohn zum Nulltarif anzubieten, während die Arbeitertochter mit künftig 72.000 Mark Schulden nach der neuen Bafög-Regelung in ihr Berufsleben eintreten wird?
Dem stimmt der Stadtkämmerer zu. Diese Diskussion muß unbedingt beginnen. Die Mittel sind da. Sie müssen nur anders verteilt werden. Etwa zugunsten des Kindergartens. Zugleich aber müsse sich auch der Kindergarten fragen, wie es mit der eigenen Bereitschaft sei, „uns selber in Frage zu stellen", die eigene Sozialkompetenz zu überprüfen. Wie gehen wir mit unseren Mitarbeitern und Mitarbeiterinnen um? Wird im Kindergarten genügend betriebswirtschaftlich effektiv gearbeitet, gibt es dort schon eine optimale Betriebsführung darüber, wie Ressourcen auch dort sinnvoller genutzt werden können? Mehr Autonomie in der Bewirtschaftung also, das wäre wünschenswert. Aber längst nicht alle Leiterinnen und Leiter von Einrichtungen würden dem zustimmen. Zu überlegen wäre, ob Leitungsfunktionen künftig auch solche Kompetenzen enthalten müssen, nämlich selbständig über ein Budget zu entscheiden. Darauf müssen Erzieher und Erzieherinnen auch vorbereitet werden, auf kaufmännisches Handeln z.B.
Die Gefahr aber sei, „daß uns wieder der Schwarze Peter zugeschoben wird", wurde entgegengehalten. Mehr Eigenverantwortung wäre durchaus zu begrüßen, meint Dr. Schäfer. Aber zugleich müßten wir etwas tun für

das Bild des Kindes in der Öffentlichkeit. Ohne dies tun wir uns schwer. Mehr Wissen über die Alltagskultur des Kindes, das sei wichtig. Das aber sei bislang eben nicht vorhanden und Forschung auf diesem Gebiet friste ein Schattendasein in der Erziehungswissenschaft. Wie aber soll sich Öffentlichkeit für Kinderleben interessieren, wenn sich nicht einmal die eigene Wissenschaft dafür interessiert? Defizite sind auch in der Ausbildung der Erzieher und Erzieherinnen zu verzeichnen. Wie sollen sie Teamfähigkeit vermitteln, wenn sie das in ihrer Fachschule nicht gelernt haben, fragt ein Lehrer einer Fachschule für Erzieher/innen. Das sei alles noch viel zu eng gestrickt mit der Ausbildung. In der Prüfung würden unzählige einzelne Fächer geprüft.

Viele Ursachen also, warum es hakt im Elementarbereich. Und es liegt eben nicht nur am Geld, das fehlt. Das macht die Diskussion deutlich. Bleibt zu fragen, wie kommen wir zu besserer Kooperation zwischen Pädagogen, Wirtschaft, Gewerkschaften, Eltern, Trägern insgesamt, und wie schaffen wir Bewußtsein dafür, daß Investitionen für die Bildung Investitionen in die Zukunft dieser Gesellschaft sind?
Skepsis hegt Dr. Ingo Richter, daß es zu einer wesentlichen Umverteilung kommen wird. Die sei nicht einmal zwischen Schule und Elementarbereich möglich. Eine Verlagerung der Mittel von Feuerwehr und Ampel und Militär auf das Bildungswesen wird es nicht geben.

Mehr Kooperation sei in der Tat nötig, um die Interessen der Kinder zu sichern. Sich selber am Schopf aus dem Sumpf ziehen, empfiehlt der Manager von VW und verweist auf die erfolgreiche Arbeitsmarktpolitik seines Konzerns. Dezentralisierung sei angesagt. Solidarisierung und Kooperation mit Gewerkschaften und Berufsverbänden, um ein Sprachrohr für die Machtlosen in der Gesellschaft zu schaffen, das empfiehlt die Vertreterin der ÖTV. Kinder brauchen eine Lobby, wenn nicht gar ein Wahlrecht.

Sich einmischen, nicht nur muksch in der Ecke stehen, das war der Grundtenor dieser Podiumsdiskussion: Sich Verbündete schaffen, etwa in Wirtschaft und Arbeitnehmervertretung. Umverteilung, eine gerechtere Verteilung der vorhandenen Gelder ins Auge fassen und zugleich mehr Autonomie in der Selbstverwaltung der Mittel in den Einrichtungen des Elementarbereiches einüben. Mehr Forschung über Kinder und mehr Kommunikation mit Kindern. Visionen ja, aber keine von oben oktroyierte.

Es ist High Noon in der Bildungspolitik, auch weil dieser Bereich keine Zuwächse, eher schon weitere drastische Einschnitte verkraften muß. Wachsende Kinderarmut und Jugendkriminalität sind Signale, zwingen dazu nachzudenken, was einen Kinder- und Jugendstandort Deutschland auszeichnen müßte. Bislang hat die Bundesrepublik diesen Titel noch nicht verdient. Verlassen wir also die alten Trampelpfade und schlagen neue Wege ein.
„Viele Umwege erhöhen die Ortskenntnis", sagt ein altes chinesisches Sprichwort.

Dorothee Engelhard

Schlußbetrachtungen

Den letzten beißen die Hunde! Insbesondere wenn eine Tagung mit einem solch anspruchsvollen Spannungsbogen Praxis, Wirtschaft und Forschung zum Thema: KINDERSTANDORT DEUTSCHLAND zum Dialog auffordert. Ich finde, dieser Spannungsbogen hat uns gut getan, das ist das erste. Wenn ich jetzt Politikerin wäre, würde ich möglicherweise aus dieser Tagung mit dem Ergebnis zurückkommen – möglicherweise – Projekte soll es in Zukunft nicht mehr geben, denn Projekte brauchen Stützsysteme. Ohne Stützsysteme sind Projekte bzw. die Ergebnisse von Projekten folgenlos. Ich selber komme zu einem anderen Ergebnis, das sicher auf meiner individuellen Erfahrung beruht, die ich hier gemacht habe. Daher will ich jetzt abschließend auch nur meine ganz persönlichen Erfahrungen mit dieser Tagung vermitteln. Ich möchte meine Erfahrungen in drei Fragen bündeln:

1. Womit hatte ich Schwierigkeiten?
2. Wo haben sich für mich Leitlinien durch diese Tagung gezogen, durch die drei Bereiche Praxis, Wissenschaft und Wirtschaft?
3. Wo sehe ich Ansätze zum gegenwärtigen Handeln bzw. worüber soll perspektivisch nachgedacht werden?

Zum ersten Punkt, den Schwierigkeiten:
Ich hatte Schwierigkeiten mit der Darstellung im Referat „Industriestandort – Kinderstandort",
nämlich daß der Industriestandort schon dann ein Kinderstandort ist, wenn das Unternehmen sich seiner familienpolitischen Verantwortung bewußt ist. Das ist gut und wünschenswert, doch ich denke, wenn es um den Industriestandort und den Kinderstandort geht, dann ist das zu wenig. Ein attraktiver Industriestandort ist dann auch immer ein Kinderstandort, wenn Wohnungspolitik, Siedlungspolitik, Verkehrspolitik, Gesundheitspolitik unter dem Gesichtspunkt der Kinderverträglichkeit gesehen werden.
Schwierigkeiten hatte ich auch mit dem 2. Fachgespräch, in dem nach meiner Auffassung Chancen verpaßt wurden zu zeigen, welche Schlüsse aus dem Forschungsprojekt „Evaluation des Erprobungsprogramms"

gezogen werden können. So z.B. wenn es um die Erweiterung des Situationsansatzes im Hinblick auf seine Überprüfbarkeit geht, um dem Vorwurf der Beliebigkeit etwas entgegenzusetzen.
Weitere Schwierigkeiten hatte ich in diesem Fachgespräch, da meines Erachtens die Jugendhilfeplanung bei der Realisierung von Ergebnissen aus Forschungsprojekten – und wir haben das auch deutlich an den vorgestellten Projekten ablesen können – viel zu wenig in die Pflicht genommen wird. Gerade die Jugendhilfeplanung in den Kommunen ist gefordert, hier vernetzt und übergreifend zu handeln. Das kam m.E. im Podiumsgespräch gerade von Seiten der kommunalen Vertreter nicht genügend zum Ausdruck.

Nun zur zweiten Frage, der nach den Leitlinien:
Drei Leitlinien habe ich wahrgenommen. Da ist zunächst – ich nenne sie mal – die Zeitschiene, die sich durch die Beiträge von Wissenschaft, Praxis und Wirtschaft durchzog. Zeitrhythmen, die unser Leben in der Vergangenheit bestimmt haben, sind im Umbruch. Herr Bertram hat von einem Transformationsprozeß gesprochen, der vergleichbar ist, weil so entscheidend, dem Übergang vom Agrar- zum Industriezeitalter. Die Lebensarbeitszeit verlängert sich, die Wochenarbeitszeit wird kürzer. Die Zeit für Kinder während eines Tages ist knapp, doch insgesamt verbringen Eltern mehr Zeit mit ihren Kindern als früher. Arbeit, Muße, Freizeit, soziale Zeit erhalten eine neue Gewichtung. Dieser Aspekt wurde für mein Empfinden auf der Tagung nicht genügend diskutiert.
Die zweite Leitlinie hat für mich Herr Schuster gleich zu Beginn der Tagung beim Namen genannt. Er hat gesagt, man muß lernen im Team zu arbeiten und Phantasie entwickeln, wie man mit Individualisten, mit Einzelgängern umgeht. Alles andere passiert dann von ganz allein.
Herr Bertram hat in diesem Zusammenhang von kooperativem Individualismus gesprochen und Herr Münchmeier von der organischen Solidarität. Für die Praxis könnte die Umsetzung dieser Idee dazu führen, daß Einrichtungen autonomer werden, daß sie eine Poolfinanzierung erhalten, jedoch ihr Produkt überprüfbar wird. Dieser Gedanke ist ein ganz entscheidender, und er muß auch auf der politischen Ebene unseres gesellschaftlichen Systems greifen, denn letztendlich funktioniert eine Demokratie nur, wenn wir fähig sind, nicht Eigeninteressen gegeneinander zu stellen, sondern Kompromisse auszuhandeln. Das kam während der Tagung immer wieder zum Tragen. Die Kompromisse müssen alle gesellschaftlichen Gruppen erfassen und z.B. Kinder nicht ausschließen. So vermisse ich derzeit in den allgemeinen politischen Diskussionen, wie z.B. in der Rentendebatte,

die dritte Dimension: Die Kinder. Es ist dort nur von Erwerbstätigen und Alten die Rede. Die Kinder werden nicht einmal erwähnt, was ja schon ein Fortschritt wäre. Auch in der Gesundheitspolitik wird nicht über Kinder gesprochen, in der Umweltpolitik wird nicht über Kinder gesprochen, in der Verkehrspolitik wird nicht über Kinder gesprochen. Wenn wir unsere Politiker auf allen Ebenen dazu bekommen, Kinder als gesellschaftliche Gruppen in diese großen Themen einzubeziehen, sind wir einen ganz großen Schritt weiter. Auch das Thema „Bündnis für Arbeit" ist ein Thema, in dem Kinder natürlich eine Rolle spielen sollten: Kinder sind Träger von Innovationen. Wie soll später unsere Arbeitswelt aussehen, wenn Kinder, die Träger von Innovationen keine Rolle spielen.

Die dritte Leitlinie, die ich gesehen habe, befaßt sich mit dem Bild vom Kind und im Zusammenhang damit, die Gestaltung von Lernorten für Kinder.

Diese Frage ist eng damit verknüpft, daß Kinder in unserer Gesellschaft zahlenmäßig immer weniger werden; so daß eine organische Solidarität durch Geschwisterrivalität nicht mehr entwickelt werden kann. Wo sind die Lernorte zur Konfliktaustragung? Der Kindergarten scheint dafür nicht geeignet zu sein. Denn Erzieherinnen, wie wir das aus den Forschungsprojekten gehört haben, sind harmoniebedürftig und haben Defizite im Umgang mit Konflikten. Wo ist das Arrangement zum konstruktiven Umgang mit Konflikten? Herr Münchmeier hat in diesem Zusammenhang darauf verwiesen, daß für pädagogische Professionalität im alltäglichen Umgang von Erzieherinnen und Kindern die Gestaltung von Gelegenheitsstrukturen bedeutsamer werden als die herkömmliche Angebotspädagogik.

Nun zur 3. Frage: Wo liegen Ansätze zum Handeln, welche Perspektiven sehe ich:

Für mich ist ganz konkret wichtig – und das hängt sicher auch mit meiner Arbeit zusammen – daß in den Kommunen die Instrumente, die vorhanden sind, für eine Jugendhilfeplanung genutzt werden. Planen heißt, daß nicht nur Köpfe gezählt werden, sondern Bedürfnisse von Familien auch qualitativ erhoben werden und Angebote in ihrer Bandbreite vom Kindergartenplatz bis zur Betreuung in einem Spielkreis oder in einer Mutter-Kind-Begegnungsstätte entwickelt und zur Verfügung gestellt werden. Nachdenken ist erforderlich über die Gestaltung der Lernorte für Kinder: Wie steht es um den „kooperativen Individualismus" in den unterschiedlichen Altersgruppen? Wieviele Konflikte vertragen Kinder? Welche Bedeutung haben Verläßlichkeit und Kontinuität beziehungsweise Diskrepanzen im

Leben von Kindern? Wir haben viel gehört über Kinder, die in Mangelsituationen leben, zu fragen ist auch danach wie Kinder mit Situationen der Fülle zurecht kommen. Was bedeuten diese Diskrepanzen für Kinder?

Bei der Analyse der Lebenssituation von Kindern muß es zukünftig verstärkt auch um die Einarbeitung der Wissensbestände, auch unter Berücksichtigung der kulturellen Bestände, also um das sachbezogene Lernen gehen. Es gilt ferner, viel mehr Kinder altersentsprechend an Ernstsituationen zu beteiligen, und hier ist nach wie vor die Forschung herausgefordert, sich diesen Fragen zu stellen.
Ein Letztes: Auch Orte, wo Kinder sich nicht aufhalten, haben Auswirkungen auf Kinder.
Eine der wichtigsten Aufgaben, die wir haben, ist Menschen für diese Sichtweisen zu gewinnen und das sind eben auch Politiker, die nichts mit Kindern zu tun haben. Wir brauchen dazu, nach meiner Auffassung, keinen Motor, sondern ein Bewußtsein für Kinder. Ich denke, dieses Bewußtsein ist in vielfältiger Weise auch vorhanden. Auch auf dieser Tagung konnten wir das feststellen. Es ist ein Anfang gemacht, daß die Vertreterinnen und Vertreter der Kinder- und Jugendhilfe in Deutschland sich öffnen und – im Interesse der Kinder in unserem Land – Strategien entwicklen und Bündnispartner gewinnen, damit Deutschland ein Land für Kinder wird.

Die Mitglieder der Vorbereitungsgruppe der Fachtagung „KINDERSTANDORT DEUTSCHLAND“

für das Bundesministerium für Familie, Senioren, Frauen und Jugend
Engelhard, Dorothee, 53107 Bonn

für das Bundesministerium für Bildung, Wissenschaft, Forschung und Technologie
Wilhelmi, Dr. Hans-H., 53175 Bonn

für die Obersten Landesjugendbehörden
Michel, Heide, Thüringer Ministerium für Soziales und Gesundheit, 99012 Erfurt

für die BAG der Freien Wohlfahrtspflege
Müller, Anne, Deutsches Rotes Kreuz, 53113 Bonn
Wildt, Gretel, Diakonisches Werk, 70184 Stuttgart
Wunderlich, Theresia, Deutscher Caritasverband, 79004 Freiburg

für die Bundesvereinigung der Kommunalen Spitzenverbände/ Deutscher Städtetag
Müller, Jochen, Stadtverwaltung, 40213 Düsseldorf

für den Pestalozzi-Fröbel-Verband
Ebert, Sigrid, Pestalozzi-Fröbel-Haus, 10781 Berlin
Lost, Dr. Christine, Universität Ulm, 89069 Ulm
Nordhausen, Katrin, Geschäftsstelle, 10781 Berlin
Rudzinski, Rita, Geschäftsstelle, 10781 Berlin

Weitere Referentinnen und Referenten bzw. Mitarbeiter und Mitarbeiterinnen

Altevogt, Uta; Gewerkschaft ÖTV, 38617 Vienenburg
Bertram, Prof. Dr. Hans; Humboldt Universität, 10099 Berlin
Bock, Kathrin; Universität Bielefeld, 33501 Bielefeld
Dahmer, Annegret; Landschaftsverband Rheinland, 50679 Köln
Diller-Murschall, Ilsa; Arbeiterwohlfahrt-Bundesverband, 53119 Bonn
Dittrich, Gisela; Deutsches Jugendinstitut e.V., 81543 München
Fthenakis, Prof. Dr. Dr. Dr. W.E;, Staatsinstitut für Frühpädagogik, 80538 München
Gerzer-Sass, Annemarie; Deutsches Jugendinstitut e.V., 81543 München
Grönig, Rolf; Volkswagen AG, 38436 Wolfsburg
Hausmann, Bernd; Landesjugendamt Baden, 76135 Karlsruhe
Herrmann, Dr. Helga; Institut der deutschen Wirtschaft/Köln, 50968 Köln
Köbke, Gundel; Journalistin, 14057 Berlin
Kossolapow, Margarete; Landesverband der ev. Kindertagesstätten/Bremen, 28209 Bremen
Münchmeier, Prof. Dr. Richard; Freie Universität Berlin, 14195 Berlin
Preissing, Dr. Christa; Freie Universität Berlin, 14195 Berlin
Richter, Prof. Dr. Ingo; Deutsches Jugendinstitut, 81543 München
Schäfer, Prof. Dr. Gerd; Universität Augsburg, 86135 Augsburg
Schneider, Kornelia; Deutsches Jugendinstitut e.V., 81543 München
Schuster, Dr. Helmuth; Volkswagen AG, 38436 Wolfsburg
Spitzer, Leonhard; Stadtverwaltung, 46562 Voerde
Timmermann, Dr. Dieter; Universität Bielefeld, 33501 Bielefeld
Wigbers, Antonia; Frauenministerium Niedersachsen, 30161 Hannover
Wilhelmi, Jutta; Journalistin, 53177 Bonn
Zehnbauer, Anne; Deutsches Jugendinstitut e.V., 81543 München
Zimmer, Prof. Dr. Jürgen; Freie Universität Berlin, 14195 Berlin

Der Pestalozzi-Fröbel-Verband veranstaltete in Zusammenarbeit mit dem Bundesministerium für Familie, Senioren, Frauen und Jugend, dem Bundesministerium für Bildung, Wissenschaft, Forschung und Technologie, den Obersten Landesjugendbehörden, der BAG der Landesjugendämter, der Bundesvereinigung der Kommunalen Spitzenverbände und der BAG der Freien Wohlfahrtspflege im März 1996 in Wolfsburg die Bundesfachtagung KINDERSTANDORT DEUTSCHLAND.
Der vorliegende Band dokumentiert in z.T. überarbeiteter Form die Referate sowie die Fachgespräche im Plenum.